Ilja Grzeskowitz
Radikal menschlich

pape go

Kostenlos mobil weiterlesen! So einfach geht's:

1. Kostenlose App installieren

2. Zuletzt gelesene Buchseite scannen

3. 25 % des Buchs ab gescannter Seite mobil weiterlesen

4. Bequem zurück zum Buch durch Druck-Seitenzahlen in der App

Hier geht's zur kostenlosen App:
www.papego.de/app

Erhältlich für Apple iOS und Android. Papego ist ein Angebot der Briends GmbH, Hamburg. www.papego.de

ILJA GRZESKOWITZ

Radikal menschlich

**Erfolgsfaktor Persönlichkeit in Zeiten
der Veränderung**

Externe Links wurden bis zum Zeitpunkt der Drucklegung des Buchs geprüft.
Auf etwaige Änderungen zu einem späteren Zeitpunkt hat der Verlag keinen Einfluss.
Eine Haftung des Verlags ist daher ausgeschlossen.

Bibliografische Information der Deutschen Nationalbibliothek

Die Deutsche Nationalbibliothek verzeichnet diese Publikation
in der Deutschen Nationalbibliografie; detaillierte bibliografische
Daten sind im Internet über http://dnb.d-nb.de abrufbar.

ISBN 978-3-86936-870-2

Lektorat: Dr. Michael Madel, Ruppichteroth
Umschlaggestaltung: Martin Zech Design, Bremen | www.martinzech.de
Autorenfoto: Philip Reichwein
Satz und Layout: Das Herstellungsbüro, Hamburg | www.buch-herstellungsbuero.de
Druck und Bindung: Salzland Druck, Staßfurt

Copyright © 2018 GABAL Verlag, Offenbach

Printed in Germany

www.gabal-verlag.de
www.facebook.com/Gabalbuecher
www.twitter.com/gabalbuecher

Für meine Frau Silke und unsere beiden wundervollen Töchter
Emma und Elisabeth.
Danke, dass Ihr mich so sein lasst, wie ich bin. Immer.
Ich liebe Euch.

Inhalt

Intro: One Shot

>*Look. If you had one shot, or one opportunity.*
>*To seize everything, you ever wanted.*
>*In one moment.*
>*Would you capture it, or just let it slip?*«
>Eminem, »Lose Yourself‹

Ich bin kein besonders esoterischer Mensch. Und doch glaube ich tief und fest daran, dass jeder einzelne Mensch aus einem besonderen Grund auf dieser Erde ist. Dass wir eine Aufgabe zu erfüllen haben, die nur wir erledigen können, weil wir mit einem bestimmten Talent oder einer besonderen Gabe gesegnet sind. Woran ich hingegen nicht glaube, sind Zufälle. Es war ein wunderschöner Morgen im Sommer 2013. Ich fahre in meinem Dodge-Challenger-Mietwagen durch Los Angeles und genieße die relaxte Atmosphäre einer meiner Lieblingsstädte auf dieser Welt. Im Radio läuft Eminems Hit *Lose Yourself*, dessen Worte im Intro mich magisch berühren: »Wenn Du nur einen Schuss, nur eine Gelegenheit hättest, all das zu erreichen, von dem Du immer geträumt hast. In nur einem einzigen Moment. Würdest Du den Moment nutzen, oder ihn einfach an Dir vorbeiziehen lassen?« Während ich über diese Frage intensiv nachdenke, fahre ich den Broadway entlang und erblicke ein Gebäude, das mich fasziniert, weil es so untypisch für die Stadt der Engel ist. Einem spontanen Impuls folgend, halte ich an und blicke auf das Schild an der Fassade. Es handelt sich um das Bradbury Building, das von George Wyman entworfen wurde. Dieser war ein einfacher Zeichner, der für fünf Dollar in der Woche für den ursprünglich mit dem Entwurf beauftragten Architekten Sumner Hunt arbeitete, als er von dem Millionär Lewis Bradbury gefragt wurde, ob er das geplante Gebäude für ihn designen wolle. Nach anfänglichen Zweifeln sagte er schließlich zu.

Und obwohl er weder eine Ausbildung als Architekt noch irgend-welche Referenzprojekte vorzuweisen hatte, erschuf er ein Gebäude, welches mittlerweile seit über einem Jahrhundert das Stadtbild prägt und von Fachleuten auf der ganzen Welt bewundert wird. Wyman nutzte seinen einen Schuss, um einen Unterschied zu machen, der über sein eigenes Leben hinauswirken sollte. Es sollte aber sein einziger Erfolg im Bereich der Architektur bleiben, denn kurze Zeit nach der Fertigstellung des Bradbury Building zog er sich zurück und plante für den Rest seines Lebens kein weiteres Gebäude von Bedeutung.

Wahrscheinlich hätte diese Geschichte nicht so eine magische Wirkung auf mich gehabt, wenn ich nicht im selben Moment das Eminem-Lied im Ohr gehabt hätte. Denn George Wyman, der Designer des Bradbury Building, verkörperte exakt die Worte, die der als Marshall Bruce Mathers geborene Rapper in seiner unnachahmlichen Art und Weise in das Mikrofon schmetterte: »*Look. If you had one shot, or one opportunity. To seize everything, you ever wanted. In one moment. Would you capture it, or just let it slip?*« Seitdem bin ich von der One-Shot-Idee fasziniert. Von dem Gedanken, dass jeder von uns einen besonderen Schuss zur Verfügung gestellt bekommt, mit dem wir einen Unterschied machen können. Manche nutzen ihn, andere lassen ihn zunächst einmal vorbeiziehen, und dann gibt es da noch diejenigen, die ihn überhaupt nicht wahrnehmen. Ich bin der festen Überzeugung, dass jeder von uns diese eine Patrone zur Verfügung gestellt bekommt. Vielleicht sind es sogar zwei oder drei. Aber immer eine, auf die es ankommt. Die wirklich zählt. Im Business. In der Liebe. Im Leben. Und es unsere Aufgabe im Leben ist, herauszufinden, wofür wir sie einsetzen.

Leider lassen sich viel zu viele Menschen dabei ablenken, verfallen den betörenden, aber irreführenden Botschaften der Sirenen ihres Umfelds und warten auf den perfekten Zeitpunkt, um endlich loslegen zu können. Doch der wird leider niemals kommen. Wir haben auch kein Ersatzleben in der Hinterhand, das wir nutzen können, wenn es mit dem ersten nicht so richtig geklappt hat. Es gibt auch keine Generalprobe, sondern unser Leben findet genau jetzt und in diesem Moment statt. Auch Sie, liebe Leserinnen und Leser, haben einen solchen Schuss. Sie sind auf dieser Welt, um einen Unterschied zu machen, um andere Menschen zu berühren und ein Leben zu führen, das diesen Namen auch wirklich verdient. Wie auch immer Ihre konkrete Aufgabe lautet, beginnen Sie noch heute mit der Umsetzung, zumindest aber mit der Suche. Legen Sie Ihre Patrone in den Revolver. Nehmen Sie Ihr Ziel ins Visier. Und dann feuern Sie und machen einen Unterschied, wie es Wyman mit dem Gebäude am Broadway in Los Angeles getan hat. Auf Ihre Weise. In Ihrem Stil. Mit Ihrer Persönlichkeit.

Möglicherweise stellen Sie sich an dieser Stelle dieselbe Frage, die mir vor vielen Jahren zum ersten Mal durch den Kopf ging:

»Gibt es wirklich einen Grund, warum ich auf dieser Welt bin? Und wenn ja, wie finde ich ihn?«

Sehr lange habe ich vergeblich auf eine Antwort, auf Klarheit, ja auf irgendein Zeichen gewartet. Doch so intensiv ich auch suchte, ich fand einfach nichts. Bis ich irgendwann auf ein Zitat von Søren Kierkegaard stieß, der treffend feststellte, »dass wir unser Leben zwar vorwärts leben, aber rückwärts verstehen«. Genau so war es auch bei mir, und heute weiß ich, dass mein einer Schuss, meine Aufgabe und mein Talent darin besteht, Menschen, Unternehmen und Organisationen dabei zu unterstützen, den Erfolgsfaktor Persönlichkeit zu nutzen, um in Zeiten von massiver Veränderung erfolgreich zu sein.

In der Retrospektive muss ich über meine Suche nach dieser Aufgabe lachen, denn der Umgang mit Menschen, das Verstehen ihrer Motive und das Talent, mein Umfeld für Veränderungen zu begeistern, war schon in jungen Jahren meine große Stärke. Die Zeichen waren immer da. Ich nahm sie nur nicht wahr. Am Ende meiner Zeit als Zivildienstleistender war die Leiterin des integrativen Kindergartens, in dem ich meinen Dienst absolvierte, ganz erstaunt, als ich ihr mitteilte, dass ich beschlossen hatte, BWL zu studieren. »Aber Ilja«, sagte sie verwirrt, »so einfühlsam wie du mit den Kindern umgegangen bist, musst du doch etwas mit Menschen machen.« Als Geschäftsführer für Karstadt, Wertheim und IKEA war ich vor allem deshalb erfolgreich, weil ich immer meine Mitarbeiter an die erste Stelle setzte. Weil ich an den unterschiedlichsten Standorten Teams an meiner Seite hatte, die für mich durchs Feuer gegangen wären. Und auch in meiner Tätigkeit als Unternehmercoach und Keynote Speaker liegt der Schwerpunkt meiner Arbeit nie auf Prozessen, Theorien oder Modellen, sondern immer auf dem einzelnen Menschen mit seiner individuellen Persönlichkeit. Weil ich von einer Tatsache fest überzeugt bin:

Das Leben ist ein Spiegel. Wir bekommen nicht, was wir wollen. Wir bekommen das Ergebnis der Persönlichkeit, die wir sind.

Und genau aus diesem Grund lautet der Titel dieses Buchs auch *Radikal menschlich*. Weil in Zeiten der immer intensiver werdenden Digitalisierung sämtlicher Lebensbereiche die Rückbesinnung auf persönliche Beziehungen, auf Teamspirit und den einzelnen Menschen mit all seinen Stärken und Schwächen der wichtigste Erfolgsfaktor der Zukunft sein wird. Und auch wenn es für mich bereits das neunte Buch ist, so ist es für mich ein ganz besonderes. Und möglicherweise ist dieses Buch »mein einer Schuss«. Es ist nämlich nicht am Reißbrett entstanden, sondern das Thema hat mich auf eine fast schon spirituelle Art und Weise gefunden. Im Laufe der letzten zwei Jahre wurde ich für unzählige Podcasts, Magazine und andere Medien interviewt. Und sehr häufig bekam ich am Ende eine Frage gestellt: »Ilja, welchen wichtigen Tipp möchtest du den Menschen noch mitteilen?« Und jedes Mal habe ich, ohne auch nur einen Augenblick zu überlegen, wie folgt geantwortet:

»Wachsen Sie als Mensch und investieren Sie in sich selbst. In Ihr Wissen, Ihre Fähigkeiten und Ihre Expertise. Die nächsten Jahre werden von massiven Veränderungen, zunehmender Komplexität und einer generellen Unsicherheit geprägt sein. Der einzige Faktor, den Sie von vorne bis hinten selbst beeinflussen können, ist Ihre individuelle Persönlichkeit. Entwickeln Sie diese weiter, und Sie können voller Zuversicht und Selbstvertrauen Richtung Zukunft blicken, weil Sie ein inneres Urvertrauen verspüren werden, immer über die nötige Flexibilität im Denken und im Handeln zu verfügen, egal, was um Sie herum passieren mag.«

Dies ist das Destillat meines Studiums des menschlichen Verhaltens sowie der damit einhergehenden Erfahrungen aus den letzten 15 Jahren. *Radikal menschlich* vertieft die einzelnen Aspekte und geht auf die daraus folgenden Schritte detailliert ein. Denn der Erfolgsfaktor Mensch wird in den kommenden Jahren darüber bestimmen, wer zu den Gewinnern und wer zu den Verlierern gehört. Nur wer die individuelle Persönlichkeit mit all ihren Stärken und Schwächen in den Mittelpunkt sämtlicher Anstrengungen stellt, der wird in der Lage sein, in den von Unsicherheit, Disruption und zunehmender Komplexität geprägten Märkten von morgen erfolgreich zu sein. Dies gilt für unsere Gesellschaft, die Wirtschaft – und ganz besonders für Sie persönlich. Und falls Sie auf der Suche nach Klarheit bezüglich Ihrer konkreten Lebensaufgabe sind, dann würde ich mir nichts sehnlicher wünschen, als dass dieses Buch Ihr Zeichen ist, das Ihnen jene erwünschte Klarheit bringt.

Es ist mir ein absolutes Herzensbedürfnis, Sie für Ihren individuellen Weg zu inspirieren und bei der Umsetzung der ersten Schritte mit den bestmöglichen Impulsen, Ideen und Tools zu versorgen. In der täglichen Arbeit mit meinen Kunden erlebe ich nämlich immer intensiver, wie reif die Zeit ist, radikale Menschlichkeit in unsere Kommunikation, unseren Umgang miteinander und in die aktive Zukunftsgestaltung der nächsten Jahre einziehen zu lassen. Es ist an der Zeit, die alten, auf Tschakka Tschakka, »Schneller, höher und weiter« und auf Druck basierenden Motivationsmethoden zu entsorgen. Wichtiger ist es, dass wir uns endlich über die wirklich entscheidenden Dinge unterhalten: über den Sinn, die Werte und die inneren Motive als Ursprung unserer beruflichen Exzellenz und persönlichen Erfüllung.

Würden Sie mir zustimmen, dass der Großteil der Menschen einfach keine Lust mehr auf sinnlose Tätigkeiten, stupide Arbeitsabläufe und frustrierende Jobs hat? Ein Beruf muss heute ganz einfach mehr bieten als nur die Garantie, so die monatliche Miete, die Leasingrate für das Auto und den alljährlichen Mallorca-Urlaub finanzieren zu können (sorry für dieses Ballermann-Klischee, liebes Mallorca, du weißt, wie sehr ich die Insel abseits der Touristenpfade liebe).

Gleichzeitig stellen auch immer mehr Unternehmen fest, wie wichtig der Sinn für die Unternehmenskultur geworden ist. Die Zeiten sind schon lange vorbei, in denen man vor allem auf der Suche nach fleißigen Arbeitsbienen war, die – ohne viel nachzudenken – ihre Arbeit erledigt haben, ihren Gehaltsscheck abgeholt haben und dann wieder nach Hause gefahren sind. Nein, in einem wirtschaftlichen Umfeld, in dem es viel mehr Arbeitsplätze als motivierte und hochqualifizierte Leute gibt, legen Personalverantwortliche mit Weitblick auf ganz andere Aspekte Wert: auf Identifikation mit dem Unternehmen, auf gemeinsame Werte und auf das Gefühl, mit dem eigenen Handeln einen sinnvollen Beitrag zur gesellschaftlichen Entwicklung zu leisten.

Was, das klingt Ihnen zu utopisch? Ich gebe es zu, das Pflänzchen dieses Trends ist noch sehr zart, und die Realität sieht vielerorts noch immer so aus wie in den 1970er-Jahren. Aber ich habe es mir auf die Fahnen geschrieben, diesen Zustand zu ändern. Und weil Unternehmen sich nun mal nur verändern, wenn die Menschen sich verändern, lautet meine zentrale Botschaft:

Der wichtigste Erfolgsfaktor der Zukunft wird radikale Menschlichkeit sein.

Ich könnte es niemals so gut formulieren wie der ehemalige amerikanische Präsident Barack Obama: »Veränderung geschieht nicht, indem wir auf andere Menschen oder eine andere Zeit warten. Wir sind diejenigen, auf die wir gewartet haben. Wir sind die Veränderung, nach der wir suchen.« Beim Lesen dieser Worte bin ich versucht, laut zu applaudieren. Die Welt und die Art, wie wir leben, lieben und arbeiten, mag sich dramatisch verändern, aber Sie können sich immer auf Ihre Persönlichkeit mit all ihren Facetten verlassen.

Lassen Sie es mich daher noch einmal wiederholen: In Zeiten, die von Unsicherheit, Wandel und Veränderung geprägt sind, gibt es eine Konstante, auf die Sie immer bauen können, und das sind Sie selbst. Egal, was in den nächsten Jahren auch passieren wird – und glauben Sie mir, es wird einiges passieren –, Sie werden sich immer auf Ihre Fähigkeiten, Ihre Erfahrungen und Ihr Wissen verlassen können. Je mehr die Zukunft von technischen Veränderungen, disruptiven Entwicklungen und digitaler Komplexität geprägt sein wird, desto entscheidender wird der Erfolgsfaktor Mensch. Im Business, in der Gesellschaft und auch im ganz privaten Umfeld. Nichts wird daher auch nur annähernd so wichtig sein wie die Investition in Weiterbildung, die Arbeit an Ihrer Persönlichkeit und permanentes Wachstum. Auf diese Weise gewinnen Sie in unsicheren Zeiten eine nie dagewesene Sicherheit, einfach weil Sie um Ihre Flexibilität im Denken und Handeln wissen.

Klingt das gut? Dann möchte ich Ihnen gern einen Ausblick geben, was Sie in diesem Buch erwartet. Um Ihnen das Lesen so angenehm wie möglich zu machen, habe ich mich bei der Entwicklung der Struktur an einem meiner wichtigsten Wahlsprüche orientiert, den Sie möglicherweise als den roten Faden meiner Arbeit wiedererkennen:

Wenn das WARUM groß genug ist, dann folgen das WIE und das WAS von ganz allein.[1]

Aus diesem Zusammenhang habe ich die drei großen Ms der Motivation hergeleitet:

Die drei großen Ms der Motivation sind: Motiv. Menschen. Machen.

Das Motiv, die Menschen und das Machen. Denn genau dies sind die wichtigsten Komponenten, wenn es darum geht, mental oder körperlich von A nach B zu gelangen. Was lag da näher, als auch *Radikal menschlich* in genau diese drei Teile zu gliedern. Zu Beginn wollen wir hemmungslos spinnen, querdenken und philosophieren, um uns dann mit wichtigen Modellen, wirkungsvollen Methoden und der Kraft eines echten Teams zu beschäftigen, bevor wir zu sehr konkreten Umsetzungsstrategien gelangen.

In Teil 1 – **DAS MOTIV** – geht es darum, warum wir tun, was wir tun, und was uns dabei konkret antreibt. Ich präsentiere Ihnen mutige Ideen, mit denen ich Sie herausfordern möchte, Ihre gewohnten Bahnen zu verlassen und neu über das nachzudenken, welches Ihre wichtigsten Motive sind und wie Veränderung nachhaltig funktioniert. Sie erfahren, warum Sie ab sofort nichts mehr tun sollten, ohne Ihre bedingungslosen Grundprinzipien zu kennen. Ich stelle Ihnen mein Modell der Kernbedürfnisse vor und lade Sie ein, den Change-Diamanten kennenzulernen. Auf diese Weise werden Sie verstehen, warum manchen Menschen scheinbar alles gelingt, während andere schon an der kleinsten Herausforderung scheitern.

Im zweiten Teil – **DIE MENSCHEN** – schauen wir uns gemeinsam an, warum niemand allein gewinnt, weshalb Ihr Inner Circle ein entscheidender Erfolgsfaktor ist und wie Sie diesen bestmöglich aufstellen. Ich verrate Ihnen, warum bereits heute Mitarbeiterorientierung wichtiger ist als Kundenorientierung, warum die Welt mehr Batteriewechsler braucht. Zudem möchte ich Sie gern zu einer gepflegten Motivationsrevolution anstiften.

Im dritten und letzten Teil – **DAS MACHEN** – dreht sich dann alles um konkrete Tools, Werkzeuge und Umsetzungspläne. Mit der Smells-Like-Teen-Spirit-Methode, der 7-Sekunden-Regel und der Kunst des kritischen Denkens stelle ich Ihnen die besten Methoden vor, um ins Handeln zu kommen, erfolgreich mit Rückschlägen umzugehen und nachhaltige Veränderungen umsetzen zu können. Vor allem aber kümmern wir uns um die wichtigste Frage von allen: Was bedeutet Erfolg für Sie und wie schaffen Sie es, diesen auch zu erreichen? Darauf aufbauend schließen wir mit meinem Modell der Wachstumstreppe, welches Ihnen auf dem Weg in die Zukunft hoffentlich treue Dienste leisten wird.

Um Ihnen das Strukturieren und Umsetzen der Inhalte so einfach wie möglich zu machen, fasse ich für Sie am Ende eines jeden Kapitels die fünf wichtigsten Ideen noch einmal in Form eines *Macher-Memos* zusammen. Mein großer Wunsch ist es, dass Sie nach der Lektüre dieses Buchs ein Gesamtpaket an Ideen, Strategien und konkreten Werkzeugen zur Verfügung haben, um nachhaltig einen Unterschied zu machen. In Ihrem Unternehmen, in Ihrem Team oder zu Hause in der Familie. Doch gestatten Sie mir noch einen kurzen Hinweis: Ich erhebe mit diesem Buch nicht den Anspruch, die alleinige Wahrheit gefunden zu haben (Ist Ihnen schon mal aufgefallen, dass viele Kritiker wesentlich dogmatischer sind als diejenigen, die von ihnen kritisiert werden?). Ich behaupte auch nicht, dass meine Ideen das Allheilmittel für jeden einzelnen Menschen auf dieser Welt wären. Nichts liegt mir ferner. Ganz im Gegenteil, wahrscheinlich bin ich selbst mein größter Kritiker und durchleuchte meine eigenen Gedanken daher besonders gründlich. Aber ich weiß eben auch, dass die in diesem Buch vorgestellten Methoden überdurchschnittliche Resultate zur Folge haben. Tausende Menschen haben sie bereits genutzt, um ein selbstbestimmtes Leben zu führen, ihr Unternehmen für die

Zukunft aufzustellen oder um im Team erfolgreich zu sein – schauen Sie sich gern die Referenzliste auf meiner Homepage an.

Und darum bin ich der festen Überzeugung, dass die Konzepte dieses Buchs auch für Sie, liebe Leserinnen und Leser, sehr wertvoll sein können. Weil es schon lange nicht mehr selbstverständlich ist, möchte ich ein Alleinstellungsmerkmal gern deutlich hervorheben: Ich habe die Ideen und Inhalte dieses Buchs nicht irgendwo kopiert oder abgeschrieben, sondern sie basieren auf meinen unzähligen Erfahrungen der letzten 15 Jahre. In dieser Zeit habe ich in so gut wie jeder Branche mit Unternehmen jeglicher Größenordnung und Menschen verschiedenster Couleur gearbeitet. Und neben aller Unterschiedlichkeit gab es auch immer wieder frappierende Gemeinsamkeiten. Diese Erkenntnisse habe ich mit intensiver Recherche und wissenschaftlichen Hintergründen kombiniert und zu einem Destillat verarbeitet, welches ich Ihnen nun gern vorstellen möchte.

Dabei möchte ich Sie von Anfang an dazu ermutigen, jede meiner Ideen kritisch zu hinterfragen, sie auf den Prüfstand zu stellen und in Ihrem Alltag auszuprobieren. Und wenn ich Sie mit meinem Ansatz begeistern kann, dann wäre es das absolut Größte, wenn Sie die Idee radikaler Menschlichkeit als Botschafter hinaus in die Welt tragen würden, damit wir gemeinsam einen noch größeren Unterschied machen. In meinem Imagevideo sage ich ganz am Ende einen Satz, den ich Ihnen auch in diesem Buch zurufen möchte:[2]

»Lassen Sie uns gemeinsam die Welt verändern. Ich mach es einfach. Sie auch?«

Nichts auf der Welt würde mein Herz mehr mit Freude füllen.

Auf geht's, wir haben viele mutige Ideen und ein ganzes Buch vor uns. Ein Buch für alle, die mehr vom Leben erwarten als Rechnungen zu zahlen, jeden Tag in ein graues Büro zu fahren und einen Job zu erledigen, der mehr frustriert als erfüllt. Ich bin bis in die Haarspitzen motiviert und freue mich darauf, gemeinsam mit Ihnen einen Unterschied zu machen. Die Zeit von Unzufriedenheit, Belanglosigkeit und Pessimismus ist vorbei.

Die Welt ist reif für mehr Sinn.

Für starke Werte.

Für den Erfolgsfaktor Mensch in Zeiten der immer intensiver werdenden Veränderung.

Für radikale Menschlichkeit.

Wollen wir loslegen? Ich bin sehr dankbar, dass Sie mir Ihr kostbarstes Gut, Ihre Zeit, schenken.

Herzlichst,
Ihr *Ilja Grzeskowitz*

Berlin, Lissabon und Sylt, 2017

TEIL 1

DAS MOTIV

1. Der Change Loop

»Out past the cornfields where the woods got heavy.
Out in the back seat of my '60 Chevy.
Workin' on mysteries without any clues.
Workin' on our night moves.«
Bob Seeger, »Night Moves«

Die wohl schwerste Situation meiner beruflichen Karriere hatte ich im Jahr 2004 zu meistern. Viele meiner Kollegen sprachen damals von einem Himmelfahrtskommando, meine Vorgesetzten von einer super Chance, mir meine Sporen zu verdienen. Die Aufgabe war so einfach wie herausfordernd. Ich sollte als Projektleiter das ehemals erfolgreichste Kaufhaus Berlins, das altehrwürdige Hertie in der Neuköllner Karl-Marx-Straße, zu einem Schnäppchen-Center umwandeln, in dem das Unternehmen die Altware aus dem gesamten Bundesgebiet vermarkten wollte. In modernem Deutsch würde man wohl heute »Outlet Center« dazu sagen. Es war der allerletzte Versuch, den Standort zu retten. Anfang der 1990er-Jahre arbeiteten in dem über 40 000 Quadratmeter großen Kaufhaus noch 1200 Mitarbeiter, die Umsätze gingen direkt nach der Maueröffnung durch die Decke. Doch im Laufe der Jahre erlebte nicht nur Neukölln einen wirtschaftlichen Niedergang, sondern auch das Hertie-Kaufhaus.

So kam es, dass an meinem ersten Tag gerade noch 120 Mitarbeiter verzweifelt versuchten, die Umsatzeinbrüche aufzuhalten, die seit Langem bei über 20 Prozent pro Jahr lagen. Es war allerdings ein hoffnungsloser Kampf, denn der Niedergang war bereits zu weit fortgeschritten. Ganze Abteilungen waren seit Längerem geschlossen und es verirrten sich immer weniger Kunden in das Warenhaus, welches von der Atmosphäre manchmal an eine Geisterstadt erinnerte. Und nun stehe ich in einem muffigen Besprechungsraum und vor mir sitzen die verbliebenen sechs Abteilungsleiter, die mich mit ängstlichen Augen anblicken. Der amtierende Geschäftsführer steht nur wenige Wochen vor seiner Pensionierung und macht bei meiner Vorstellung keinen Hehl aus seiner Meinung: »Meine Damen und Herren, darf ich Ihnen Herrn Grzeskowitz vorstellen. Er ist hier, um unserem Kaufhaus den Todesstoß zu versetzen und es zu einem Schnäppchen-Center zu machen. Ich halte diese Entscheidung für völlig falsch, aber die jungen Leute denken ja immer, sie wissen alles besser.«

Rumms. Können Sie sich vorstellen, wie ich mich gefühlt habe? Obwohl ich nur der Überbringer des neuen Konzepts war, bekam ich die gesamte Wut und aufgestaute Hoffnungslosigkeit der versammelten Menschen zu spüren. So gut es ging lenkte ich den Fokus auf die sich bietenden Chancen, stellte meine Ideen zur Rettung des Standorts vor und versuchte, die Herzen meiner zukünftigen Mitarbeiter zu erreichen. Es folgte eine hitzige Diskussion, die von vielen Fragen und Zwischenrufen geprägt war.

Doch es war ein einzelner Satz, der sich mir bis heute ins Gedächtnis eingebrannt hat. Herr Leopold (der Name ist geändert), der Abteilungsleiter aus der zweiten Etage (Zuständigkeiten für einzelne Abteilungen wie in anderen Häusern gab es schon lange nicht mehr), stand auf, blickte mir direkt in die Augen und sagte dann: »Aber verstehen Sie es denn nicht, Herr Grzeskowitz? Wir können diese neuen Ideen hier nicht gebrauchen, weil dann unser Kaufhaus stirbt. Aber wir wollen nicht sterben. Wir wollen leben!«

Es war ein Satz, der mich traf wie ein Blitz. Und er zeigt das große Dilemma, welches Veränderungen mit sich bringen. Herr Leopold traf diese Aussage nämlich zum einem Zeitpunkt, als der Patient Hertie Neukölln seit Jahren auf der Intensivstation lag und de facto bereits klinisch tot war. Und dennoch sträubten sich die beteiligten Menschen gegen sämtliche Alternativen wie der Teufel gegen das Weihwasser. Man wollte, dass alles so blieb, wie es war, nur die Resultate sollten besser werden. Und diese Haltung war tragisch, denn auch wenn niemand damals sagen konnte, ob der Kurswechsel den Standort noch retten konnte, so sprachen die aktuellen Umsätze, Deckungsbeiträge und Prognosen doch eine sehr eindeutige Sprache: Mit den Strategien der Vergangenheit würde man den Untergang maximal noch um ein paar Monate hinauszögern. Es gab also nur zwei Möglichkeiten: Sich auf die Veränderung einlassen. Oder sterben.

Change or die. In Zeiten des immer intensiver voranschreitenden Wandels können wir uns entweder verändern – oder wir werden sterben.

Und genau dort liegt das große Dilemma. Mich beschleicht nämlich immer häufiger das Gefühl, dass viele Menschen veränderungsmüde geworden sind. Weil die Taktung der Neuerungen so stark zugenommen hat und sich mancher damit einfach überfordert fühlt. Weil das Wort »neu« gerade im Unternehmenskontext häufig mit schlankeren Strukturen, Personalabbau und Einschränkungen des persönlichen Arbeitsplatzes verbunden wird. Weil alles, was »neu« ist, gern als eine Bedrohung der eigenen Komfortzone betrachtet wird. Weil »neu« sehr häufig eine Emotion erzeugt, die der größte Feind der Innovation ist: Angst. Und das ist schade, denn Angst lähmt, verlangsamt die eigene Entwicklung und führt über kurz oder lang zum Stillstand.

Wir müssen die Veränderungsangst durch Veränderungslust ersetzen.

Ich habe mir es daher seit Jahren auf die Fahne geschrieben, dieser Neo-Phobie den Kampf anzusagen. Ihnen, liebe Leserinnen und Leser, Lust auf Veränderung zu machen und den Fokus auf die riesigen Chancen zu lenken, die sich im Wandel verbergen. Denn wenn Sie Ihre Träume leben, Ziele erreichen und auch morgen noch erfolgreich sein wollen, dann ist es unumgänglich, bereits heute die notwendigen Veränderungen vorzunehmen. Dafür gilt es, einen radikalen Paradigmenwechsel vorzunehmen. Was ich damit meine? Werfen Sie bitte einen Blick auf die folgende Grafik.

Die Changekurve

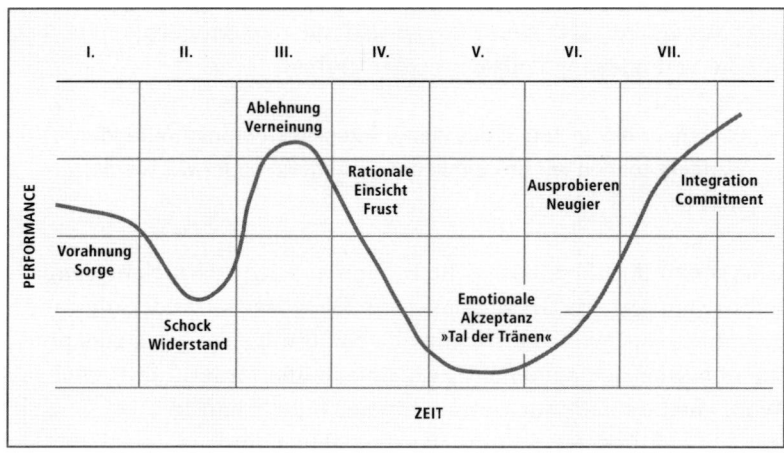

Sie haben es sicher gleich erkannt, es handelt sich um die klassische Veränderungskurve, die in den 1960er-Jahren von Elisabeth Kübler-Ross entwickelt wurde[3]. Wie Sie an der Jahreszahl erkennen können, handelt es sich um ein Modell, das seit vielen Jahren in Seminaren, Personalschulungen und Trainings gelehrt wird. Und es wird auch heute noch als eines der Standardtools im Changemanagement verwendet. Selbst hochrangige Unternehmensberatungen setzen die Changekurve immer noch als ein Modell ein, welches Führungskräfte dabei unterstützen soll, Veränderungsprozesse gemeinsam mit ihren Teams zu managen. Doch die Changekurve hat ein großes Problem. Sie ist ganz einfach nicht mehr zeitgemäß, denn das Modell wurde in zwei wichtigen Punkten von der Realität eingeholt. Zum einen basiert es auf der Vorannahme, dass Veränderung immer eine Reaktion auf externe Ereignisse wäre, was heute einfach nicht mehr stimmt. Wir können es uns heutzutage schlicht und einfach nicht mehr erlauben, nur noch reaktiv zu handeln, sondern müssen die Zukunft aktiv gestalten. Die zweite obsolete Annahme ist diejenige, dass Veränderungen immer einen Anfang und ein Ende haben würden. Dies mag in der Vergangenheit gestimmt haben. Da gab es einen Normalzustand, alle paar Jahre eine Veränderung, und dann hatte man mit der neuen Normalität wieder für eine gewisse Zeit seine Ruhe. Kurt Lewin hat dies in seinem 3-Phasen-Modell als »Auftauen, Bewegen und Einfrieren« bezeichnet Doch diese Zeiten sind längst vorbei, denn wir haben es mit Rahmenbedingungen zu tun, die es schon lange nicht mehr zulassen, einen Veränderungsprozess über mehrere Jahre laufen zu lassen. Stattdessen ist Change ein permanenter Dauerzustand geworden, der immer schneller und intensiver Einzug in unseren Alltag hält.

Aus diesem Grund habe ich ein eigenes Modell entwickelt, welches diese Faktoren einbezieht und den Herausforderungen der nächsten Jahre gerecht wird. Ich nenne es den Change Loop. Ich hätte gern einen deutschen Begriff gewählt, mir ist aber nichts eingefallen, was der Bedeutung des Wortes Loop nahe gekommen wäre. Schleife trifft es einfach nicht richtig. Ich setze das Modell sowohl in der Einzelarbeit mit Unternehmern, Managern und Führungskräften, aber auch in der Begleitung von Teams und Organisationen ein. Es funktioniert sowohl auf der individuellen Ebene der Persönlichkeit als auch im Vorantreiben von unternehmerischen Veränderungen. Wie bei jedem Loop gibt es weder einen Anfang noch ein Ende, und jeder Teil spielt eine gleich wichtige Rolle. Lassen Sie uns daher einen Blick auf die einzelnen Faktoren des Change Loops werfen, bevor ich Ihnen meine drei wichtigsten Prognosen für die Zukunft vorstelle.

Der Change Loop

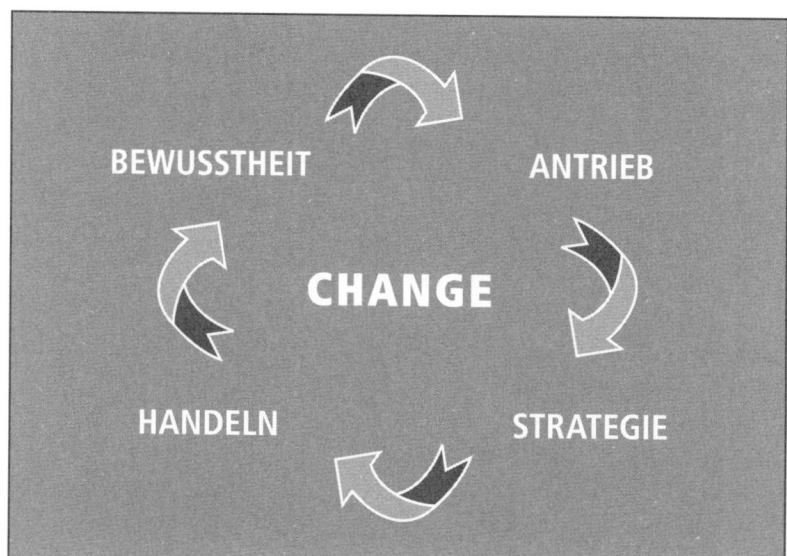

Bewusstheit

Weil dieser Punkt so wichtig ist, werden wir im Abschnitt »Achtsamkeit, Baby!« noch sehr intensiv darauf eingehen. Für den Moment soll der Hinweis genügen, dass ein bewusster Umgang mit dem eigenen Denken, Handeln und Wirken unumgänglich für erfolgreiche Veränderung ist. Aber Hand aufs Herz: Wie bewusst sind Sie sich der zunehmenden Komplexität um Sie herum, Ihrer Kommunikation, Ihrer Wirkung auf andere Menschen, Ihrer Rolle in Ihrem Unternehmen, Ihres Zufriedenheitsgrades im Alltag und Ihres Grades an Verantwortung, die Sie zu übernehmen bereit sind? Das ist ein Fragenkomplex, über den es sich lohnt, ein wenig länger nachzudenken.

Antrieb

Der Wandel ist heute intensiver, schneller und unberechenbarer als noch vor wenigen Jahren. Dies führt bei vielen Menschen zu einer gewissen Resignation, weil sie einfach keine Lust mehr haben, immer wieder von vorne beginnen und sich tagein, tagaus an die neuen Rahmenbedingungen anpassen zu müssen. Wenn Sie angesichts dieser Rahmenbedingungen über keine nachhaltige und intrinsische Motivation verfügen, werden Sie auf Dauer nicht erfolgreich sein. Wie Sie diesen Antrieb entdecken bzw. entwickeln können, darauf werden wir ebenfalls sehr intensiv in diesem Buch eingehen.

Strategie

Wir sind bei einem extrem wichtigen Erfolgsfaktor erfolgreicher Veränderungen angelangt. Es reicht nicht, nur mit dem Status quo unzufrieden zu sein und zu wissen, was Sie nicht (mehr) wollen. Dies mag zwar kurzfristig eine hohe Motivation erzeugen. Denn Unzufriedenheit ist immer ein guter Indikator, dass es Zeit für eine Veränderung ist. Aber langfristig brauchen Sie ganz einfach etwas, worauf Sie sich hinbewegen, etwas, womit Sie alte Muster ersetzen können. Und Sie brauchen Neues, mit dem Sie das entstehende Vakuum füllen können. Ohne konkrete Ziele, Meilensteine und schlussendlich eine von allen Beteiligten getragene Strategie wird jede Art von Veränderung schwierig. Weil Sie dann nämlich auf die Alternative vertrauen, und die ist nun einmal der Zufall. Je besser Sie wissen, was Sie wollen, mit welchen Methoden Sie dahin kommen wollen und warum Sie das überhaupt vorhaben, desto erfolgreicher werden Ihre Change-projekte.

Handeln

Es mag Ihnen etwas komisch vorkommen, dass ich den Schritt des Umsetzens mit in den Change Loop aufgenommen habe, schließlich sollte das doch etwas Selbstverständliches sein, nicht wahr? Ist es aber in der Praxis nicht. Wenn ich für jede Ankündigung, die nicht umgesetzt wurde, nur einen Cent erhalten hätte, dann wäre ich heute mehrfacher Multi-Milliardär. Nein, eine ausgeprägte Umsetzungskompetenz ist beileibe kein Selbstgänger. Und weil sie für erfolgreiche Veränderung einfach unabdingbar ist, hat sie einen prominenten Platz in meinem Modell erhalten. Ich werde Sie im dritten Abschnitt dieses Buchs mit vielen praktischen Tipps, Tricks und Tools ausstatten, mit denen Sie Ihre Macher-Mentalität entweder entwickeln oder weiter ausbauen können.

Ein hoher Grad an Bewusstheit, ein kraftvoller Antrieb, eine nachhaltige Strategie und eine ausgeprägte Umsetzungskompetenz: Das sind die vier entscheidenden Faktoren für erfolgreiche Veränderungen in Zeiten zunehmender Unsicherheit. Sie verstärken einander, und Sie können leider keinen Schritt auslassen, nur weil er Ihnen möglicherweise zu mühsam ist. Auch ist die Nutzung des Change Loops keine einmalige Sache, Sie müssen immer wieder von Neuem ansetzen und beginnen. Der entscheidende Punkt bei diesem Modell ist Ihnen wahrscheinlich schon längst aufgefallen. Sämtliche vier Faktoren sind weder von der Konjunktur noch von den äußeren Umständen noch von anderen Menschen abhängig.

Sie allein haben zu 100 Prozent Einfluss auf Ihre Bewusstheit, Ihren Antrieb, Ihre Strategie und Ihr Handeln.

Und weil das so ist, lautet der Untertitel dieses Buchs auch: *Erfolgsfaktor Persönlichkeit in Zeiten der Veränderung.* Basierend auf dieser Erkenntnis, möchte ich Ihnen meine drei wichtigsten Change-Thesen vorstellen:

- **Change-These Nummer 1:** Wir stehen erst am Anfang von Veränderungen, welche die Art, wie wir leben, arbeiten, lieben, essen oder wohnen, dramatisch verändern werden.
- **Change-These Nummer 2:** Die demografische Entwicklung, disruptive Technologien wie künstliche Intelligenz oder Robotik sowie die Digitalisierung sämtlicher Lebensbereiche werden nicht nur die Arbeitswelt, sondern unsere gesamte Gesellschaft kräftig durchschütteln.
- **Change-These Nummer 3:** Der wichtigste Erfolgsfaktor der Zukunft wird der Mensch sein, weil keine künstliche Intelligenz, kein Roboter und auch keine Software jemals Dinge wie persönliche Beziehungen, Empathie oder Teamspirit ersetzen können. Dies hat natürlich Auswirkungen für jeden von uns. Es bedarf einer maximalen Verantwortungs- und Veränderungsbereitschaft, einer Neuausrichtung der Prioritäten sowie eines ganz neuen und wertschätzenden Miteinanders.

Der Change Loop mit seinen vier Komponenten wird zum wichtigsten Werkzeug der nächsten Jahre – für Sie als Unternehmer, als Familienmensch und als Changemaker. Lassen Sie uns also etwas genauer hinschauen.

Change or die

Ob wir es nun gut finden oder nicht: Das Jahr 2018 – und auch die Folgejahre – steht unter einem eindeutigen Motto: Change or die! Verändern oder sterben. Dies gilt sowohl für Unternehmen, Marken und Organisationen als auch ganz besonders für uns persönlich. Denn auch, wenn niemand genau weiß, wie die Zukunft aussehen wird, eines ist so sicher wie das Amen in der Kirche: Wir müssen uns bereits heute verändern, um auch morgen noch erfolgreich zu sein. Oder etwas drastischer formuliert: Wer jetzt nicht auf den Zug der Veränderung aufspringt, der wird in Zukunft keine Rolle mehr spielen, weil er einsam am verlassenen Bahnsteig stehen gelassen wurde. Rüttelt diese Aussage an den Grenzen Ihrer Komfortzone? Gut, denn in den nächsten 15 Jahren wird sich unser Alltag massiv verändern. Die Art und Weise, wie wir leben, lieben, wohnen, essen, Freundschaften pflegen, einkaufen, konsumieren, lernen, arbeiten und sogar sterben, wird sich dramatisch von dem unterscheiden, was wir heute kennen.

Doch was erwartet uns in der Zukunft? Werden unsere Autos von allein fahren? Werden unsere intelligenten Kühlschränke von sich aus feststellen, wann die Butter alle ist und automatisch eine Bestellung im Onlineshop unseres Vertrauens auslösen? Werden wir uns in naher Zukunft von Nudeln aus dem 3-D-Drucker ernähren? Die Chancen stehen gut, denn technisch ist das alles längst umsetzbar.

Der persönliche Umgang mit Change und Wandel wird die Schlüsselkompetenz der Zukunft sein.

Aus meiner Sicht werden insbesondere die folgenden Trends unser Leben in den nächsten Jahren gewaltig verändern:

- Die rasant zunehmende Verbreitung von Breitband-Internet sorgt dafür, dass die Welt immer weiter zusammenrückt.
- Immer mehr Wissen wird in der Cloud gespeichert. Noch nie war der Zugriff auf Know-how, Informationen und How-to-Anleitungen so einfach wie heute. Ein wahrer Innovations-Booster.[4]
- Smartphones werden zur Organisationszentrale für unser komplettes Leben: Licht, Tanken, Konzertbesuch, Blutdruckmessung oder Zimmerschlüssel in Hotels – für alles wird es eine App geben.
- Roboter und automatisierte Prozesse werden Tätigkeiten übernehmen, die heute noch wie selbstverständlich von Menschen erledigt werden. Das kann sogar Herzoperationen betreffen, die von Robotern viel präziser durchgeführt werden als vom Chefarzt. Denken Sie vor allem an Präzisionsarbeiten, Beratungsgespräche oder Fließbandtätigkeiten. Die Folge: Millionen von Arbeitsplätzen werden in der Zukunft obsolet, dafür entsteht eine mindestens genau so hohe Zahl an neuen Jobs, und zwar mit hoher Wahrscheinlichkeit in Branchen, die es heute noch gar nicht gibt.
- Unser Konsumverhalten wird sich mehr und mehr an individuelle Bedürfnisse anpassen. On-Demand-Services werden in *allen* Lebensbereichen Einzug halten. In Zukunft wollen wir

bestimmen, wann, wo und vor allem wie wir etwas sehen, konsumieren oder kaufen.

- Augmented Reality – also die computergestützte Erweiterung unserer Realitätswahrnehmung – wird die Art, wie wir einkaufen, daten, Sex haben, Produkte präsentieren und Urlaub machen, revolutionieren.
- Künstliche Intelligenz wird immer intelligenter. Schon heute sind Bots in der Lage, erfolgreich an der Börse zu traden und andere Bots zu trainieren. Und es gibt Instagram-Algorithmen, die anhand Ihrer geposteten Bilder Ihre Suizidgefährdung besser prognostizieren können als ein menschlicher Experte je dazu in der Lage wäre.

Dies sind nur einige Beispiele, es gibt noch eine ganze Menge weiterer spannender Zukunftsszenarien. Welche Entwicklungen auch immer auf uns warten, das digitale Zeitalter wird für den größten gesellschaftlichen Wandel seit der industriellen Revolution sorgen. Weil die technische Entwicklung schon lange nicht mehr linear, sondern exponentiell verläuft. Nehmen Sie nur das beliebteste Smartphone der Welt, das I-Phone von Apple. Es ist erst knapp zehn Jahre her, seit Steve Jobs in einer legendären Keynote die erste Version dieses revolutionären Telefons präsentiert hat. Heute sind wir bereits bei Version Nummer acht (bzw. zehn, dem I-Phone X), aber ich behaupte, dass wir uns immer noch ganz am Anfang der technischen Möglichkeiten befinden.

Trotzdem verhält sich ein Großteil der Gesellschaft so, als ob diese Entwicklungen überhaupt nicht existent wären. Die Bürgerämter unserer Städte verehren nach wie vor den Formulargott in Papierform, in vielen Unternehmen wird die Digitalisierung nach wie vor konsequent ignoriert, und unsere Kinder werden mit Methoden von vorgestern auf die Herausforderungen der Zukunft vorbereitet. Ein Beispiel gefällig? Gern. Im Kindergarten meiner jüngsten Tochter Elisabeth wurde vor einiger Zeit mit großem Tamtam ein Lerncomputer für die Kinder angeschafft. Dieser hatte noch einen Röhrenmonitor und war so voluminös, dass extra ein Computerraum eingerichtet werden musste. Natürlich waren die Erzieherinnen nicht in der Lage, das neumodische Gerät zu bedienen. Das war aber auch gar nicht nötig, denn die kleinen Knirpse gehören zu einer Generation, die

schon in jungen Jahren mit I-Pads, Smartphones und Laptops aufwächst. Kein Wunder also, dass der kleine Theo voller Überzeugung
verkündete: »Frau Löll, auf dieses olle Ding haben wir keine Lust.
Aber wenn Sie wollen, bringe ich gern am Montag das MacBook Pro
von meiner Mutter mit.«

Ein Einzelfall? Mag sein, aber ich habe immer öfter das Gefühl, dass
die Vorbereitung unserer Kinder auf die Zukunft komplett an der Realität vorbei organisiert wird. Meine älteste Tochter Emma ist gerade
in die siebte Klasse gekommen. Und Sie können davon ausgehen, dass
sie später einmal einen Beruf ausüben wird, den es heute noch gar
nicht gibt. Weil eben auch der Arbeitsmarkt durch die Digitalisierung,
die demografische Entwicklung und die globale Vernetzung komplett
durcheinander gewürfelt wird. Millionen von Berufen werden in der
Zukunft von der Bildfläche verschwinden, dafür wird eine mindestens genauso große Zahl neuer Jobs entstehen. Und wie reagieren die
Schulen darauf? Innovation ist nicht vorhanden, stattdessen herrscht
Stillstand.[5] Letztens war ich in meiner Heimatstadt Lübeck anlässlich
einer Veranstaltung in meinem alten Gymnasium zu
Besuch. Und obwohl ich im Jahr 1994 mein Abitur gemacht habe, sah es dort exakt noch so aus
wie vor fünfundzwanzig Jahren. Selbst einer
meiner damaligen Lehrer trug immer noch
den gleichen beigefarbenen Pullover mit
Zopfmuster wie zu meiner Schulzeit. Und ich
habe den berechtigten Verdacht, dass es sogar
derselbe sein dürfte. – Ich gebe es zu, ich bin
ein Sprachfetischist.

**Alles verändert sich,
nichts bleibt gleich.
Change or die!**

Wenn ich Emma heute in ihrem Klassenzimmer
besuche, dann habe ich das Gefühl, in der Zeit zurück-
gereist zu sein. Das Mobiliar ist noch aus den 1980er-Jahren, ge-
schrieben wird immer noch mit Kreide auf einer Tafel (und das im
Zeitalter von Tablets, Whiteboards und Wissen in der Cloud), und der
Lehrplan bereitet die Schüler auf eine längst obsolete Karrierepla-
nung vor: Abitur, Lehre / Studium, Arbeitsstelle in einem einzigen
Unternehmen und dann mit 65 Jahren ab in die Rente. Doch diese
Zeiten und die entsprechenden Lebensentwürfe sind längst vorbei.
Heute folgen die High Potentials den lukrativen Jobangeboten rund

um den Globus, ganze Imperien werden vom heimischen Wohnzimmer aus gesteuert und der Großteil der Menschen hat überhaupt keine Lust, mit Mitte Sechzig zum alten Eisen abgeschoben zu werden.

Alles verändert sich, nichts bleibt gleich. Und nur damit wir uns richtig verstehen: Wir reden hier nicht von Utopia, sondern all diese Entwicklungen sind schon lange Realität. Im Jahr 2015 habe ich einen Vortrag beim Software Unternehmen Tobit in Ahaus gehalten. Dort hat der Firmengründer und Visionär Tobias Groten mitten auf dem platten Land einen Technologie-Campus erschaffen, der seinesgleichen sucht. Alles ist Hightech, es gibt einen firmeneigenen Beachclub und sogar eine Diskothek. Teil des Campus ist auch ein Hotel, welches Gästen und Mitarbeitern gleichsam zur Verfügung steht. Als ich vor Ort ankam, suchte ich verzweifelt nach der Rezeption. Bis mich eine Mitarbeiterin auf meinen Irrtum hinwies: »Das läuft alles über unsere App.« Und tatsächlich, nachdem ich die Software auf mein I-Phone geladen hatte, legte ich über mein Facebook-Profil einen Account an. Sofort erkannte die App, dass für mich die Suite Nummer 7 reserviert war. Einen Schlüssel gab es nicht. Dafür einen Button in der App: »Tür öffnen«. Nachdem ich diesen gedrückt hatte, öffnete sich die Zimmertür wie von Zauberhand. Ich kam mir vor wie in einer Folge von Star Trek. Im Zimmer selbst fungierte dann mein I-Phone als Schaltzentrale, über die sich alles steuern ließ. Und wenn ich »alles« sage, dann meine ich auch alles: Licht, Vorhänge, Musik, Fernsehen (Verzeihung, natürlich war es Internet-TV als Streaming Service), die Dusche und sogar der Zimmerservice.

Es war wirklich ein mehr als beeindruckendes Erlebnis. Nach dem Check-out (selbstverständlich wieder per App) spürte ich, dass ich gerade die Zukunft erlebt hatte. Und gleichzeitig fragte ich mich, ob die traditionelle Hotellerie wohl bereits auf diese Entwicklungen vorbereitet ist oder in ein paar Jahren davon überrollt werden wird. Denn solche Beispiele werden Sie für jede Branche finden. Auch für Ihre. Die Gesellschaft, die Firmen und auch Ihr persönlicher Arbeitsplatz werden von der digitalen Revolution betroffen sein. Wir werden mit Problemen konfrontiert sein, die wir uns heute noch gar nicht richtig vorstellen können. Und gleichzeitig verbergen sich in diesen Herausforderungen auch riesige Chancen, die nur darauf warten, von uns erkannt und genutzt zu werden.

Beim Frühstück in der Tobit-Mitarbeiterlounge hatte ich dann die Gelegenheit, mit einem Mitglied der Geschäftsführung über die innovativen Ideen des Unternehmens zu sprechen. Und eine Aussage hat mich am meisten beeindruckt: »Weißt du, Ilja, wir haben uns die Entwicklung nicht ausgesucht, aber wir versuchen, ihr immer einen Schritt voraus zu sein. Wir schauen ganz einfach, welche Probleme sich ergeben, und dann arbeiten wir mit Hochdruck an einer passenden Lösung. Denn wenn wir es nicht tun, dann tut es jemand anders.« Genau das ist die Mentalität, die den entscheidenden Unterschied macht.

Achtsamkeit, Baby!

»You don't know what you don't know.« Du weißt nicht, was du nicht weißt. Dieses Zitat stammt von dem amerikanischen Sprachwissenschaftler Noam Chomsky[6] und bringt das zentrale Element dieses Abschnitts perfekt auf den Punkt: Wir nehmen nur einen kleinen Teil der Realität bewusst wahr, weil sich die große Masse unserer Gedanken, Entscheidungen und Handlungen auf unbewusster Ebene abspielt. Als grobe Hausnummer können Sie davon ausgehen, dass der bewusste Verstand zwischen fünf und neun Informationen gleichzeitig verarbeiten kann. Die Kapazität des Unterbewusstseins ist hingegen unendlich.[7] Dies ist auf der einen Seite sehr praktisch, weil uns die dadurch entstehenden Automatismen den Alltag sehr erleichtern. Wenn wir einmal gelernt haben, wie man Fahrrad fährt, dass eine Herdplatte verdammt heiß sein kann oder dass man eine Tür öffnet, indem man die Klinke herunterdrückt, dann läuft das entsprechende Programm im Unterbewusstsein wieder und wieder ab, ohne dass es von uns einer bewussten Steuerung bedarf. Je älter wir werden, desto mehr bestimmen diese Gewohnheiten unser Leben. Viele davon sind auch gut und überaus nützlich. Doch ebenso haben wir im Laufe der Zeit eine riesige Anzahl von unbewussten Denkmustern, Entscheidungsstrategien und Verhaltensweisen gelernt, die eine negative Wirkung haben, uns von unseren Zielen abhalten und uns sogar schaden können.

Und schon sind wir beim großen Dilemma. Denn wie wollen Sie etwas verändern, verbessern oder weiterentwickeln, das Ihnen überhaupt nicht bewusst ist, weil es sich um automatisierte Prozesse in Ihrem Unterbewusstsein handelt? Okay, das war natürlich eine rhetorische Frage, denn es ist schlichtweg unmöglich. Wir kommen daher zu einem der wichtigsten Sätze dieses Buchs. Er kommt sehr unscheinbar daher, hat aber – wenn Sie ihn wirklich in seinem vollen Ausmaß verinnerlichen – das Potenzial, Ihr Leben dramatisch zu verbessern. Habe ich den Spannungsbogen genug aufgebaut? Sehr schön, dann kommt er nun, der alles entscheidende Satz:

Sie können nur das verändern, was Ihnen bewusst ist!

Klingt einfach und logisch, oder? Aber wenn Sie davon ausgehen, dass 99 Prozent Ihrer Gedanken, Strategien und Verhaltensweisen unbewusst ablaufen, dann steckt eine Menge Dynamit in dieser Aussage. Denn Hand aufs Herz, wie sehr führen Sie ein Leben im Autopilotmodus? Wie häufig tun Sie Dinge nur, weil Sie es schon immer so getan haben, weil es normal ist oder weil alle es tun? Wie sehr funktionieren Sie eigentlich nur noch, anstatt mit einem hohen Grad an Bewusstheit Ihren Job zu erledigen, Ihren Alltag zu gestalten und mit den Menschen in Ihrem Umfeld zu kommunizieren? Das Leben wird erst dann so richtig intensiv, wenn Sie es mit allen fünf Sinnen aufsaugen und sich dem jeweiligen Moment voll und ganz hingeben.

Doch wie sieht die Realität aus? Menschen hetzen von einem Meeting zum nächsten, spielen mit ihren Kindern, während sie nebenbei »mal schnell« die wichtige Präsentation für den Chef vorbereiten, und sind während der täglichen U-Bahn-Fahrt so in das Spielen von Candy Crush auf dem Smartphone vertieft, dass sie es nicht mal mitbekommen würden, wenn die Mitreisenden um sie herum alle nackt wären. Ich habe immer häufiger den Eindruck, dass der Alltag so hektisch geworden ist, dass kaum noch Zeit für bewusste Kommunikation, echtes Interesse am Gegenüber und den hohen Anspruch an die eigenen Resultate bleibt. Und wenn man sich doch einmal auf eine Aufgabe fokussiert, dann ist man gedanklich schon wieder in der nächsten Telko, beim Kunden von morgen oder dem wöchentlichen Meeting, auf das man sich schon wieder nicht rechtzeitig vorbereitet hat. Kommt Ihnen bekannt vor, nicht wahr?

Nur wenn wir ganz achtsam unsere äußere und innere Realität wahrnehmen, gelingt es uns, die unzähligen Automatismen, Gewohnheiten und Strategien aus dem Unterbewusstsein an die bewusste Oberfläche zu befördern, um sie dann entsprechend zu verändern. Das größte Geschenk, das Sie sich selbst machen können, ist, den Autopilot auszuschalten und das Leben bei den Hörnern zu packen. Vor einigen Jahren habe ich von meinem britischen Kollegen Nigel Risner einen Satz gehört, der Ihnen dabei als gedanklicher Leuchtturm dienen kann: »Wenn du im Raum bist, dann sei im Raum.« Im Original heißt es: »If you're in the room, be in the room.« Ja, es lohnt sich, diesen Satz mehrmals zu lesen und ihn auf sich wirken zu lassen. Es reicht nicht, nur körperlich im Raum zu sein, wir müssen es auch mental sein. Nicht nur ein wenig, sondern ganz. Zu 100 Prozent.

> **Der Schlüssel, um dem Teufelskreis aus Belanglosigkeit, Unzufriedenheit und Mittelmaß zu entkommen, heißt Bewusstheit.**

Je achtsamer Sie sich auf eine Situation einlassen, desto selbstbestimmter werden Sie. Weil Sie plötzlich Dinge wahrnehmen, die sonst im Sauseschritt an Ihnen vorbeigerauscht wären. Machen Sie ruhig die Probe aufs Exempel und stellen sich ganz bewusst die folgenden Fragen:

- Wie sieht meine Einstellung aus?
- Nach welchen Kriterien treffe ich meine Entscheidungen?
- Warum tue ich, was ich tue?
- Wie wirke ich auf meine Mitmenschen und woran merke ich dies?
- Woran erkenne ich, dass ich glücklich und zufrieden bin?
- Wie kommuniziere ich mit meinen Mitarbeitern und Kunden?
- Wer denkt meine Gedanken?
- Welche Trigger lösen bei mir immer wieder das gleiche Verhalten aus?

Erinnern Sie sich so häufig wie möglich daran: Sie können nur das verändern, was Ihnen bewusst ist! Das gilt für Ihre Kommunikation, Ihre Gewohnheiten, Ihre Entscheidungen, Ihre internen Strategien und besonders für Ihr Verhalten. Ich würde mir daher nichts sehnlicher wünschen, als ein entschiedenes »Au Ja«[8] zur Achtsamkeit. Treffen Sie die Entscheidung, ab sofort nur noch ganz bewusst durchs Leben zu gehen und besonders auf die vermeintlichen Kleinigkeiten zu achten. Ihre alltäglichen Automatismen kritisch zu hinterfragen und mutig in den Spiegel zu blicken. Das Leben mit allen Sinnen zu genießen. Je mehr die Bewusstheit Einzug in Ihren Alltag erhält, desto mehr werden Sie wissen, was Sie alles nicht wissen. Aber Sie können die Entscheidung treffen, dies zu ändern. Als Persönlichkeit zu wachsen, sich weiterzuentwickeln und besser zu werden. Ein selbstbestimmtes und zufriedenes Leben zu führen, anstatt nur zu funktionieren. Schließen möchte ich diesen Abschnitt daher mit den berühmten Worten von Hermann Hesse: »Und jedem Anfang wohnt ein Zauber inne, der uns beschützt und der uns hilft zu leben.« Genießen Sie den Beginn einer neuen Ära. Der Ära der Achtsamkeit.

Bleib Du selbst, um Dich zu verändern

»Be yourself, no matter what they say!« Ich weiß nicht, ob mein damaliger Chef den wunderbaren Song »Englishman in New York« von Sting im Ohr hatte, als er mir den wohl wichtigsten Rat meiner Karriere gab: »Ilja, was auch immer du in der Zukunft tun wirst, das Wichtigste ist, dass du dich traust, du selbst zu sein.« Ich werde es wohl nie vergessen. Ich nickte damals zustimmend und dachte mir: »Na klar, wer soll ich denn bitteschön sonst sein?« Und trotzdem habe ich mich in den folgenden Jahren an so ziemlich allem und jedem orientiert, nur nicht an meinen innersten Bedürfnissen, Werten und Prinzipien. Weil diese Prozesse unbewusst abliefen, konnte ich sie auch erst verändern, als ich achtsamer mit mir umging.

Aus Angst vor Ablehnung und dem Drang nach Anerkennung habe ich die unterschiedlichsten Masken getragen und immer wieder versucht, es so vielen Menschen wie möglich recht zu machen. Ich muss wohl nicht erwähnen, dass ich mich dadurch immer weiter von mir selbst entfernt habe. Dabei ist die eigene Persönlichkeit der wichtigste Faktor für erfolgreiche Veränderung. Nur wer sich an seinen innersten Bedürfnissen orientiert, der kann auch in seinem Verhalten maximal flexibel sein. Oder noch deutlicher ausgedrückt: Eine einzigartige und stabile Persönlichkeit ist in Zeiten von komplexem und intensivem Wandel der beste Kompass, den Sie sich wünschen können. Wir müssen wir selbst bleiben, um uns verändern zu können.

Bleiben Sie Sie selbst, um sich verändern zu können.

Es lohnt sich also, einen genaueren Blick auf dieses wunderbare Konstrukt namens Persönlichkeit zu werfen. Denn wenn wir wissen, wie wir wirklich ticken, dann verstehen wir auch unser Verhalten und unsere grundsätzlichen Strategien im Leben viel besser. Dadurch wird jede Form von Kommunikation einfacher, was uns wiederum dabei hilft, in sämtlichen Lebensbereichen erfolgreicher zu sein. Doch ist es wirklich möglich, in Menschen hineinzublicken und herauszufinden, was ihre innersten Bedürfnisse sind? Die Antwort hierauf ist ein eindeutiges Ja. Dies gelingt aber nur, wenn Sie wissen, worauf Sie achten müssen. Denn unser äußeres Verhalten ist immer ein Spiegel unserer tiefsten Motive. Dieser Zusammenhang ist mir vor vielen Jahren zum ersten Mal so richtig bewusst geworden, als ich Tony Robbins in einem Ted Talk von den Six Human Needs sprechen hörte.[9] Sofort war ich von dem Ansatz fasziniert und kombinierte die Grundidee mit weiteren Philosophien und Denkschulen, etwa der Maslow'schen Bedürfnispyramide, den Satir-Kategorien, dem DISG-Modell und weiteren Ansätzen der Persönlichkeitsanalyse. Herausgekommen ist nach vielen Jahren intensiven Studiums mein eigenes Modell der Kernbedürfnisse, welches mir seither als bevorzugtes Werkzeug dient, wenn ich mit Unternehmern an Veränderungen arbeite.

Das Modell der Kernbedürfnisse

Die grundlegende Idee hinter den Kernbedürfnissen ist folgende: Jeder Mensch wird von den gleichen Grundbedürfnissen angetrieben. Vier davon basieren auf Mangel. Sind diese erfüllt, dann gibt es noch zwei weitere, die persönliches Wachstum als Antrieb haben. Bevor wir uns die einzelnen Motive etwas genauer anschauen, möchte ich Ihnen zuerst das komplette Modell vorstellen, welches ich in der folgenden Abbildung zusammengefasst habe.

Das Modell der Kernbedürfnisse

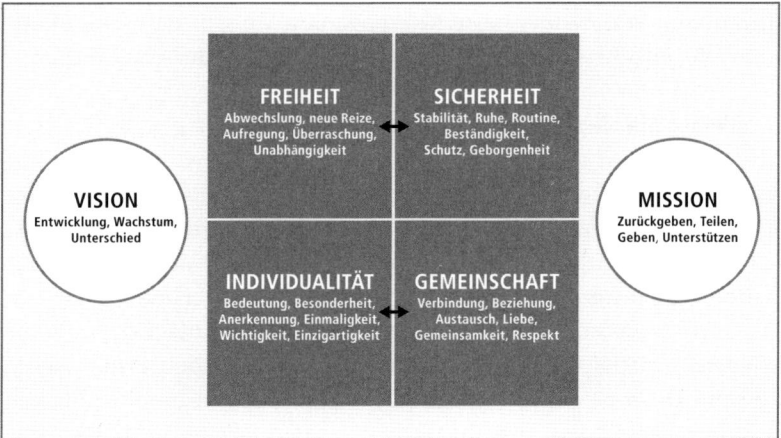

Schauen wir uns nun die Kernbedürfnisse im Einzelnen an:

1. **Kernbedürfnis Freiheit:** Einer unserer stärksten inneren Antreiber ist die Freiheit. Wir alle brauchen Abwechslung in unserem Leben und genießen das Gefühl von Unabhängigkeit, Überraschungen und neuen Reizen. Typische Merkmale sind: Sprunghaftigkeit, regelmäßiger Job- oder Partnerwechsel, sich nicht festlegen wollen, Experimentierfreude und Umsetzungskompetenz. Das Kernbedürfnis in einem Satz lautet: *Niemand schreibt mir vor, was ich zu tun oder zu lassen habe.*

2. **Kernbedürfnis Sicherheit:** Genauso intensiv ist unser Sicherheitsbedürfnis, das Streben nach Kontinuität, Stabilität und Beständigkeit, mit dem wir Ruhe, Geborgenheit und Schutz sicherstellen wollen. Typische Merkmale: Routinen, Gewohnheiten, Zögern, Zaghaftigkeit, Verlässlichkeit und Risikoaversion. Das Kernbedürfnis in einem Satz: *Alles soll so bleiben, wie es ist.*

3. **Kernbedürfnis Individualität:** Hier geht es um das starke Bedürfnis nach Anerkennung, danach Bedeutung zu erlangen und unsere Einzigartigkeit herauszustellen. Egal, ob im Job oder zu Hause: Jeder von uns will sich einmalig fühlen, wichtig sein und das Gefühl haben, einen Unterschied zu machen. Typische Merk-

male: auffällige Kleidung, Extravaganz, Selbstzweifel, Kreativität, im Mittelpunkt stehen wollen, laut sein und Extravertiertheit. Das Kernbedürfnis in einem Satz: *Nimm mich wahr, denn ich bin besonders.*

4. **Kernbedürfnis Gemeinschaft:** Genauso brauchen wir aber auch die Zugehörigkeit zu anderen Menschen. Wir streben nach Gemeinsamkeiten, Verbindungen und Beziehungen und sehnen uns nach Liebe, Respekt und Zuneigung. Typische Merkmale: Unterwürfigkeit, Drang nach Harmonie, Gerechtigkeitssinn, leise sein, der Wunsch, es allen recht machen zu wollen, die Bedürfnisse anderer Menschen stehen über den eigenen. Das Kernbedürfnis in einem Satz: *Was kann ich für dich tun, damit du mich liebst?*

Dies sind die vier grundlegenden Kernbedürfnisse eines jeden Menschen. Ja, wirklich von jedem. Wir alle streben nach Freiheit, Sicherheit, Individualität und Gemeinschaft und versuchen die einzelnen Bedürfnisse durch unsere Verhaltensweisen sicherzustellen. Selbstverständlich laufen auch diese Prozesse automatisiert ab, sodass wir uns unserer Kernbedürfnisse selten bewusst sind. Das klingt erst einmal alles ganz logisch, nicht wahr? Doch es gibt ein paar wichtige Punkte zu beachten:

- Jeder Mensch wird von allen vier Kernbedürfnissen angetrieben. Diese vier Motive versuchen wir permanent und so gut wie immer unbewusst durch unser Handeln zu befriedigen.
- Die beiden Paare »Freiheit und Sicherheit« sowie »Individualität und Gemeinschaft« stehen miteinander in Konflikt. Wir können keine Freiheit genießen, ohne dafür die Sicherheit aufzugeben. Und das Gefühl von Sicherheit gibt es nur, wenn wir dafür die Freiheit opfern.
- Das Gleiche gilt für das nächste Bedürfnispaar. Um individuelle Anerkennung zu genießen, müssen wir uns von der Gemeinschaft lösen. Auf Gemeinsamkeit basierende Beziehungen funktionieren hingegen nur, wenn wir auf das Merkmal der Einzigartigkeit verzichten.
- Alle vier Grundbedürfnisse befinden sich hierarchisch auf derselben Stufe, und keines ist besser, wichtiger oder erstrebenswerter als die anderen.

- Gleichzeitig besitzt jeder Mensch ein dominantes Kernbedürfnis, das ihn mehr antreibt als der Rest. Diese Dominanz kann dabei sehr extrem oder auch nur in Nuancen vorhanden sein.

Es ist also sehr sinnvoll, das eigene dominierende Kernbedürfnis und auch das seiner Mitmenschen zu kennen. Warum? Ganz einfach. Wenn wir wissen, welches Motiv einen Menschen am stärksten antreibt, dann können wir ihn nicht nur besser verstehen, sondern auch viel besser mit ihm umgehen und kommunizieren. Stellen Sie sich nur einmal vor, Sie haben einen Mitarbeiter, dessen dominierendes Kernbedürfnis die Sicherheit ist. Wenn Sie diesem Menschen keine festen Rahmenbedingungen setzen, dann wird er schnell unzufrieden werden. Wäre hingegen die Freiheit das wichtigste Motiv, dann wären zu viele Routinen, Vorschriften oder Regeln kontraproduktiv. Sowohl für den Job als auch den persönlichen Alltag gilt darum:

Je besser Sie verstehen, was Sie und Ihre Mitmenschen antreibt, desto einfacher erreichen Sie Ihre Ziele.

Es sollte mittlerweile keine große Überraschung mehr sein, dass auch die Kernbedürfnisse keine rationalen Motive sind, sondern auf unbewusster Ebene ihren regelmäßigen und zuverlässigen Dienst tun. Kein Wunder, sind sie doch das Resultat unserer innersten Wünsche, Werte und Träume. Trotzdem kann man sie ziemlich gut an die Oberfläche holen und dann dort – wenn gewünscht – natürlich auch verändern. Achten Sie dann sehr bewusst auf ein konkretes Verhalten – bei Ihnen selbst und auch bei anderen Menschen – und stellen Sie sich dann folgende Frage:

»Welches Kernbedürfnis ist dadurch sichergestellt?«

Sie werden erstaunt sein, wie häufig Sie ab sofort ein Schmunzeln auf den Lippen haben werden. Eine Freundin postet überdurchschnittlich oft Selfies auf Instagram? Ganz klar, dies geschieht wegen ihres Bedürfnisses nach Anerkennung. Ihr bester Freund hat schon wieder ein neues Projekt gestartet, weil ihm langweilig wurde? Die Freiheit lässt grüßen. Ihr Kollege sagt immer wieder *Ja*, obwohl er eigentlich *Nein* meint? Logisch, es ist die Angst vor der Ablehnung und das Bedürfnis nach Verbindung zu anderen Menschen. Jemand ist seit Jahren unzufrieden mit dem aktuellen Job, traut sich aber nicht, etwas Neues zu beginnen? Das Sicherheitsbedürfnis ist einfach stärker als der Wunsch nach Veränderung.

Dies sind nur vier Beispiele von tausend anderen, und ich bin mir sicher, dass Ihnen auf Anhieb noch viele weitere aus Ihrem Alltag einfallen werden. Je bewusster Sie darauf achten, desto mehr werden Sie feststellen, dass so gut wie alle Verhaltensweisen dazu dienen, die vier Kernbedürfnisse Freiheit, Sicherheit, Individualität und Gemeinschaft sicherzustellen. Diese Quadriga zeigt: Die Bedürfnisse basieren alle auf einem Mangel, den wir durch unser Verhalten auszugleichen versuchen. Gelingt uns dies dauerhaft und ist insbesondere unser dominantes Kernbedürfnis erfüllt, dann kommen die beiden Wachstumsbedürfnisse ins Spiel.

Entscheidend ist, dass Sie Ihr dominantes Kernbedürfnis erkennen und erfüllen.

Wachstumsbedürfnis 1: Die Vision

Wir Menschen sind Wesen, die wachsen müssen. Um erfüllt und zufrieden leben zu können, reicht es nicht, ein statisches Dasein zu führen, mit dem wir nur den Status quo verwalten. Und weil das so ist, streben wir danach, einen Unterschied im Leben zu machen, etwas Bedeutendes zu hinterlassen und eine riesige Delle ins Universum zu hauen. Und hier kommt das Wort Vision ins Spiel. Darunter verstehe ich ein klares, anziehendes und hoch emotionales Bild unserer eigenen Zukunft, welches uns magisch anzieht und fast schon von selbst ins Handeln kommen lässt. Unsere Lebensvision ist sehr individuell und dient uns als Nordstern für die persönliche Entwicklung und das permanente Wachstum als Mensch.

Wachstumsbedürfnis 2: Die Mission

Echte Erfüllung erfahren wir immer dann, wenn unser Streben nicht egozentriert ist, sondern andere Menschen einbezieht. Genau hier setzt die Mission ein. Auf unbewusster Ebene haben wir das tiefe Bedürfnis, etwas zurückzugeben, unseren Erfolg zu teilen und andere Menschen zu unterstützen: in Form einer Stiftung, durch soziales Engagement oder schlicht und einfach dadurch, dass wir für unsere Mitmenschen da sind. Nicht, weil wir uns davon einen Vorteil versprechen, sondern einzig und allein, weil es nichts Schöneres gibt, als in strahlende Augen zu blicken. Die Mission ist größer als wir selbst und kommt immer erst dann ins Spiel, wenn wir einen gewissen Wachstumsgrad erreicht haben.

Eine kleine Zusammenfassung

Jeder Mensch wird von sechs Kernbedürfnissen angetrieben. Vier davon basieren auf Mangel (Freiheit, Sicherheit, Individualität und Gemeinschaft, wovon eines immer das dominierende ist), den wir durch unser Verhalten zu kompensieren versuchen. Sobald wir diese vier Bedürfnisse dauerhaft sichergestellt haben, kommen die beiden Wachstumsbedürfnisse Vision und Mission ins Spiel. In der Gesamtheit beschreibt das Modell daher auch so wunderbar, warum Wachstum für uns Menschen so wichtig ist. Erst, wenn wir uns als Persönlichkeit weiterentwickeln und im zweiten Schritt etwas an andere Menschen zurückgeben, erfahren wir dieses Gefühl der Zufriedenheit, welches mit Worten so schwer zu beschreiben ist. Und genau aus diesem Grund mag ich die Kernbedürfnisse so sehr.

Nicht nur verstehen wir dadurch besser, wie wir selbst und andere ticken, sondern es erklärt auch so wunderbar, warum persönliche Entwicklung nicht nur ein Selbstzweck ist, sondern die notwendige Voraussetzung für ein auf Sinn und Erfüllung basierendes Leben.

Je mehr wir verstehen, was uns wirklich antreibt und was unser dominantes Grundbedürfnis ist, desto leichter fällt es uns, ein Leben fernab den Erwartungen anderer zu führen und unsere Zukunft selbstbestimmt zu gestalten.

Das Motto heißt **Change or die**. Und in einer Zeit, in der die Rahmenbedingungen immer komplexer, die technische Entwicklung schneller und die Taktung der Veränderung rasanter werden, ist unsere individuelle Persönlichkeit der einzige Faktor, auf den wir uns wirklich verlassen können. Das Beste daran: Diesen Faktor können Sie von vorn bis hinten selbst beeinflussen.

Schließen möchte ich das Kapitel daher mit den Worten von Ralph Waldo Emerson, der diese Gedanken so treffend auf den Punkt gebracht hat: »Dich zu trauen, du selbst zu sein, in einer Welt, die permanent versucht, dich zu jemand anderem zu machen, das ist die größte Leistung überhaupt.« Trauen Sie sich also. Horchen Sie auf Ihre innere Stimme und finden Sie heraus, was Sie wirklich antreibt. Denn je mehr Ihr Wirken auf dem wahren Kern Ihrer Persönlichkeit basiert, desto leichter werden Ihnen notwendige Veränderungen fallen. Und im nächsten Kapitel werden wir uns ganz genau anschauen, wie Ihnen das am besten gelingt.

MACHER-MEMO: Die fünf großen Ideen dieses Kapitels

1. Die alte Changekurve ist nicht mehr aktuell. Stattdessen sind die vier Elemente des Change Loops für erfolgreiche Veränderung von entscheidender Bedeutung: Bewusstheit. Antrieb. Strategie. Handeln.

2. Alles verändert sich, nichts bleibt gleich. In Zeiten des permanenten Wandels lautet das Motto: Change or die. Verändern oder untergehen.

3. Der persönliche Umgang mit Veränderung wird die wichtigste Schlüsselkompetenz der Zukunft sein.

4. Sie können nur das verändern, was Ihnen bewusst ist.

5. Nutzen Sie das Modell der Kernbedürfnisse, um Ihre Persönlichkeit als Erfolgsfaktor einzusetzen.

2. Was wichtig ist

»Was wichtig ist, das ist nicht, was du hast.
Nicht, ob dein Leben andern Leuten passt.
Ich bin vor keinem Traum zurückgescheut,
doch habe ich auch nichts bereut.
Was wirklich wichtig ist, weiß ich erst heut.«
Udo Jürgens, »Was wichtig ist«

Ein Frosch und ein Skorpion stehen vor einem reißenden Fluss. Weil nirgendwo eine Brücke zu sehen ist, fragt der Skorpion: »Lieber Frosch, ich kann nicht schwimmen. Würdest du mich auf deinem Rücken mit zur anderen Uferseite nehmen?« Der Frosch ist empört: »Nein, das werde ich auf keinen Fall tun. Sobald wir in der Mitte des Flusses angekommen sind, wirst du mich mit deinem Giftstachel stechen, und wir werden beide sterben.« »Aber warum sollte ich das tun?«, erwiderte der Skorpion, »wenn ich dich steche, werde auch ich ertrinken und hätte somit überhaupt keinen Vorteil davon.« Der Frosch dachte kurz darüber nach und beschloss, den Skorpion mit zum anderen Ufer zu nehmen. Der eine auf dem Rücken des anderen, machten sie sich auf den Weg. Doch als sie sich in der Mitte des Flusses befanden, stieß der Skorpion seinen Stachel in den Frosch und pumpte das tödliche Gift in den kleinen Körper hinein. Mit allerletzter Kraft fragte der Frosch: »Aber wieso? Warum hast du das getan, nun werden wir beide sterben.« Die Antwort kam prompt: »Ich bin ein Skorpion. Es liegt einfach in meiner Natur und ich kann nicht anders.« Sekunden später waren beide ertrunken.

Liebe Leserinnen und Leser, möglicherweise fragen Sie sich, warum ich das Kapitel gerade mit dieser ungewöhnlichen und gleichsam traurigen Anekdote beginne. Ganz einfach, weil wir alle dem Skorpion sehr ähnlich sind. In jedem von uns schlummern Bedürfnisse, die nur darauf warten, an die Oberfläche zu gelangen. Wir alle haben unerfüllte Träume, tief verborgene Hoffnungen und prägende Werte, die gelebt werden wollen. Doch im Gegensatz zum Skorpion aus der Fabel warten viele Menschen sehr lange auf den Moment, in dem sie sich endlich trauen, diesen Dingen den notwendigen Raum zu geben. Und bei so manchem Zeitgenossen passiert es sogar nie. Sie leben so, wie man es eben tut, orientieren sich an den Erwartungen anderer und tragen mehr oder weniger bequeme Masken. Und das ist tragisch. Extrem tragisch. Denn die Folge ist eine tiefe Unzufriedenheit, weil die inneren Bedürfnisse nicht mit den äußeren Handlungen im Einklang stehen.

Ich weiß, wovon ich spreche, denn viel zu lange habe ich ein Leben gelebt, das mich nicht glücklich machte. Ironischerweise war ich von außen betrachtet recht erfolgreich. Ich war Geschäftsführer im Einzelhandel, hatte bereits in jungen Jahren einen steilen Weg auf der Karriereleiter hinter mir und perspektivisch standen mir viele Türen offen. Es gab nur ein Problem: Ich orientierte mich an den Zielen, Standards und Werten anderer Menschen. Ich erzählte mir jeden einzelnen Tag eine Geschichte, die nicht meine war.[10]

Wir erzählen uns jeden Tag eine Story. Doch wer schreibt das Drehbuch?

Zwar spielte ich die Hauptrolle in dieser Story, die ich damals Leben nannte, doch das Drehbuch schrieben andere. Und das führte dazu, dass sich meine innersten Bedürfnisse, meine Träume und wichtigsten Werte immer weiter von meinen äußeren Lebensumständen entfernten. Es mag paradox klingen, aber je erfolgreicher ich äußerlich wurde, desto unzufriedener wurde ich im Inneren. Doch zum Glück habe ich noch rechtzeitig begriffen, was wirklich wichtig ist. Und wahrscheinlich erstaunt es sie nicht, dass ich damit weder Geld noch das Streben nach Besitztümern oder das Anhäufen von materiellen Statussymbolen meine. Nein, bereits der kleine Prinz wusste, dass das Wesentliche für die Augen unsichtbar ist. Doch leider brauchen wir Menschen manchmal sehr lange für diese Erkenntnis, denn sie ist immer das Resultat persönlichen Wachstums und vieler Fehler, die wir auf diesem Weg machen.

Ich kann mich noch gut an die Phase in meinem Leben erinnern, in der es mir wichtig war, nach außen etwas darzustellen. Ich sammelte Statussymbole, trug teure Klamotten und die Anerkennung anderer Menschen war für mich von hoher Bedeutung. Es war mein damaliger Weg, das Kernbedürfnis Anerkennung sicherzustellen. Doch es kam der Zeitpunkt, an dem ich begriff, was wirklich zählt. Und das war bei mir die Erkenntnis, dass ich auf dieser Welt bin, um ein Leben nach meinen Vorstellungen zu leben. Mich an meinen Träumen, Bedürfnissen und Werten zu orientieren. Nicht länger das zu verleugnen, was mir wirklich wichtig ist. Meine eigene Geschichte zu schreiben, sie von vorn bis hinten zu besitzen und andere Menschen positiv zu beeinflussen. Nennen Sie es Vision, Mission oder auch Erkenntnis, aber ich bin meinem inneren Ruf gefolgt und habe vor genau zehn Jahren die wohl wichtigste Entscheidung meines Lebens getroffen. Ich habe meinen vermeintlich sicheren Job als leitender Angestellter gekündigt und mein eigenes Unternehmen gegründet. Mit null Kunden. Null Kontakten. Und finanziellen Rücklagen für drei Monate.

Warum ich Ihnen das mitteile? Weil ich so häufig höre, dass ich es ja leicht hätte, über Veränderung und Wagnisse zu sprechen, schließlich wären meine Rahmenbedingungen ja paradiesisch gewesen. Nichts könnte weiter von der Wahrheit entfernt liegen, denn meine damalige Entscheidung war ein Risiko. Das größte meines Lebens. Doch das innere Feuer, das so lange unterdrückt wurde, konnte endlich an der Oberfläche seine volle Kraft entfalten. Und zum allerersten Mal in meinem Leben hatte ich das Gefühl, die Geschichte, die ich jeden Tag nach außen kommunizierte, auch selbst zu besitzen. Und das bringt mich zu einer wichtigen Frage:

Wer besitzt die Story Ihres Lebens?

Sind Sie selbst Produzent, Drehbuchautor und Hauptdarsteller in einer Person oder orientieren Sie sich hauptsächlich an den Erwartungen, Zielen und Standards anderer Menschen? Ich bin mir durchaus bewusst, dass es einer Menge Mutes bedarf, sich eine ehrliche Antwort auf diese Frage zu geben. Denn viel häufiger, als wir es uns selbst eingestehen wollen, nehmen wir bestimmte Ideen, Meinungen und vermeintliche Zusammenhänge als gegeben hin, einfach, weil man uns diese Dinge oft genug erzählt und sie oft genug wiederholt hat. Hier ein paar Beispiele:

- Was ist möglich und was unmöglich?
- Was ist politisch korrekt und gesellschaftskonform?
- Wie sieht eine ethisch korrekte Verhaltensweise aus?
- Wie setzt man sich Ziele? Und welche davon sind wirklich erstrebenswert?
- Wie viel ist genug?
- Welche Maßstäbe gelten für Einkommen, Honorare oder Gehälter?
- Was gilt als erfolgreich?
- Welche Prioritäten gilt es im Leben zu setzen?
- Wie wird man glücklich?
- Wie sieht der perfekte Lebensentwurf aus?

Sehen Sie, was ich meine? Die Wahrscheinlichkeit ist groß, dass einige oder mehrere der von Ihnen wie aus der Pistole geschossenen Antworten gar nicht die Ihren sind. Weil Sie sich jeden Tag eine Story erzählen, die sich andere für Sie ausgedacht haben. Der mutige Blick in den Spiegel ist also unumgänglich, wenn Sie aus diesem bequemen Käfig ausbrechen wollen. Er ist die unbedingte Grundvoraussetzung für alles Weitere, was in diesem Buch folgt. Denn wenn Sie nicht genau wissen, was wichtig ist, wer Sie sein wollen und was Sie sich unter einem glücklichen Leben vorstellen, wer soll es denn dann sonst wissen? Aus diesem Grund lohnt sich der mutige Blick in den Spiegel. Denn es ist besser, eine unbequeme Erkenntnis zu akzeptieren, als ein Leben zu führen, das von Gleichgültigkeit, Mittelmaß und Frustration geprägt ist. Ich möchte Sie daher inspirieren, ja Ihnen mit lauter Stimme zurufen:

Besitzen Sie Ihre eigene Geschichte. Beginnen Sie, ein Leben mit Bedeutung zu führen. Machen Sie einen Unterschied.

Woran erkennen Sie, dass Sie Ihre Geschichte besitzen? Ganz einfach: Wenn Ihre innersten Bedürfnisse, Motive und Werte mit Ihrem äußeren Handeln im Einklang sind. Um sich diesem wundervollen Zustand zu nähern, möchte ich Ihnen gern einige Fragen stellen, die Ihnen dabei helfen werden:

**Zehn kraftvolle Fragen, um die Story zu besitzen,
die Sie sich jeden Tag erzählen**

1. Wer wollen Sie sein?
2. Was wollen Sie tun?
3. Welche Werte treiben Sie an?
4. Wovon träumen Sie?
5. Welche Prinzipien sind für Sie nicht verhandelbar?
6. Welche Menschen wollen Sie um sich haben?
7. Wofür sind Sie auf dieser Welt angetreten?
8. Welchen Unterschied wollen Sie machen?
9. Was ist für Sie wirklich wichtig?
10. Wie passt das alles zu der Story, die Sie sich und anderen erzählen?

Fangen Sie an, herauszufinden, was Sie glücklich macht und was wirklich wichtig ist. Und zwar für Sie, nicht für jemand anderen. Möglicherweise werden Sie dafür etwas Zeit benötigen, aber dieser Prozess ist unumgänglich, wenn Sie ein von Selbstbestimmung und persönlicher Freiheit geprägtes Leben führen wollen, in dem Sie Ihre wichtigsten inneren Bedürfnisse sowohl in Ihrem Job als auch im Alltag durch Ihre Handlungen nach außen tragen. Warum? Weil persönliche Entwicklung die Grundvoraussetzung für jede Form von Erfolg ist. Oder noch knapper formuliert:

Nur wenn Sie als Persönlichkeit wachsen, können Sie auch ein besserer Chef, Elternteil, Mitarbeiter, Kollege, Verkäufer, Manager oder Unternehmer werden.

Und es spielt überhaupt keine Rolle, wie genau Sie sich Ihre ganz persönliche Zukunft vorstellen. Alles beginnt mit einer der wichtigsten Fragen: *Was ist Ihnen wirklich wichtig?*

Um Ihnen die Beantwortung etwas zu erleichtern, möchte ich Ihnen ein Konzept vorstellen, welches das Potenzial hat, Ihre Lebensqualität dramatisch zu erhöhen. Ich spreche vom persönlichen Freiheitsplan.

Der persönliche Freiheitsplan

Gegen Ende meines BWL-Studiums verbrachte ich kaum noch Zeit im Hörsaal (zum Glück hatten wir jedoch ein ausgetüfteltes System, um bei den Pflichtveranstaltungen trotzdem immer in den Anwesenheitslisten zu stehen). Kein Wunder, denn zum einen waren die vermittelten Inhalte nicht wirklich spannend. Zum anderen hatte ich als Student extrem interessante Jobs. Neben Dolmetschertätigkeiten für ein texanisches Bauunternehmen, der Betreuung von nigerianischen Firmen, die in Mecklenburg-Vorpommern Kiesgruben besichtigten, und einer coolen Aufgabe als Business Development Manager für ein Softwareunternehmen arbeitete ich auch als Entwickler von Businessplänen für junge Gründer. Davon gab es zu Zeiten der »New Economy« reichlich, jeder wollte ein Stück vom gerade entstehenden Internetkuchen abhaben. Es faszinierte mich schon damals, wie detailliert ein potenzieller Unternehmer seine berufliche Zukunft kalkulieren und für die kommenden Jahre einen detaillierten Plan ausarbeiten muss. Nicht immer verläuft die berufliche Entwicklung dann exakt nach diesen Prognosen, doch je besser man vorbereitet ist, desto höher sind die Chancen auf eine erfolgreiche Zukunft. Schaut man sich jedoch an, wie die meisten Menschen ihr Leben planen, dann kommt man schnell zu einer ernüchternden Erkenntnis: gar nicht! Das »Wie, wo und mit wem?« ist meistens das Ergebnis einer Kette von Zufällen, die sich im Laufe der Zeit eben so ergeben haben. Man ist zwar nicht wirklich zufrieden oder gar glücklich, aber es ist halt, wie es ist. Und darum arrangiert man sich mit dem ungeliebten Status quo und wird in stillen Stunden melancholisch, wenn man an all die Träume denkt, die man als junger Mensch einmal hatte.

Es bricht mir immer wieder das Herz, wenn ich beobachte, wie detailliert manche Zeitgenossen den Pauschalurlaub am Ballermann, den Kauf eines neuen 3-D-Fernsehers oder die Auswärtsfahrten der kommenden Bundesligasaison planen, aber ihr eigenes Leben passiv dem Zufall überlassen. Ich möchte Sie daher gern ermutigen, Ihr

Glück und Ihre Zufriedenheit aktiv zu gestalten, die Zukunft bei den Hörnern zu packen und Ihren persönlichen Freiheitsplan zu entwickeln. Die Formel hierzu lautet wie folgt:

LP + BP = PFP
Lebensplan + Businessplan = Persönlicher Freiheitsplan

Die Kombination aus Ihrem Traumleben in Kombination mit dem dazu passenden Job führt schlussendlich zu einer persönlichen Freiheit, welche die Grundlage für echte Erfüllung bildet. »Aber Ilja, sagst du nicht immer, dass sich ein zufriedenes Leben nicht am Reißbrett planen lässt?« Ja, das ist schon richtig, schließlich hat schon John Lennon gesagt: »Leben ist das, was passiert, während wir damit beschäftigt sind, Pläne zu schmieden.« Trotzdem sollten wir unsere Zukunft so aktiv wie möglich nach unseren Vorstellungen und innersten Bedürfnissen gestalten und uns daran orientieren, was uns wirklich wichtig ist. Mit möglichen Krisen, Schicksalsschlägen und anderen externen Faktoren sollten wir uns dann beschäftigen, wenn sie passieren. Und zwar immer im Bewusstsein, dass wir eine Lösung finden werden. Denn wie sähe die Alternative aus? Das können Sie tagein, tagaus in Ihrem persönlichen Umfeld beobachten. Ist es nicht so? Wie viele Menschen kennen Sie, die sich an den Erwartungen anderer Menschen orientieren, einen frustrierenden Job haben und insgesamt ein sehr tristes Dasein fristen?

Beginnen Sie noch heute mit der Entwicklung Ihres persönlichen Freiheitsplans.

Bei der Entwicklung Ihres persönlichen Freiheitsplans ist die Reihenfolge entscheidend. Zuerst kommt die Frage »Wie stelle ich mir mein optimales Leben vor?«, und dann kommt die dazu passende berufliche Entwicklung. Die Realität sieht leider in 99 Prozent der Fälle genau umgekehrt aus. Man entscheidet sich irgendwann, oft auch zufällig, für einen bestimmten Beruf, das Leben passt sich dann im Laufe der Jahre an diesen an. Auch ich bin mehr zufällig als mit einer bewussten Entscheidung in meine Karriere als Warenhausgeschäftsführer hineingeschlittert. Und mit der beruflichen Aufgabe kam der entsprechende Lebensstil: alle ein bis zwei Jahre eine neue Filiale, eine neue Stadt und ein neues soziales

Umfeld. Das bedeutete jedes Mal einen kompletten Neubeginn und brachte die nagende Unsicherheit mit sich, nie zu wissen, wo genau ich in der Zukunft tätig sein würde. Mein Arbeits- und Wohnort hing komplett von den Launen und Entscheidungen meiner jeweiligen Vorgesetzten ab. Und da schon damals die Selbstbestimmung einer meiner wichtigsten Werte war, führte dieser Umstand zu einer immer stärker werdenden inneren Frustration. Als ich noch jung und Single war, machte mir dieser Lifestyle sogar Spaß, aber spätestens mit der Geburt meiner ersten Tochter spürte ich immer intensiver, dass ich mir mein Leben so nicht vorgestellt hatte.

Mit jedem Tag, der verging, fühlte ich mich immer mehr als Opfer. Als Opfer der äußeren Umstände. Als Opfer meiner launischen Chefs. Und in Situationen, in denen alles gegen mich zu laufen schien, manchmal sogar als Opfer des ganzen Universums. Wie so häufig, rettete mich das Leben selbst. Denn eines Tages sagte ein befreundeter Unternehmer einen Satz zu mir, der sich in meine Hirnrinde einbrannte und einen inneren Schalter umlegte. Er ist so wichtig, dass ich ihn besonders explizit hervorheben möchte:

»Du bist nicht das Opfer des Universums, du bist das Universum!«

Selbst heute bekomme ich immer noch Gänsehaut, wenn ich die Worte auf mich wirken lasse. Sobald wir begreifen, dass nur wir selbst und niemand anderes für die erfüllende Gestaltung unserer Zukunft verantwortlich sind, passieren auf einmal faszinierende Dinge. Denn wenn Sie den Schalter umlegen und die Opferhaltung durch eine aktive Gestaltermentalität ersetzen, geht die Post so richtig ab. Doch ich ahne, dass Ihnen gerade eine Variante des folgenden Einwands durch den Kopf geht: »Aber Ilja, ich bin doch nur eine einfache Außendienstmitarbeiterin / Verkäuferin / Abteilungsleiterin, was soll ich da schon groß ändern können?« Glauben Sie mir, ich verstehe diesen Gedanken nur zu gut, ich habe ihn selbst Hunderte Male gedacht und danach meine Träume wieder in der vermeintlich sicheren Schublade verstaut. Und doch können Sie unabhängig von Ihrer jetzigen Situation jederzeit sagen: »Stopp. Bis hierhin und nicht weiter. Ab sofort führe ich ein Leben, das meine innersten Bedürfnisse auch im Außen widerspiegelt.« Alles, was es dazu bedarf, ist eine Entscheidung, denn Sie sind kein Opfer des Universums, Sie sind das Universum.

Wofür entscheiden Sie sich? Stellen Sie sich vor, ich würde wie Morpheus aus dem Film *Die Matrix* vor Ihnen sitzen und Ihnen zwei Pillen anbieten. Wählen Sie die blaue, dann bleibt alles so, wie es ist. Sie bleiben betäubt und glauben, was Sie glauben sollen. Sie funktionieren wie eine fleißige Ameise, fahren jeden Tag in Ihr Büro und die Wochenenden und Urlaube gehören zu den wenigen Highlights im sonst eher grauen Alltag. Oder wählen Sie die rote Pille? Dann machen Sie sich bereit für eine rasante Achterbahnfahrt durch den Kaninchenbau, den wir Leben nennen. Genau wie Morpheus will ich Ihnen weder eine rosarote Brille aufsetzen noch Ihnen irgendwelche unseriösen Versprechungen machen. Alles, was ich Ihnen zu bieten habe, ist die Schönheit der Chancen, die nur darauf warten, von Ihnen genutzt zu werden.

Die folgenden drei Schritte werden Sie in die Lage versetzen, ein selbstbestimmtes und von persönlicher Freiheit geprägtes Leben zu führen.

Schritt 1: Definieren Sie Ihren Lebensplan

Alles beginnt mit Ihrer großen, anziehenden Vision vom Leben. Wie soll Ihr Alltag aussehen? Mit welchen Menschen wollen Sie an welchem Ort leben? Finden Sie heraus, was wirklich wichtig ist, und bauen Sie dann alles andere um diese Vision herum auf. Gleichzeitig weiß ich, dass dies die Frage ist, die mir am häufigsten nach meinen Vorträgen und Events gestellt wird: »Ilja, ich spüre, dass es Zeit für eine Veränderung ist, aber wie finde ich denn meine ganz persönliche Vision?« Und ich gebe zu, dass dies nicht ganz einfach ist, denn eine Vision können Sie weder planen noch bei Edeka kaufen und auch nicht von anderen Menschen kopieren. Stattdessen ist sie das direkte Resultat persönlicher Entwicklung. Je mehr Sie als Mensch wachsen, desto mehr werden Sie eine innere Klarheit verspüren und das wahrnehmen, was zählt und was Sie wirklich glücklich macht. Wenn Sie es mit Ihrer Vision wirklich ernst meinen, dann möchte ich Sie gern zu einer kleinen Übung einladen. Sie ist ganz einfach: Beantworten Sie die folgenden Fragen. Machen Sie das aber unbedingt schriftlich und hören Sie auf den ersten Impuls, der Ihnen in den Sinn kommt. Suchen Sie bitte nicht nach rationalen Begründungen, gesellschaftskonformen Formulierungen und bewerten Sie auch nicht. Wonach wir suchen, sind die unbewussten Bedürfnisse, die immer dann zu Ihnen sprechen, wenn Sie einen spontanen Impuls verspüren. Diese Bedürfnisse schreiben Sie bitte auf. Und dann beantworten Sie die Fragen morgen wieder. Und übermorgen wieder. Für die nächsten dreißig Tage. Sie werden überrascht sein, wie Ihre Klarheit in dieser Zeit zu wachsen beginnt. Um Ihnen die Sache einfacher zu machen, habe ich für Sie die Fragen in vier Themenblöcke unterteilt:

Themenblock 1: Persönliche Visionsfragen

- Was wünsche ich mir am allermeisten?
- Was würde ich unternehmen, wenn ich ausreichend Zeit, Mittel und Ressourcen zur Verfügung hätte?
- Was würde ich niemals tun, egal, was man mir dafür bieten würde?
- Was will ich in meinem Leben noch erreichen?
- Was werde ich tun, das auch nach meinem Leben noch Fortbestand hat?
- Welche Werte spielen in meinem Leben eine entscheidende Rolle?
- Was würde ich machen, wenn ich die Garantie hätte, dass ich erfolgreich bin?
- Was ist es, wofür ich anderen Menschen in Erinnerung bleiben möchte?
- Was sollen andere Menschen niemals über mich sagen?

Themenblock 2: Finanzielle Visionsfragen

- Wenn Geld keine Rolle spielen würde, was würde ich dann mit meinem Leben anfangen?
- Wie viel Geld müsste ich verdienen, um die Sicherheit zu haben, die ich brauche?
- Wie viel Geld müsste ich verdienen, um echte Entscheidungen treffen zu können?
- Wie viel Geld müsste ich verdienen, um echte finanzielle Freiheit zu haben?

Themenblock 3: Berufliche Visionsfragen

- Was würde ich tun, ohne dafür Geld zu verlangen?
- Was kann ich besser als alle anderen?
- Welche besonderen Talente und Fähigkeiten habe ich?
- Was tue ich regelmäßig, was eine komplette Verschwendung meiner Talente und Fähigkeiten ist?
- In welchen Bereichen halten mich andere für besser, als ich selbst es tue?
- Was lässt meine Augen strahlen?
- Bei welchen Tätigkeiten vergesse ich gern mal die Zeit?

Themenblock 4: Lifestyle-Visionsfragen

- Wie sieht der Alltag aus, den ich mir erträume?
- Was langweilt mich? Was macht mich glücklich?
- Was gibt mir Energie?
- Was frustriert mich und macht mich unglücklich?
- An welchen Orten blühe ich richtig auf?
- Welche Menschen inspirieren mich?
- Wenn ich wüsste, dass ich nicht scheitern kann, was würde ich tun?
- Wenn ich für eine einzige Sache bekannt und geschätzt sein könnte: Was wäre diese Sache?

Seien Sie bei der Beantwortung bitte schonungslos ehrlich zu sich selbst. Ich garantiere Ihnen, dass Sie Ihrer persönlichen Lebensvision einen großen Schritt näherkommen werden. Die Übung hat nämlich einen einzigen Zweck: dass Sie sich mit Ihren innersten Bedürfnissen auseinandersetzen. Und ich meine nicht die, die Sie so gern anderen Menschen erzählen, weil Sie das Gefühl haben, dass Sie dadurch beliebter werden. Nein, ich spreche von denjenigen, die tief in Ihnen schlummern und nur darauf warten, endlich von Ihnen gelebt zu werden. Und genau diese Motive, Wünsche und Träume sollten das Fundament Ihres persönlichen Lebensplanes bilden, um den herum Sie dann Ihre berufliche Zukunft aufbauen.

Schritt 2: Ihr Businessplan

Sobald Sie eine Vision für Ihr Leben entwickelt haben, ist es Zeit, sich ein Business aufzubauen oder einen Job zu suchen, der optimal zu Ihrem Traumleben passt. Dies kann Ihr eigenes Unternehmen, aber auch die Karriere als Angestellter sein. Lassen Sie sich davon leiten, wie Sie sich Ihren Traumjob vorstellen. Möchten Sie in einem Büro arbeiten oder räumlich flexibel? Brauchen Sie feste Arbeitszeiten oder maximale Freiheit? Möchten Sie gemeinsam mit Kollegen in einem Team tätig sein oder lieber ganz allein? Wie auch immer Ihre Wunschvorstellungen sind, eines ist besonders wichtig: Denken Sie groß, handeln Sie mutig, aber achten Sie unbedingt darauf, diesen Schritt erst nach der Definition Ihres Lebensplans durchzuführen. Auch hier ist radikale Ehrlichkeit notwendig. Orientieren Sie sich an Ihren Bedürfnissen – und nicht an Trends, der öffentlichen Wahrnehmung und Beurteilung Ihrer Person oder der Meinung anderer.

Schritt 3: Ihr persönlicher Freiheitsplan

Diese Phase ist mehr als die Summe von Lebensplan und Businessplan. Sie ist Ihre ganz persönliche Unabhängigkeitserklärung. Von diesem Punkt an haben Sie nur noch eine einzige Aufgabe: Ihre persönliche Freiheit zu genießen und dankbar dafür zu sein, dass Sie ein Leben führen, das von Sinn und beruflicher Erfüllung geprägt ist. Denn am Ende des Tages ist es die Selbstbestimmung, die den entscheidenden Unterschied macht. Sie ist es, die den Dreh- und Angelpunkt für echtes Glück und tiefe Zufriedenheit bildet.

Wie ist es Ihnen mit diesen Aufgaben ergangen? Ich bin mir durchaus bewusst, dass die vielen Fragen und Schritte ans Eingemachte gehen können. Und es ist natürlich auch nicht so leicht, einen möglicherweise über viele Jahre eingefahrenen Lebensstil von heute auf morgen zu verändern. Wichtig ist nur, dass Sie mutig denken und dann den Weg der kleinen Schritte gehen. In einer Zeit, die von Unsicherheit, Unwägbarkeiten und unkalkulierbaren Risiken gekennzeichnet sein wird, ist die Selbstbestimmung zur neuen Sicherheit geworden. Denn in Zeiten des immer intensiver werdenden Wandels ist Ihre Persönlichkeit mit all Ihren Talenten, Fähigkeiten und Stärken der einzige Faktor, den Sie von vorne bis hinten beeinflussen können. Je mehr Sie das Leben lieben und Ihren Job mit Leidenschaft erledigen, desto besser wird Ihnen dies gelingen.

Positive Besessenheit

Den Tag meiner Konfirmation werde ich nie vergessen. Ich war damals ein schüchterner kleiner Junge von 13 Jahren, der – in ein schlecht sitzendes Jackett gekleidet – gemeinsam mit vielen anderen Kindern aus der Nachbarschaft in die Welt der Erwachsenen aufgenommen werden sollte. Nach einer endlos scheinenden Konfirmandenzeit mussten wir einen letzten, wie immer sterbenslangweiligen Gottesdienst über uns ergehen lassen, bis es dann endlich so weit war. Die große Feier stand an, und jeder einzelne Gast drückte mir als Geschenk einen Umschlag in die Hand, in dem sich Geldscheine zwischen 20 und 100 Mark befanden. Die durchaus stattliche Gesamtsumme sollte jedoch nicht lange in meinem Besitz bleiben, denn ich reinvestierte sie umgehend in einen Hi-Fi-Turm, aus dem drei Jahre später ein Gänsehaut-Riff von Kurt Cobain erklingen sollte, auf das ich in Kapitel 9 noch intensiv eingehen werde. Doch ich schweife ab. Der Moment, an den ich mich auch heute noch am intensivsten erinnere, ist nämlich ein vollkommen anderer.

Nach dem gemeinsamen Kaffeetrinken erhob sich mein Vater von seinem Platz, kramte einen zusammengefalteten Zettel aus seiner Hose heraus und hielt eine Rede mit dem Titel »All you need is love«. Von seinen eigenen Worten ergriffen, übermannten ihn bereits nach wenigen Sekunden seine eigenen Gefühle, Tränen schossen ihm in die Augen. Trotzdem hielt er tapfer durch und nutzte den Songtitel der Beatles dazu, mir eine entscheidende Botschaft mit auf meinen Lebensweg zu geben: »Mein Sohn, was die Zukunft auch für dich bereithalten wird, das Wichtigste ist, dass du tust, was du liebst, und die Zeit mit Menschen verbringst, die du liebst und die dich lieben.

Alles andere ist zweitrangig und ergibt sich von selbst.« Wie recht mein Vater doch hatte.

All you need is love. Seitdem sind viele Jahre vergangen und ich bin schon lange aus der Kirche ausgetreten. Trotzdem denke ich auch heute noch häufig an meine Konfirmation und die Worte von John Lennon, denn sie erinnern mich immer daran, was wirklich wichtig ist im Leben. Es ist die Liebe zum Leben in all seinen Facetten und zu den Menschen, mit denen wir unsere Zeit verbringen. Und auch im Business spielt diese schönste aller Emotionen eine große Rolle. Immer dann, wenn wir unseren Job, unsere Produkte und besonders unsere Kunden lieben, liefern wir zwangsläufig auch überdurchschnittliche Ergebnisse ab. Und das Beste ist, dass wir gleichzeitig auch eine Menge Spaß dabei haben. Was genau ich damit meine? Ich erinnere mich noch gern daran, als ich vor vielen Jahren zum ersten Mal den Satz hörte: »*Stell' dir vor, du kommst abends nach Hause und denkst dir: Wow, und dafür bekomme ich auch noch Geld!*«

> **Die Resultate, die wir erzielen, sind der Spiegel dessen, wie sehr wir lieben, was wir jeden einzelnen Tag tun.**

Dazu müssen Sie wissen, dass ich in diesem Moment noch einen Job hatte, der mich nicht wirklich glücklich machte. Daher kam mir diese Aussage auch vollkommen utopisch und verrückt vor, schließlich fieberte ich nicht selten dem Feierabend entgegen, weil ich dann endlich die Dinge tun konnte, die mein Herz mit Freude erfüllten. Erst viele Jahre später, als ich als selbstständiger Unternehmer nach einem grandiosen Tag voller Euphorie durch meine Haustür schritt, wusste ich, welche unbeschreiblich tollen Auswirkungen dieser Satz tatsächlich hat. Und ich beschloss, dass ich genau dieses Gefühl am liebsten jeden einzelnen Tag haben möchte. Dieser Entscheidung folgte mein ganz persönlicher Freiheitsplan, eine Menge harter Arbeit und eine noch größere Anzahl an Fehlern. Doch ich habe es geschafft und bin heute immer noch jeden Tag dankbar dafür, dass ich mit dem, was ich von Herzen liebe, mein Geld verdienen kann.

Da wir hier vom Business sprechen, passt das Wort Leidenschaft wahrscheinlich noch ein wenig besser, denn sie ist die Grundlage der positiven Besessenheit, welche wiederum zu überdurchschnittlichen Ergebnissen führt. Aber lassen wir die Semantik beiseite, wichtig ist mir, dass rüberkommt, wie entscheidend ein hohes emotionales Involvement für berufliche Erfüllung ist. Und selbstverständlich ist mir bewusst, dass es nur mit Leidenschaft allein nicht getan ist. Um in einem Job richtig gut zu sein, braucht es handwerkliche Fähigkeiten, Fleiß, Ausdauer, Commitment und auch eine große Portion Talent. Aber ohne die Leidenschaft für unseren Beruf verpuffen diese Qualitäten, denn ohne den richtigen Mutterboden kann auch die schönste Blume nicht in ihrem vollen Glanz erstrahlen. Umgekehrt gilt zum Glück das Gleiche. Die Resultate, die wir im Business erzielen, sind der direkte Spiegel dessen, wie sehr wir lieben, was wir jeden einzelnen Tag tun. Doch Sie glauben nicht, wie viele Menschen da draußen einem Job nachgehen, für den Sie alles empfinden, nur keine Leidenschaft. Würden Sie mir zustimmen? Das Leben ist einfach zu kurz, um es mit einer beruflichen Tätigkeit zu verschwenden, die uns im besten Fall langweilt, im schlechtesten jedoch frustriert und krank macht. Stattdessen blühen wir immer dann auf, wenn das, was wir jeden Tag tun, eine Bedeutung und einen tieferen Sinn hat.

Es ist daher an der Zeit, den Leidenschafts-Check zu machen. Was lieben Sie an Ihrem Job? Wenn Ihnen jetzt auf Anhieb nichts eingefallen ist, dann ist das durchaus normal. Oft sind es nämlich Dinge, an die wir im ersten Moment gar nicht denken. Ich möchte Sie daher ermutigen, noch einmal genauer hinzuschauen. Die Leidenschaft fürs Business und die Liebe zum Beruf können nämlich vier unterschiedliche Ausprägungen haben, die ich als Love-Faktoren bezeichne.

Love-Faktor Nummer 1: Sie lieben, WAS Sie in Ihrem Job machen

Es mag Sie erstaunen, aber diese Kategorie ist nicht nur die schwächste, sondern auch die seltenste. Natürlich, es gibt Menschen, die gehen in ihrer Tätigkeit auf und würden am liebsten den ganzen Tag nichts anderes tun. Aber bei der großen Masse ist es eher nicht der Fall. Ich behaupte sogar, dass drei Viertel von dem, was wir alle jeden Tag tun, ziemlich öde ist. Bei mir ist es übrigens nicht anders. Das permanente Warten auf Flughäfen, verpasste Züge, endlose Telefonkonferenzen, die monatliche Buchhaltung oder die vielen einsamen Übernachtungen in anonymen Hotels gehören zu den Dingen, die ich so gar nicht mag. Aber ich liebe das eine Viertel, welches richtig cool ist – etwa das Sprechen auf den Bühnen dieser Welt oder das Schreiben meiner Bücher –, so sehr, dass ich bereit bin, den ungeliebten Rest in Kauf zu nehmen. Wie ist es bei Ihnen? Wenn Sie das lieben, was Sie tun, dann freuen Sie sich. Und wenn nicht, dann ist das nicht nur kein Problem, sondern vollkommen normal. Konzentrieren Sie sich lieber auf die anderen drei Kategorien.

Love-Faktor Nummer 2: Sie lieben, WIE Sie Ihren Job machen
Ich bin ein großer Fan des Sternekochs Frank Rosin. In seinen Sendungen auf Kabel eins rettet er regelmäßig kränkelnde Restaurants vor der drohenden Pleite. Neben fehlenden Konzepten, faulen Inhabern und schmuddeligen Küchen ärgert ihn dabei besonders eine Sache immer wieder: wenn die Menschen nicht mit Leidenschaft kochen. Meist schnappt sich Frank dann seine Kochjacke und beginnt, selbst die Küche zu rocken.»Kochen ist wie Sex«, sagt er gern.»Es braucht Leidenschaft für die Zubereitung, Liebe für die Produkte, und als Ergebnis wartet der ultimative Gaumenorgasmus.« Wie recht er doch hat. Ich bewundere alle Menschen, die ihren Job mit einer solchen Leidenschaft angehen. Maler, die den Pinsel schwingen als wären sie Salvador Dali. Buchhalter, die mit Zahlen jonglieren, als gäbe es auf der Welt nichts Schöneres. Oder auch Lehrer, die ihre Schüler so behandeln, als wäre jeder einzelne von ihnen ein ganz besonderes Geschenk für diese Welt. Denn genau das ist jedes einzelne Kind! Also: Wie auch immer Ihr Job aussieht, erledigen Sie die anfallenden Tätigkeiten mit einer ansteckenden Leidenschaft. Denn wenn Sie lieben, wie Sie etwas tun, dann erhält auch die kleinste Aufgabe eine riesige Bedeutung.

Love-Faktor Nummer 3: Sie lieben, für WEN Sie Ihren Job machen
Dieser Antreiber kann eine ungeheure Kraft entfalten. Es mag durchaus sein, dass Sie keine große Leidenschaft für das WAS oder das WIE aufbringen können. Aber Sie erledigen Ihren Job trotzdem, weil Sie lieben, für WEN Sie es tun. Weil andere Menschen von Ihrem Wirken profitieren. Dies können Ihre Kinder sein, aber auch Ihre Kollegen, Ihre Familie, die Gesellschaft oder Ihre Kunden. Ein Beispiel gefällig? Wann immer ich einmal ein kleines Motivationstief habe, brauche

ich nur das Bild auf meinem Schreibtisch anzuschauen. Und sobald ich in die strahlenden Gesichter meiner beiden Töchter Emma und Elisabeth blicke, spüre ich das innere Feuer wieder. Weil ich weiß, für wen ich jeden Tag Vollgas gebe.

Love-Faktor Nummer 4: Sie Lieben, WARUM Sie es tun

Kommen wir nun zur stärksten der vier Kategorien. Dem Warum. Oder wenn Sie mir schon ein wenig länger folgen, dem persönlichen New York im Leben.[11] Einer meiner Leitsätze lautet: »Wenn das WARUM stark genug ist, dann folgen das WIE und das WAS von ganz allein.« Ich habe Ihnen ja schon gebeichtet, dass es viele Komponenten in meinem Job gibt, die mir nicht wirklich viel Spaß machen. Aber ich liebe mein Warum. Ich liebe es, Menschen dabei zu helfen, ein selbstbestimmtes und von persönlicher Freiheit geprägtes Leben zu führen. Ich liebe es, mit meinen Büchern einen Unterschied im Leben meiner Leser zu machen. Ich liebe es, Unternehmen dabei zu unterstützen, die Chancen von Veränderung zu nutzen und eine entsprechende Changekultur zu etablieren. Ich liebe es, Unternehmer rund um den Globus zu ermutigen, groß zu träumen und mutig zu handeln. Und vor allem liebe ich es, meinen persönlichen Kampf gegen Gleichgültigkeit und Negativität in unserer Gesellschaft jeden einzelnen Tag aufs Neue auszufechten. Weil das so ist, brauche ich mir um die Leidenschaft beim Wie und beim Was überhaupt keine Gedanken machen. Es passiert fast schon von allein. Ich möchte Ihnen daher die alles entscheidende Frage stellen:

Wie lautet Ihr Warum?

Die Antwort hierauf hat das Potenzial, nicht nur Ihr Leben, sondern auch das vieler anderer Menschen positiv zu verändern.

Was auch immer Ihr Hauptantreiber ist, machen Sie Ihren Job mit der größtmöglichen Leidenschaft. Denn die Liebe zu Ihrem Beruf sorgt nicht nur für eine hohe intrinsische Motivation, sondern auch für die notwendige positive Besessenheit, die wiederum die Grundlage für hohe Qualität, exzellente Resultate und somit für begeisterte Kunden ist. Und wer weiß: Wenn Sie das nächste Mal vor einer eintönigen oder langweiligen Aufgabe stehen, ertönt möglicherweise ganz von selbst eine bekannte Melodie in Ihrem Kopf, und Sie hören die unverwechselbare Stimme von John Lennon: »All you need is love. Love is all you need!« Und auch wenn es erst acht Uhr morgens ist – ich bin ein Morgenmensch und zwischen sechs und neun Uhr am produktivsten –, erhebe ich in diesem Moment symbolisch meine Kaffeetasse und trinke auf meinen tollen Vater, der mir bereits in jungen Jahren diese wunderbare Botschaft mit auf den Weg gegeben hat. Danke, Papa, ich trage sie bis heute in meinem Herzen.

Unverhandelbare Grundprinzipien

Die wohl älteste Veränderungsweisheit lautet »Love it. Change it. Or leave it.« Und für mich trifft dieser Dreiklang bei aller Simplifizierung den Nagel mittig auf den Kopf. In sämtlichen Lebensbereichen haben wir nämlich genau diese drei Optionen. Wenn wir den Status quo lieben, ist dies natürlich der perfekte Fall, weil wir dann intrinsisch motiviert sind und voller Begeisterung zu Werke gehen. Spannend wird es, wenn wir mit irgendwelchen Dingen, Zuständen oder Situationen unzufrieden sind. Wir haben grundsätzlich zwei Möglichkeiten: Wir können den ungeliebten Istzustand verändern oder – wenn dies aus irgendwelchen Gründen nicht möglich sein sollte – zumindest unsere Einstellung dazu, indem wir etwa eine neue Perspektive einnehmen, neue Informationen sammeln oder unsere Wahlmöglichkeiten erhöhen. Und dann gibt es da noch den seltenen, aber durchaus vorkommenden Fall, dass sämtliche unserer Anstrengungen ohne Resultat verpuffen.

In diesen Fällen bleibt uns nur die Option Nummer drei: den aktuellen Status quo zu verlassen und uns neuen Ufern zuzuwenden.

So weit, so gut. Doch was so einfach klingt, stellt für viele Menschen eine große Herausforderung dar, weil sie nicht über den notwendigen inneren Kompass verfügen, an dem sie sich orientieren können, bevor sie sich dann für eine der drei Optionen entscheiden. Genau hier kommen die bedingungslosen Grundprinzipien ins Spiel. Ein Konzept, das ich seit vielen Jahren als meinen persönlichen Wegweiser nutze, anhand dessen ich wichtige Entscheidungen treffe und das mir die dafür notwendige Orientierung gibt. Es handelt sich dabei um Grundvoraussetzungen, um notwendige Bedingungen oder Anforderungen, die darüber entscheiden, ob ich Dinge tue oder sein lasse. Nehmen wir als konkretes Beispiel meine Businessstrategie. Als ich mich vor vielen Jahren zum ersten Mal mit dem Konzept der bedingungslosen Grundprinzipien auseinandergesetzt habe, stellte ich mir folgende Frage: »Was muss unbedingt gegeben sein, um einen Job dauerhaft zu machen, ein Unternehmen zu führen oder eine geschäftliche Gelegenheit wahrzunehmen?«

Herausgekommen sind meine vier unverhandelbaren Grundprinzipien, kurz UVG.

UVG 1: Ich muss selbstbestimmt handeln können

Die Selbstbestimmung ist mein wichtigster Wert überhaupt und somit nicht verhandelbar. Was immer ich tue, ich muss in meinem Denken, Entscheiden und Handeln maximale Freiheit besitzen. Damit meine ich übrigens gar nicht so sehr, dass ich tun und lassen kann, was ich will, sondern dass ich nicht tun muss, was ich nicht will. Ein kleiner, aber sehr entscheidender Unterschied, der häufig übersehen wird. Ein Beispiel: Für mich ist es heute die größte Freiheit überhaupt, wenn ich ein lukratives Angebot ablehne, weil der potenzielle Kunde sämtlichen meiner Werte widerspricht.

UVG 2: Es muss einen Sinn haben

Das Leben ist zu kurz, um es mit Belanglosigkeit zu verschwenden, und auf sinnfreie Aufgaben habe ich schlichtweg keine Lust mehr. Aus diesem Grund ist es für mich auch wichtig, dass mein Wirken eine Bedeutung hat. Je größer diese ist, desto zufriedener bin ich.

UVG 3: Ich muss damit Geld verdienen können

Nein, nicht weil ich so scharf auf viel Kohle bin (obwohl ich sehr gern Geld verdiene, am liebsten sogar sehr viel davon), sondern um meine Familie ernähren und meinen beiden Töchtern die beste Zukunft ermöglichen zu können. Wenn ich mit einer Idee kein Geld verdienen kann, mag es zwar ein schönes Hobby sein, aber für ein Business

braucht es eben auch die entsprechende Nachfrage nach einem Angebot. Das ist übrigens einer der Hauptgründe, warum angehende
Unternehmer scheitern. Sie sind von ihrer Leidenschaft derart getrieben, dass sie darüber wichtige wirtschaftliche Grundsätze vergessen.

UVG 4: Es muss verdammt viel Spaß machen

Die Welt ist voller humorloser Menschen, die es schaffen, jeden noch
so schönen Moment mit ihrer griesgrämigen Haltung zu vermiesen.
Übrigens: Die deutsche Sprache ist die einzige mir bekannte, in der
es eine Redewendung gibt wie »Jetzt mal Spaß beiseite!«. Ich selbst
allerdings möchte gern so viel Spaß wie möglich haben. Nicht nur
genieße ich den Glückshormoncocktail jedes Mal aufs Neue, ich weiß
auch, dass man aus guten Zuständen heraus die besten Entscheidungen trifft. Und nur am Rande erwähnt: Alle erfolgreichen Menschen,
die ich kenne, haben eine gemeinsame Eigenschaft: Es ist der Sinn
für Humor. Denn wer über sich und seine Probleme lachen kann, der
kann auch viel besser mit den unterschiedlichsten Herausforderungen des Lebens umgehen.

Dies sind meine vier wichtigsten Faktoren, die für mich bei allem,
was ich tue, entscheidend sind. Sie sind nicht verhandelbar und dienen mir als eine Art interne Verfassung meines unternehmerischen Daseins, ja wahrscheinlich sogar meines
generellen Lebens. Ich bin mir durchaus bewusst,
dass einer oder sogar mehrere dieser Werte
kurzfristig einmal nicht erfüllt werden können. Das ist okay, denn das Leben ist nun
mal nicht immer ein Wunschkonzert. Mittel-
und langfristig bin ich jedoch nicht bereit,
faule Kompromisse einzugehen. Stelle ich
fest, dass auch nur eines dieser bedingungslosen Grundprinzipien dauerhaft verletzt wird,
dann treffe ich entsprechende Maßnahmen. Und
schon schließt sich der Kreis, denn an dieser Stelle
sind wir wieder beim guten alten »Love it. Change it. Or
leave it«.

> Nutzen Sie Ihre unverhandelbaren Grundprinzipien als persönliche Wegweiser durch Leben und Beruf.

Ich bin mir sicher, dass Sie bereits beim Lesen meiner vier Prinzipien über Ihre eigenen Werte nachgedacht haben, trotzdem möchte ich Ihnen ganz explizit an dieser Stelle die entscheidende Frage stellen:

»Wie lauten Ihre unverhandelbaren Grundprinzipien, damit Sie Ihrem Beruf voller Leidenschaft und Motivation nachgehen können?«

Welche Werte sind für Sie nicht verhandelbar und dienen Ihnen als innerer Kompass bei sämtlichen Entscheidungen im Business und im Leben? Je konkreter Sie diese Prinzipien formulieren können, desto flexibler werden Sie in Ihrem Verhalten sein. Je mehr Sie auf stabile Grundsätze zurückgreifen können, desto besser sind Sie in der Lage, auch in Zeiten der permanenten Veränderung dem Wandel die Stirn zu bieten. Mehr noch, sobald Sie Ihre bedingungslosen Grundprinzipien definiert haben, werden Sie ein ungeahntes Gefühl der Freiheit verspüren. Denn zum einen gewinnen Sie eine wunderbare Klarheit darüber, was Sie wollen und was Sie vom Leben erwarten. Gleichzeitig installieren Sie sich aber ebenso ein unbewusstes Signalsystem, welches immer dann Alarm schlägt, wenn Ihre Grundprinzipien dauerhaft verletzt werden. Sie wissen dann, dass es Zeit ist, zu gehen. Unter dem Strich gilt folgende Faustformel:

Bleiben Sie Ihren Werten und Prinzipien treu, aber seien Sie maximal flexibel in Ihrem Verhalten.

Oder um es mit Victor Hugo zu sagen: »Wechseln Sie Ihre Meinung, aber bleiben Sie bei Ihren Prinzipien. Wechseln Sie Ihre Blätter, aber behalten Sie Ihre Wurzeln.« Dem ist nichts mehr hinzuzufügen. Grzeskowitz over and out.

MACHER-MEMO: Die fünf großen Ideen dieses Kapitels

1. Die wichtigste Frage Ihres Lebens: Was ist für Sie wirklich wichtig?

2. Sie sind nicht das Opfer des Universums, Sie sind das Universum. Denken und handeln Sie entsprechend.

3. Tun Sie die Dinge mit Leidenschaft oder gar nicht.

4. Nutzen Sie die Kraft der positiven Besessenheit. Es gibt vier Love-Faktoren, die Ihren beruflichen Erfolg bestimmen: Was Sie tun, wie Sie es tun, für wen Sie es tun und warum Sie es tun.

5. Formulieren Sie Ihre unverhandelbaren Grundprinzipien und Sie verfügen über einen perfekten Kompass für Ihr Business und Ihr Leben.

3. Äußere Veränderung durch innere Transformation

»Just a small town girl, living in a lonely world.
She took the midnight train going anywhere.
Just a city boy, born and raised in South Detroit.
He took the midnight train going anywhere.
A singer in a smoky room.
A smell of wine and cheap perfume.
For a smile they can share the night.
It goes on and on and on and on.«

Journey, »Don't Stop Believin«

Vor ein paar Jahren war ich anlässlich einer Familienfeier in einer der bekanntesten Sportgaststätten in Magdeburg zu Gast. Der Wirt ist eine lokale Größe und hat aus einem normalen Restaurant etwas gemacht, was man in Neudeutsch wohl als Eventlocation bezeichnen würde. An allen Wänden hängen Bilder, die ihn mit dem Who is Who der deutschen Fußballszene zeigen, etwa mit Franz Beckenbauer, Jürgen Sparwasser, Lothar Matthäus, Rudi Völler, Waldemar Hartmann und vielen anderen. Und genau in diese Fotos war ich beim Frühstück am Morgen nach der Feier vertieft, als ein etwas wunderlich ausschauender Mann den Raum betrat. Er trug einen abgewetzten Jogginganzug, eine altmodische Hornbrille und hatte zwei große vollbepackte Plastiktüten von Aldi in den Händen. Er sah recht ungepflegt aus und machte auf den ersten Blick keinen sehr vertrauenswürdigen Eindruck.

Aus dem Augenwinkel konnte ich beobachten, wie dieser ältere Herr von Tisch zu Tisch ging und versuchte, die anderen Gäste in ein Gespräch zu verwickeln, was jedoch nicht von großem Erfolg gekrönt war. Unweigerlich wurde ich ein Opfer meiner eigenen Vorurteile, denn folgender Gedanke ging mir durch den Kopf: »Ganz klar, der geht hier rum, um Geld zu schnorren.« Doch ich sollte mich täuschen, denn nicht immer ist alles so, wie es scheint. Kurze Zeit später kam der ältere Herr nämlich an unseren Tisch. Er hatte ein schelmisches Lächeln aufgelegt und sagte freundlich: »Guten Morgen, Sie kennen mich doch sicherlich?!« Mit allem hatte ich gerechnet, nur damit nicht. Ein klassischer Pattern Interrupt (ein kommunikatives Stilmittel, um – unbewusste – Muster zu unterbrechen). Meine Aufmerksamkeit war geweckt, also antwortete ich: »Ähm, guten Morgen, helfen Sie mir doch bitte kurz auf die Sprünge, woher genau kenne ich Sie denn?« »Na, von Thomas Gottschalk«, antwortete der Mann, der bereits seine beiden Plastiktüten abgelegt hatte. »Tut mir leid, ich schaue sehr selten Fernsehen und *Wetten, dass?* überhaupt nicht. Was haben Sie denn da gemacht?« Der Mann schaute mich erstaunt an: »Sind Sie sicher? Sie müssen mich doch kennen. In der BZ und in der Berliner Morgenpost waren auch zwei riesige Berichte über mich.«

»Nein«, antwortete ich, »ich komme zwar aus Berlin, aber ich kann mich nicht daran erinnern, etwas über Sie gelesen zu haben. Was genau haben Sie denn bei Gottschalk gemacht?« »Na, ich war mit einer Wette dabei. Ich kenne jede Berliner Straße und jeden Berliner U-Bahnhof. Sie können das gern testen. Nennen Sie mir eine beliebige Straße, und ich sage Ihnen den Stadtteil und die nächstgrößere Kreuzung.« Ich war zwar immer noch skeptisch und kann Ihnen auch bis heute nicht sagen, ob der Mann wirklich bei *Wetten, dass?* war, aber da ich mittlerweile sehr neugierig war, nannte ich ihm eine Straße, die ich gut kannte: »Okay: die Florastraße.« Wie aus der Pistole geschossen kam die Antwort: »Die liegt in Berlin-Pankow. An einem Ende mündet sie in die Wollankstraße und am anderen in die Berliner Straße. Dort befindet sich auch der S- und U-Bahnhof Pankow.« Ich war verblüfft und nannte ihm die nächste Straße: »Die Albrechtstraße«. Wieder musste er nicht lange überlegen: »Dies ist eine lange Straße im Bezirk Tempelhof. Sie kreuzt die Manteuffelstraße, den Tempelhofer Damm und mündet in die Ordensmeisterstraße. Die nächste U-Bahn-Station ist die Kaiserin-Augusta-Straße.«

Ich war fasziniert, denn dieser Mann kannte tatsächlich sämtliche Berliner Straßen. Die kleinen wie die großen. Die bekannten und die unbekannten. So kam es, dass wir bestimmt 20 Minuten miteinander plauderten, in denen er voller Leidenschaft über seine große Gedächtnisleistung berichtete. Und dann, kurz bevor er gehen wollte, fragte er mich doch noch, ob ich ihm mit einer kleinen Spende aushelfen könne, denn er sei gerade etwas knapp bei Kasse.

Verwundert fragte ich nach: »Aber wie kann das sein, wo Sie doch über ein so einmaliges Talent verfügen?« Seine Antwort fasste das Ganze in einer tragischen Art zusammen: »Was soll ich denn machen? Niemand hat mir jemals einen passenden Job angeboten.«

Übernehmen Sie Verantwortung für Ihr Leben – und Ihren Erfolg.

Ich gab dem freundlichen Herrn zehn Euro, und dann er ging weiter zum nächsten Tisch. Ich musste noch lange über diese Begegnung nachdenken. Dieser Mann ist zweifelsohne mit einer großen Gabe gesegnet, für die ihn viele Menschen wahrscheinlich sehr bewundern. Sein Gedächtnis ist zu Dingen fähig, von der 99 Prozent der Bevölkerung nur träumen können. Und trotzdem musste er an diesem Sonntagmorgen mit einem alten Jogginganzug und zwei Aldi-Tüten in Magdeburg die Gäste eines Restaurants um Geld anbetteln. Weil er sein wunderbares Talent nicht aktiv genutzt hat, sondern auf eine fatalistische Art und Weise darauf hoffte, dass die äußeren Umstände, andere Menschen oder eine unsichtbare externe Kraft schon dafür sorgen würden, dass sich seine Situation verbesserte. Welch ein Irrtum. Und darum lautet ein weiterer wichtiger Satz in diesem Buch:

»Wenn Sie sich nicht um Ihr Glück, Ihren Erfolg und Ihre Zufriedenheit kümmern, dann wird es niemand tun!«

Ja, Erfolg im Leben ist immer Chefsache. Sie können sich entweder an den Erwartungen anderer orientieren, es sich in Ihrer Komfortzone bequem machen und passiv auf die äußeren Umstände reagieren. Oder Sie übernehmen Verantwortung und gestalten gewünschte bzw. notwendige Veränderungen aktiv. Ich möchte Ihnen daher eine Frage stellen, deren Beantwortung dramatische Auswirkungen auf Ihre Zukunft haben wird: Sind Sie ein Dodo oder ein Wolf?

Von Dodos und Wölfen

Was, Sie haben noch nie von einem Dodo gehört?[12] Kein Wunder, denn dieser zugegebenermaßen nicht besonders hübsche Vogel ist seit dem Jahr 1681 ausgestorben. Seitdem gilt er als das Paradebeispiel für mangelnde Anpassungsfähigkeit. Er ist daran zugrunde gegangen, dass er es sich in seiner gemütlichen Komfortzone zu bequem eingerichtet hatte. Es dauerte nicht einmal 100 Jahre, bis die gesamte Spezies ausgestorben war. Aber der Reihe nach.

Der Dodo lebte glücklich und zufrieden auf der Insel Mauritius. Er war ungefähr einen Meter groß und wog bis zu 50 Pfund. Er hatte blaugraues Gefieder und einen über 20 Zentimeter langen Schnabel. Statt eines Schwanzes zierte ein weißes Büschel mit gekräuselten Federn sein Hinterteil. Und als ob ein solches Aussehen nicht schon Strafe genug gewesen wäre, waren seine Flügel dermaßen verkümmert, dass der Dodo nicht in der Lage war, zu fliegen. Dies machte aber auch nichts, denn er hatte keinen einzigen natürlichen Feind. Auch sonst waren die Zustände paradiesisch. Es gab ausreichend Lebensraum, mehr als genug zu essen und ein angenehmes Klima. Und so kam es, dass er die eigene Komfortzone immer bequemer ausgebaut hat. Bis eines Tages die ersten Menschen die idyllische Insel im Indischen Ozean mit ihren Booten erreichten.

Die Dodos waren so vertrauensselig, dass sie die Gefahr überhaupt nicht wahrnahmen. Denn was könnte für einen ausgehungerten Matrosen einfacher sein, als ein paar Vögel zu erlegen, die nicht fliehen konnten und sogar zutraulich auf die Menschen zukamen. Doch selbst hier hatte der Dodo Glück im Unglück, denn sein zähes Fleisch schmeckte den Seemännern überhaupt nicht. Was die Spezies schlussendlich ausrottete, waren die Ratten, Schweine, Katzen und Affen, die gemeinsam mit den Menschen reisten. Für sie waren insbesondere die Dodo-Eier eine leichte Beute, da diese grundsätzlich schutzlos auf dem Boden ausgelegt wurden. Dies war der Anfang vom schnellen Ende, denn aufgrund der bequemen Lebensbedingungen hatten die bemitleidenswerten Vögel jegliches Flucht- oder Verteidigungsverhalten verlernt. Und im Jahr 1681 war es dann soweit. Der Legende nach wurde der allerletzte Dodo von einem spanischen Seefahrer erschlagen.

Jetzt mögen Sie sich fragen: »Eine traurige Geschichte, aber was hat das mit mir zu tun, Ilja?« Ganz einfach. Der Dodo ist nicht ausgestorben, weil er wenig intelligent war. Ganz im Gegenteil. Er wurde ein Opfer der eigenen Komfortzone, weil er sich nicht rechtzeitig auf die sich massiv verändernden Umstände vorbereitete. Schauen wir uns die Fakten an. Der Dodo verkörpert nämlich die klassischen Eigenschaften, die der Tod jeglichen Wachstums und jeglicher Weiterentwicklung sind.

- **Bequemlichkeit:** Der Dodo wuchs in paradiesischen Lebensumständen auf, ohne auch nur die geringste Angst vor Feinden oder anderen äußeren Gefahren haben zu müssen.
- **Mehr desselben statt neue Wege:** Die eigene Komfortzone wurde über die Jahre so bequem ausgebaut, dass die Fähigkeit der flexiblen Verhaltensänderung komplett verlernt wurde.
- **Status-quo-Verwaltung:** Die Dodo-Spezies verpasste es, aktiv nach Chancen und Möglichkeiten außerhalb der eigenen Komfortzone zu suchen.
- **Mangelndes kritisches Denken:** Der Dodo war so vertrauensselig, dass er Freunde nicht von Feinden unterscheiden konnte. Statt die Zukunft in die eigenen Hände – pardon, ich meine natürlich: in die verkümmerten Flügel – zu nehmen, verließ man sich darauf, dass alles immer so weitergehen würde wie bisher.
- **Antriebslosigkeit:** Der Dodo wurde bequem, träge und verlor jeglichen Drang, die Zukunft aktiv zu gestalten.

Die gesamte Spezies der Dodos ging davon aus, dass es mit dem Dolce Vita auf Mauritius ewig so weitergehen würde. Mögliche Veränderungen wurden nicht erwartet, antizipiert und erkannt. Und schon sind wir wieder mitten im Thema, denn es gibt ganz einfach frappierende Ähnlichkeiten zu uns Menschen: Ganze Unternehmen, Branchen und Gesellschaften verhalten sich nahezu identisch. Der einzige Unterschied: Die Dodos wussten es nicht besser. Wir Menschen wissen es besser – oder sollten es zumindest besser wissen – und ignorieren trotzdem häufig die Zeichen der Zeit.

Lassen Sie uns nun den Gegenentwurf zum Dodo anschauen: den Wolf. Dieses auf Lateinisch Canis lupus genannte Raubtier übt nicht nur seit Jahrhunderten eine große Faszination auf den Menschen aus – und zwar vermutlich wegen der starken Ähnlichkeit zum Schäferhund –, sondern ist ein absolutes Paradebeispiel für zukunftsgerichtete Anpassungsfähigkeit. Denn obwohl durch die zunehmende Industrialisierung und systematische Verfolgung der letzten Jahrhunderte der natürliche Lebensraum der Wölfe immer mehr eingeschränkt wurde, haben sie es geschafft, sich den veränderten Rahmenbedingungen anzupassen. Wir Menschen können vom Wolf viel lernen, denn er besticht durch eine Menge veränderungsrelevanter Eigenschaften:

> **Der Gegenentwurf zum Dodo ist der Wolf – er verfügt über zahlreiche veränderungsrelevante Eigenschaften.**

- **Achtsamkeit:** Der Wolf brilliert auf diesem Gebiet. Er wittert andere Tiere auf 270 Meter gegen den Wind, kann Töne bis zu 40 kHz wahrnehmen – der Mensch übrigens nur bis zu 20 kHz – und andere Wölfe bis zu 10 Kilometer entfernt heulen hören.
- **Flexibilität:** Durch ihre hohe Anpassungsfähigkeit gibt es Wölfe in den unterschiedlichsten Klimazonen, unter anderem in Europa, Nordamerika, Asien, Kanada, Sibirien oder der Mongolei. Sie leben in Wäldern, der arktischen Tundra, in Wüsten, Feuchtgebieten und sogar in Gebirgen bis zu 2400 Meter Höhe. Wölfe sind gut zu Fuß, aber auch super Schwimmer. Je nach Lebensraum passen sie ihr Jagd- und Ernährungsverhalten an.
- **Schnelligkeit:** In Zeiten der Veränderung gewinnt nicht immer der Beste, sondern oft der Schnellste. Der Wolf erreicht Spitzengeschwindigkeiten bis zu 50 km/h.
- **Teamspirit:** Niemand gewinnt allein. Und die Wölfe wissen das, und darum legen sie ein ausgeprägtes Sozial- und Territorialverhalten an den Tag. Und auch wenn – oder gerade weil – die einzelnen Rudel stark hierarchisch geprägt sind, legen sie einen besonderen Wert auf den Schutz der Schwachen.
- **Chancenblick:** Wer die Chancen der Zukunft nutzen will, der muss sie erkennen. Der Wolf hat nicht nur eine extrem gute Nachtsicht, sondern verfügt zusätzlich über einen Blickwinkel

von 250 Grad. Wieder zum Vergleich: Der Mensch hat einen Blickwinkel von 180 Grad.

- **Durchhaltevermögen:** Der Wolf ist extrem ausdauernd, Streifzüge bis zu 100 Kilometer pro Nacht sind keine Seltenheit.

Ja, wenn es um aktive Veränderung geht, können wir vom Wolf einiges lernen. Aber wie sieht es bei Ihnen aus, liebe Leserinnen und Leser, nutzen Sie die aufgelisteten Eigenschaften bereits in Ihrem Alltag? Wenn nicht, dann wird es dringend Zeit, denn die nächsten Jahre werden von denjenigen geprägt werden, die sie aktiv gestalten. Die Zukunft wird den Wölfen gehören, während die Dodos mit ihrer bequemen Passivität untergehen werden. Und doch habe ich das Gefühl, dass viel zu viele wichtige Positionen in unserer Gesellschaft, unseren Unternehmen und Organisationen von Dodos besetzt sind, die lieber abwarten, zögern und die Schuld auf die äußeren Umstände schieben, statt das Leben bei den Hörnern zu packen. Mit Blick auf die immer komplexer werdenden Rahmenbedingungen möchte ich Ihnen daher die Eingangsfrage noch einmal stellen:

Sind Sie ein Dodo oder ein Wolf?

Die Antwort auf diese Frage bestimmt über Ihr zukünftiges Schicksal. Denn am Ende des Tages sind es immer unsere Identität und unser Selbstbild, die für die Ergebnisse verantwortlich sind, die wir tagtäglich erzielen. Warum das so ist, wollen wir uns nun ein wenig genauer anschauen.

Der Change-Diamant

Wir befinden uns an einem entscheidenden Punkt in diesem Buch. Ich möchte Ihnen nämlich das Modell vorstellen, das mein Leben dramatisch verändert hat. Es erklärt auf einmalige Art und Weise, warum manchen Menschen Veränderungen anscheinend immer und ohne große Anstrengung gelingen, während andere schon bei der kleinsten Herausforderung scheitern. Es basiert auf der Idee der Veränderungsebenen, die von dem Sozialwissenschaftler Gregory Bateson sowie dem Therapeuten Robert Dilts entwickelt wurden.

Im Laufe der Jahre habe ich die Arbeit mit diesem Modell immer weiter verfeinert, ergänzt und ausgebaut. Herausgekommen ist mein *Change-Diamant*, der auch für Sie einen entscheidenden Unterschied machen kann, wenn Sie Ihre Persönlichkeit als wichtigsten Erfolgsfaktor der Zukunft nutzen wollen. Die Abbildung zeigt das Veränderungs-Modell im Überblick:

Das Modell des Change-Diamanten

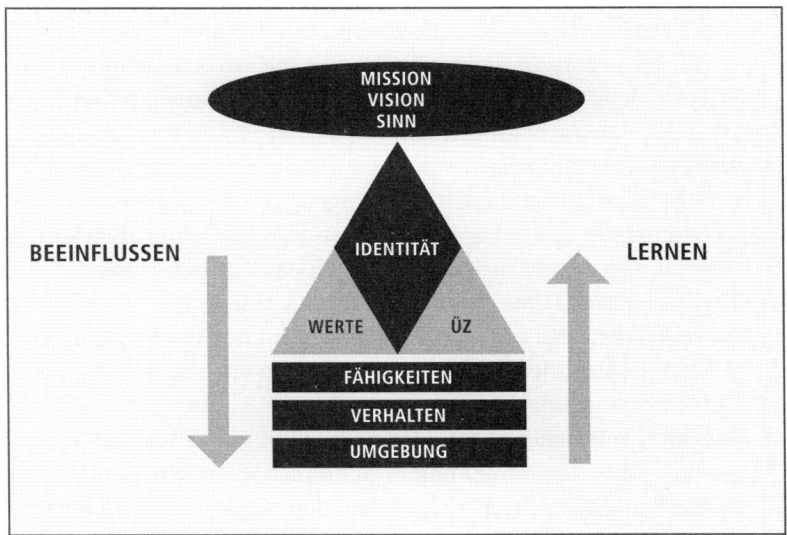

Die Idee hinter dem Modell ist schnell erläutert. Es gibt unterschiedliche Ebenen, auf denen Veränderungen herbeigeführt werden können und die sich gegenseitig beeinflussen. Die oberen drei Ebenen sind eng miteinander verknüpft, und das zentrale Element ist die Identität, die die Form eines Diamanten hat. Wir werden gleich sehen, warum dieses Symbol geradezu perfekt passt. Lassen Sie uns aber zuerst einen Blick auf die einzelnen Ebenen werfen.

- **Umgebung:** unser räumliches Umfeld, die Menschen, mit denen wir interagieren, und sämtliche anderen äußeren Bedingungen.
- **Verhalten:** unsere konkreten Handlungen, also alles, was wir tun, machen und umsetzen.

- **Fähigkeiten:** die Summe unseres Wissens, unseres Könnens und unserer Erfahrungen, die dann zu inneren Prozessen, Strategien und Programmen führen.
- **Überzeugungen (ÜZ) oder Glaubenssätze:** das, wovon wir tief und fest überzeugt sind, dass es wahr ist. Überzeugungen wirken auf unbewusster Ebene, kommen immer von außen und verstärken sich mit der Zeit. Sie können sowohl förderlich als auch limitierend sein.[13]
- **Werte:** die moralischen Grundsätze unseres Seins und gleichsam der Kompass unseres Handelns. Werte bilden sich im Laufe des Lebens immer mehr heraus und wirken ebenfalls auf unbewusster Ebene. Es gibt sogenannte Motivations-Werte (Hin-zu) und Aversions-Werte (Weg-von).[14]
- **Identität:** Stellen Sie sich vor, Sie würden Ihr gesamtes Wissen, Ihre Fähigkeiten, Talente, Erfahrungen, Träume, Werte, Überzeugungen, Stärken, Schwächen und sämtliche anderen Aspekte Ihrer einzigartigen Persönlichkeit in einen großen Trichter werfen. Dann durchläuft diese große Masse einen speziellen Prozess, und ganz unten kommt nur ein einziger Tropfen heraus, der das Konzentrat dessen enthält, was Sie als Individuum ausmacht.
- **Mission, Vision, und Sinn:** Die Begriffe Mission und Vision haben Sie bereits im Zusammenhang mit den Kernbedürfnissen kennengelernt. In Kombination mit dem Sinn sorgen sie für ein Leben mit Bedeutung.

So weit, so gut. Zwischen den einzelnen Ebenen gibt es nun folgenden Zusammenhang: Immer wenn es auf einer Ebene zu einer Veränderung kommt, hat dies auch automatisch Veränderungen auf den Ebenen darunter zur Folge. Top-down handelt es sich also um eine Istverbindung. Bottom-up kann es zu Veränderungen auf den Ebenen darüber kommen, muss es aber nicht. Hierbei handelt es sich um eine Kann-Verbindung. Verändern wir zum Beispiel unsere Werte, so hat dies automatisch auch Veränderungen auf den Ebenen der Fähigkeiten, des Verhaltens und der Umgebung zur Folge. Verändern wir hingegen unser Verhalten, dann kann dies zu einer Veränderung auf den höher liegenden Ebenen führen, es kann jedoch auch alles beim Alten bleiben. Über dem Modell schwebt noch die Ellipse mit einer gegebenenfalls vorhandenen Vision und einer Mission. Diese Faktoren geben unserem Leben einen echten Sinn und haben damit auch wieder eine direkte Auswirkung auf die darunterliegenden Veränderungsebenen. Habe ich Sie ein wenig verwirrt? Dann lassen Sie mich Ihnen ein konkretes, wenn auch fiktives Beispiel geben.

Stellen Sie sich hierzu bitte vor, Sie wären als Geschäftsführerin oder Geschäftsführer für das größte Warenhaus in Ihrer Stadt verantwortlich (falls Sie auf dem Land wohnen, dann nehmen Sie für dieses kleine Experiment einfach die nächstgelegene Stadt). Ihr größtes Sorgenkind ist Herr Müller, seines Zeichens Abteilungsleiter in der Damenschuhabteilung. Nach außen hin ist er bemüht, will wirklich Karriere machen und propagiert mindestens einmal täglich, wie wichtig ihm Veränderungen sind. Doch auf der unbewussten Ebene sieht es ganz anders aus. Aufgrund entsprechender Erfahrungen in seiner Jugendzeit sieht er sich selbst als Loser und maximal durchschnittlichen Verkäufer. Seine wichtigsten Werte sind eine hohe Freizeitorientierung und Egoismus, sein Lieblingssatz lautet »Jeder ist sich selbst am nächsten«. Seine negative Art der Kommunikation lässt ihn häufig wie einen Zyniker wirken. Er ist davon überzeugt, dass die Kunden lieber in Ruhe gelassen werden wollen, dass Verkaufen schwer zu lernen ist und er mit 50 Jahren sowieso zu alt ist, um noch einmal befördert zu werden. Obwohl Herr Müller all diese Dinge auf bewusster Ebene nicht wahrnimmt, verrichten diese unbewussten Programme tagein, tagaus ihren zuverlässigen Dienst – und die Ergebnisse sind entsprechend. Sein Wissen und seine verkäuferischen Fähigkeiten sind maximal unterer Durchschnitt. Täglich trudelt eine hohe Anzahl an Kundenbeschwerden ein, die Abteilungsumsätze lassen sehr zu wünschen übrig, er fehlt häufig, und auch mit den Kollegen gibt es regelmäßig Ärger.

Für Sie als Chef steht daher fest: Es ist Zeit für eine Veränderung, Sie versetzen Herrn Müller in die Schreibwarenabteilung. Wahrscheinlich war das modische Umfeld einfach nicht das richtige für ihn, und für Bürobedarf hat er sich schon immer interessiert, zumindest ein wenig. Es gibt jedoch ein Problem. Seine Identität, seine Werte und

> Zwischen den Ebenen des Veränderungs-Diamanten gibt es Bezüge, die Sie erkennen sollten.

Überzeugungen sind immer noch dieselben, und nach anfänglichen Erfolgserlebnissen bleiben auch seine Fähigkeiten und sein Verhalten gleich. Trotz neuer Umgebung haben sich die Ergebnisse in der Schreibwarenabteilung leider nicht geändert. Auch hier das gewohnte Bild: miese Umsätze, viele Fehltage, eine Menge Kundenbeschwerden und Ärger mit den Kollegen.

»Okay«, denken Sie sich, »wahrscheinlich fehlt Herrn Müller einfach das richtige Handwerkszeug. Also engagieren Sie einen Top-Verkaufstrainer, der ihn eine Woche lang mit allen wichtigen Tools versorgt: Mitarbeiterführung, Kundenansprache, Einwandbehandlung, Abschluss und Zusatzverkäufe. Da Identität, Werte und Überzeugungen jedoch weiterhin unverändert geblieben sind, führt auch diese Maßnahme leider nicht zu den gewünschten Ergebnissen.

Aber Sie geben natürlich nicht auf und vermuten, dass es wahrscheinlich am Verkaufstrainer lag, der einfach nicht gut genug war. Also schicken Sie Herrn Müller auf ein Verkaufsseminar an einem renommierten Institut, wo er fünf Tage lang die Möglichkeit hat, an seinen Fähigkeiten zu arbeiten. Doch auch hier das gleiche Spiel: Seine Identität als Loser und durchschnittlicher Verkäufer lassen keine Veränderungen auf der Ebene der Fähigkeiten oder gar des Verhaltens zu. In einem letzten verzweifelten Versuch führen Sie ein ernstes Entwicklungsgespräch mit Herrn Müller, in dem Sie ihm Werte und Leitlinien vorgeben und ihm sagen, »dass er einfach nur mal an sich glauben« soll (Notiz am Rande: Solche Appellbotschaften, die »einfach mal« in der Formulierung enthalten, sind grundsätzlich zum Scheitern verurteilt). Doch seine unbewussten Prägungen sind so stark und hartnäckig, dass die Ergebnisse sich auch nach diesem Gespräch nicht verändern.

Kurz bevor Sie aufgeben wollen, haben Sie einen Geistesblitz. Sie erinnern sich an ein Coachingseminar, das Sie einmal in Berlin besucht haben[15], und schaffen es, Herrn Müller in angenehmer Atmosphäre ein wertschätzendes Feedback zu geben. Auf diese Weise wird er sich zum ersten Mal seiner automatisch ablaufenden Programme bewusst und beginnt zu reflektieren. Er versteht, dass seine auf unbewusster Ebene verankerte Identität seinen bewussten Zielen im Wege steht, und beginnt an seiner Persönlichkeit zu arbeiten. Und plötzlich kommt es zu der gewünschten inneren Transformation. Seine Identität verändert sich langsam, aber sicher, und Herr Müller sieht sich als wertvollen Menschen und guten Verkäufer. Dies führt zu den Überzeugungen, dass Verkaufenlernen einfach ist, dass Kunden guten Service zu schätzen wissen und dass ihm alle Türen offenstehen, wenn er seine Arbeit mit Begeisterung und Leidenschaft erledigt. Im Laufe der Zeit bilden sich die entsprechenden Werte wie Kundenorientierung, Teamgeist, Fleiß und Begeisterungsfähigkeit. Um all dies in die Tat umzusetzen, meldet Herr Müller sich freiwillig und auf eigene Kosten zu Seminaren an, liest regelmäßig Bücher und holt sich aktiv Feedback von Ihnen als Chef ein. Durch seine neuen Fähigkeiten und sein gesteigertes Wissen verhält er sich auch komplett anders. Er geht professionell mit den Kunden um, führt seine Mitarbeiter mit Empathie und Klarheit, macht mehr Abschlüsse und entwickelt viele Ideen für seine Abteilung. Tja, und plötzlich verändern sich auch die Ergebnisse. Die Umsätze steigen, die Kundenfeedbacks sind überaus positiv und auch bei Mitarbeitern und Kollegen ist Herr Müller richtig beliebt. Dies führt dazu, dass er zum Abteilungsleiter für die komplette erste Etage befördert und später aufgrund seiner guten Leistungen sogar in die Filiale nach Berlin versetzt wird.

> **Der Fixpunkt des Veränderungs-Diamanten ist Ihre Identität.**

Ich hoffe, dass Sie nun besser verstehen, warum Veränderung manchmal funktioniert – und so häufig eben auch nicht. Im Modell des Change-Diamanten gibt es von oben nach unten immer eine Soll-, von unten nach oben hingegen eine Kann-Beziehung. Und der wichtigste Fixpunkt ist die Identität. Diese steht in einer engen Wechselwirkung zu unseren Werten und Glaubenssätzen und definiert unsere Persönlichkeit, unser Verhalten und damit unsere Ergebnisse im Leben. »Aber Moment, das würde ja bedeuten, dass Veränderungen auf der Umgebungs-, Verhaltens- und Wissensebene oftmals gar nichts bringen?« Genau so ist es. Natürlich führt auch das regelmäßige Wiederholen einer Verhaltensweise irgendwann zu einer Veränderung der Identität: Wir werden dann das, was wir regelmäßig tun. Aber das ist eher selten der Fall. Im Normalfall wird der Veränderungs-Diamant immer der dominierende Faktor sein.

Ein gutes Beispiel hierfür sind die populären Auswanderer-Serien auf VOX oder RTL II. Hier ist das Muster fast immer das Gleiche: Ein unzufriedener und erfolgloser Mensch beschließt, auf Mallorca oder Gran Canaria einen Neuanfang zu wagen. Er verändert also seine Umgebung und meist auch sein Verhalten. Doch eine wichtige Sache vergessen diese Menschen dabei: Sie nehmen sich selbst mit in die neue Wahlheimat. Und da die Identität und die damit verbundenen Werte und Überzeugungen gleich geblieben sind, sehen eben auch die Ergebnisse schon nach kurzer Zeit wieder gleich aus. Man ist frustriert, erfolglos und kehrt der gerade noch zum Paradies erkorenen Insel wieder den Rücken.

Ein weiteres Beispiel ist der Raucher, der eine Veränderung auf der Verhaltensebene vorzunehmen versucht, etwa indem er die Glimmstängel durch Nikotinpflaster, Kaugummis oder eine andere Ersatzbefriedigung zu ersetzen versucht. Solange er nichts an seiner Identität (»Ich bin Raucher«) und den damit einhergehenden Überzeugungen (»Es ist schwer, mit dem Rauchen aufzuhören« oder »Wenn ich aufhöre, zu rauchen, nehme ich zwangsläufig zu«) verändert, mag es zwar kurzfristig zu Erfolgen kommen, langfristig münden solche Vorhaben aber immer in einem Rückfall. Erst wenn der Veränderungs-Diamant transformiert wird (»Ich bin ein glücklicher und zufriedener Nichtraucher«), kommt es auch zu nachhaltigen Ergebnissen.

Wir können es also drehen und wenden, wie wir wollen. Wenn wir tiefe und nachhaltige Veränderungen bewirken wollen, dann müssen wir am Kern unserer Persönlichkeit beginnen. Aus diesem Grund passt das Bild des Diamanten auch so wunderbar. Denn auch unsere Identität muss sich im Laufe der Jahre erst entwickeln. Anfangs ist sie häufig wie ein Stück Kohle. Grau, stumpf und von außen betrachtet nicht besonders attraktiv. Aber durch Druck, Zeit und regelmäßiges Schleifen wird aus dem ehemals unscheinbaren Klumpen dieses glitzernde, funkelnde und strahlende Mineral, von dem Menschen seit jeher fasziniert waren. Es folgt daher ein weiterer wichtiger Satz:

»Jede Veränderung im Außen beginnt immer mit einer inneren Transformation.«

Und wie Ihnen eine solche Transformation am besten gelingt, wollen wir uns nun einmal genauer anschauen.

Transformation, Baby!

»Schreiben Sie einen Bestseller in 30 Stunden!«, »In zwei Tagen zum eigenen Expertenbusiness. Ganz ohne Vorkenntnisse und Erfahrung!« oder auch »Nie wieder arbeiten müssen. Starte noch heute dein Laptopbusiness und freue dich über dein automatisiertes Einkommen von 9578,34 Euro monatlich!« Kommen Ihnen solche oder ähnliche Anzeigen bekannt vor? Wenn ich Facebook aufrufe, dann stolpere ich eigentlich täglich über diese Art des Marketings. Die Botschaft ist dabei in den verschiedensten Varianten immer die gleiche: »Du kannst über Nacht erfolgreich werden, ohne dass du dafür etwas tun musst!« Auf der einen Seite ärgert mich eine solche Dreistigkeit, mit der die verschiedenen Anbieter ihre unseriösen Produkte und Dienstleistungen anpreisen. Gleichzeitig bin ich aber auch ein wenig fasziniert, denn es müssen ja schließlich genug Menschen auf diese Angebote reinfallen, ansonsten würden es ja nicht Hunderte von Anzeigen sein, die tagein, tagaus so und ähnlich neu im Internet auftauchen.

Aber warum ist das so? Schließlich erinnerte uns schon der große Harry Belafonte daran, dass er über 30 Jahre gebraucht hat, um über Nacht berühmt zu werden. Eigentlich wissen wir alle, dass Erfolg immer die Folge von harter Arbeit, Durchhaltevermögen, Disziplin, Fleiß und teilweise jahrelangen Rückschlägen ist. Wenn da nur das Wort *eigentlich* nicht wäre. Denn in ihrem tiefsten Inneren hoffen sehr viele Menschen immer noch, dass es da diese eine geheime Formel, dieses unveröffentlichte Wissen oder den magischen Erfolgszauber gibt, mit dem es eben doch gelingt, ohne jeglichen Aufwand außergewöhnliche Resultate zu erzielen.

Diese Hoffnung ist leider ein tragischer Irrtum. Es gibt ein unumstößliches Gesetz des Universums, das wie folgt lautet:

Es gibt nicht etwas für nichts.

Damit etwas konsumiert werden kann, muss es vorher produziert werden. Vor der finanziellen Freiheit kommt das Sparen oder Investieren. Ein Waschbrettbauch ist immer das Resultat von strenger Ernährung und einem anspruchsvollen Sportprogramm. Und um als Unternehmer Erfolg zu haben, bedarf es vieler mutiger Entscheidungen, innovativer Ideen und harter Arbeit. Ohne harte Arbeit gibt es niemals Erfolg. Denn unter dem Strich ist das Leben wie eine Treppe; diese Treppe nenne ich »Die Wachstumstreppe«, ich habe ihr den allerletzten Abschnitt in diesem Buch gewidmet. Es gibt also keinen Lift, und wir können uns auch nicht nach oben beamen. Nein, wer es wirklich ernst meint mit dem Erfolg, der muss diese Treppe Stufe für Stufe gehen. Auf jeder einzelnen Ebene warten dann Herausforderungen auf uns. Wir stolpern, scheitern und machen Fehler. Doch an diesen wachsen wir und werden besser. Bis wir schließlich so weit sind, die nächste Stufe zu betreten. Die Sequenz ist dabei immer gleich:

**Handeln → Fehler machen → Lernen → Wachsen →
die nächste Entwicklungsstufe erklimmen**

Nur wenn wir innerlich wachsen und uns weiterentwickeln, werden wir auch im Außen die entsprechenden Ergebnisse erzielen. Und das bedeutet natürlich, dass auch unsere Identität mitwachsen muss. Nur wenn wir uns als Persönlichkeit weiterentwickeln können, können wir auch ein besserer Unternehmer, Chef, Mitarbeiter, Verkäufer, Kollege oder Manager werden. Es gibt eine Frage, die Ihnen dabei helfen kann. Regelmäßig angewendet, hat sie das Potenzial, Ihr Leben dramatisch zu verändern. Ich kann das mit einer solchen Bestimmtheit formulieren, weil sie genau das bei mir getan hat. Ich habe sie vor vielen Jahren einmal in einem Buch gelesen, und sie hat mich seitdem nicht mehr losgelassen. Sie lautet:

**Wie würde die Person, die ich einmal werden möchte,
sich heute verhalten?**

Auch wenn Sie erst auf der ersten von zehn Stufen Ihrer persönlichen Wachstumstreppe stehen sollten, stellen Sie sich jetzt vor, wer Sie sein müssten, um ganz oben zu sein. Und dann wenden Sie das entsprechende Mindset, die Standards und die Denkweise auf Ihrer aktuellen Entwicklungsstufe an.

Als ich noch Geschäftsführer bei Karstadt war, habe ich die Frage sehr gern meinen Azubis gestellt. Wenn ich diesen nämlich einen langen Vortrag hielt, wie wichtig es doch sei, fleißig zu sein, eigenverantwortlich zu arbeiten und dabei immer das Team im Blick zu haben, erntete ich zwar regelmäßig zustimmendes Nicken, aber auf magische Art und Weise schienen diese Informationen ebenso regelmäßig nach wenigen Tagen wieder in Vergessenheit geraten zu sein. Ganz anders verhielt es sich bei dem kleinen, aber wirkungsvollen Gedankenexperiment im Zusammenhang mit jener Frage: Egal, ob die Auszubildenden davon träumten, Abteilungsleiter, Personalchef oder Geschäftsführerin zu werden – die Frage erzielte immer die gewünschte Wirkung. Und egal, ob diese jungen Menschen erst zwei Tage oder schon zwei Jahre dabei waren, es veränderte sich sofort etwas. Weil sie die wichtigsten Werte, förderlichen Überzeugungen und besonders die Identität ihrer Wunschzukunft für die Herausforderungen der Gegenwart anwendeten. Und sich somit schrittweise in die vorgestellte Persönlichkeit hinein entwickelten.

Jede Veränderung im Außen beginnt mit einer inneren Transformation.

Das gleiche Prinzip können und sollten Sie sich auch zunutze machen, liebe Leserinnen und Leser. Denn jede Veränderung im Außen beginnt mit einer inneren Transformation. Egal, welche Ziele, Träume und Visionen Sie für Ihre Zukunft formuliert haben: Ihre Identität muss in diese hineinwachsen. Stufe für Stufe. Je nachdem, wo Sie heute stehen, kann dies viel Kraft kosten. Sie werden zweifeln, Fehler machen und Hindernisse überwinden müssen. Ich zitiere an dieser Stelle gern den von mir sehr geschätzten Arnold Schwarzenegger: »You can't climb the ladder of success with your hands in your pockets.« Dies sind die Momente, die im wahrsten Sinne des Wortes Ihren Charakter formen und Sie wachsen und besser werden lassen, bis Sie bereit für die nächste Stufe sind. Und das Spiel von vorn beginnt. Und auch wenn dieser Weg nicht immer leicht ist, so ist es doch der einzige, der Sie zu einem erfüllten und zufriedenen Leben führen wird.

Schließen möchte ich das Kapitel mit den Worten des ehemaligen tschechischen Präsidenten Vaclav Havel (den ich allein schon deshalb großartig finde, weil er Frank Zappa als Berater engagierte), der es wunderbar auf den Punkt brachte: »Eine Vision zu haben, ist nicht genug. Sie muss auch mit Risikobereitschaft kombiniert werden. Es reicht nicht, die Treppe nur heraufzuschauen. Wir müssen sie auch Stufe für Stufe gehen.« Eine beeindruckende Sichtweise. Und viel mehr Spaß macht das Ganze, wenn Sie sich nicht als Einzelkämpfer auf den Weg machen, sondern sich mit gleichgesinnten Menschen umgeben, die Sie unterstützen und ermutigen. Der nächste Teil dieses Buchs befasst sich daher auch genau damit: mit der Wichtigkeit der Menschen in Ihrem Umfeld. Haben Sie Lust, dass wir gemeinsam die nächste Stufe erklimmen? Dann nichts wie los.

MACHER-MEMO: Die fünf großen Ideen dieses Kapitels

1. Nutzen Sie bei anstehenden Herausforderungen die Eigenschaften des Wolfs und legen Sie diejenigen des Dodos ab.

2. Das Modell des Change-Diamanten erklärt, wie erfolgreiche Veränderung funktioniert: Arbeiten Sie hauptsächlich auf der Ebene der Identität, der Werte und der Überzeugungen.

3. Ihre Identität ist der Dreh- und Angelpunkt sämtlicher Ergebnisse im Leben. Der guten wie der schlechten.

4. Jede Veränderung im Außen beginnt mit einer inneren Transformation.

5. Stellen Sie sich die Frage: »Wie würde die Person, die ich einmal werden möchte, sich heute verhalten?«

TEIL 2

DIE MENSCHEN

4. Niemand gewinnt allein

»How we all dance with this fire 'cause it's all that we know.
And as the spotlight turns toward us, we all try our best to show.
We are lost, we are freaks, we are crippled, we are weak.
We are the heirs, we are the true heirs, to all the world.«
New Model Army, »Ballac of Bodmin Pill«

Als Keynote Speaker habe ich das große Vergnügen, regelmäßig auf spannende Konferenzen und Kongresse eingeladen zu werden. Da ich häufig am Ende eines solchen Events spreche, ergibt sich ab und zu die Gelegenheit, dass ich auch meinen Vorrednern noch lauschen kann. Dies ist für mich Trendscouting pur, und ich fülle zu diesen Gelegenheiten ganze Notizbücher mit meinen Gedanken, Ideen und Plänen. Allein in den letzten sechs Monaten habe ich faszinierende Vorträge über künstliche Intelligenz, Augmented Reality, Elektromobilität, den Einsatz von Drohnen, die Abwehr von Drohnen, Cyberkriminalität, Cybersecurity, Sprachsteuerung und die Zukunft der Robotertechnik erleben dürfen. Obwohl die Meinungen dabei sehr unterschiedlich sind, zieht sich ein roter Faden durch die Prognosen sämtlicher Experten: Wir stehen gerade erst am Anfang von technischen Entwicklungen, die unser Leben verändern werden. Schon längst gibt es für alles eine App, der Alltag wird über unsere Smartphones gesteuert, und immer mehr Prozesse werden von künstlicher Intelligenz übernommen. Es fasziniert mich, was heute bereits möglich ist, und ich denke mit einer fast schon kindlichen Freude an all die Chancen und Möglichkeiten, die sich uns in der näheren Zukunft bieten werden.

Doch wo Licht ist, da ist immer auch Schatten, und bei vielen Menschen habe ich den begründeten Verdacht, dass ihnen die Technik das

Leben nicht mehr erleichtert, sondern dass sie zu Sklaven ihrer diversen Maschinen geworden sind. Sie sind 24 Stunden am Tag, sieben Tage die Woche und 52 Wochen im Jahr erreichbar und checken selbst im Familienurlaub alle zehn Minuten ihre Mails. Und haben Sie nicht auch schon eine Szene erlebt, in der zwei Menschen über eine Stunde gemeinsam im Café sitzen und nicht ein Wort miteinander sprechen, sich aber permanent WhatsApps, manchmal auch noch SMS oder Messages per Smartphone schicken? Für die Zukunft stellt sich daher eine entscheidende Frage: Wird der Mensch in seiner Wichtigkeit von Maschinen abgelöst werden? Meine Prognose lautet wie folgt: Auf keinen Fall! Wir werden zwar in einer Welt leben, die von Technik und Maschinen erleichtert, nicht aber dominiert wird. Was meine ich damit? Keinesfalls, dass der digitale Fortschritt nicht genauso rasant voranschreitet wie bisher. Ganz im Gegenteil, ich erwarte sogar noch eine Zunahme der Schlagzahl. Doch der entscheidende Faktor, den viele Zukunftsexperten gern vergessen, ist der Mensch mit seinen einmaligen Potenzialen und Fähigkeiten. Bei aller Digitalisierung, Disruption und allem technischen Fortschritt behaupte ich, dass es in der Zukunft vor allem auf die Menschen ankommen wird. Sicherlich, Roboter, künstliche Intelligenz und technische Innovationen werden die Art, wie wir leben, lieben und arbeiten, in den kommenden Jahren heftig durcheinander wirbeln. Aber bei aller Wichtigkeit dieser Entwicklung sind wir alle menschliche Wesen und sehnen uns nach Nähe, Austausch und persönlicher Kommunikation. Lassen Sie mich den Satz daher noch einmal wiederholen:

In der von Digitalisierung, Disruption und technischem Fortschritt geprägten Zukunft wird der Mensch der wichtigste Erfolgsfaktor sein.

Das hat gleich mehrere Auswirkungen. Die Qualität Ihres Inner Circle wird maßgeblich darüber entscheiden, wie es um Ihr generelles Glück und Ihre Zufriedenheit bestellt ist. Und im beruflichen Rahmen sind Ihre Mitarbeiter, Kollegen und Teammitglieder nicht nur der Garant für exzellente Qualität und herausragende Ergebnisse, sondern vor allem der größte Differenzierungsfaktor im immer härter werdenden Wettbewerb. Es menschelt also endlich wieder. Und das finde ich so richtig gut. Im ersten Abschnitt dieses Buchs haben wir uns damit beschäftigt, wie wir Menschen ticken, was uns antreibt und wie erfolgreiche Veränderung gelingt. Lassen Sie uns daher die Perspektive wechseln: weg von persönlichen Motiven und hin zu gemeinsamen Erfolgen. Weg von harten Anstrengungen als Einzelkämpfer hin zu erfolgreichem Teamwork. Weg vom Ich und hin zum Wir. Haben Sie Lust? Dann lassen Sie uns loslegen. Und zwar gemeinsam, denn wie sagte schon der brasilianische Fußballstar Pelé: »Der einzige Weg, um zu gewinnen, ist als Team!«

Das Team ist heilig

Lappland. Minus zwölf Grad. Die gleißende Sonne blendet und ich spüre, wie ein unvergesslicher Glückshormoncocktail durch meinen Körper fließt. Vor mir ziehen acht wunderschöne Huskys meinen Schlitten, der scheinbar schwerelos durch die majestätische Tundra gleitet. Noch mehr als die atemberaubende Landschaft fasziniert mich die Zusammenarbeit der Schlittenhunde. Weil es zwar eine ganz eindeutige Hierarchie im Rudel gibt, jeder einzelne Husky jedoch weiß, dass sie nur gemeinsam als Team erfolgreich sein können. Jedes Tier bringt seine individuellen Stärken ein, lernt von seinen Teamkollegen und springt bedingungslos in die Bresche, falls einer der anderen eine kurze Schwächephase hat. Wir Menschen können uns da eine Menge abgucken, insbesondere welche kraftvolle Energie entsteht, wenn individuelle Persönlichkeiten an ihrem Platz Verantwortung übernehmen, aber gleichzeitig zusammenarbeiten, sich gegenseitig unterstützen und gemeinsam wirken.

Wenn ich in den letzten Jahren eines gelernt habe, dann ist es die Kraft eines motivierten, kompetenten und zuverlässigen Teams. So sehr ich an die Bedeutung des Individuums glaube: Ohne die richtigen Menschen um uns herum sind wir alle nur halb so erfolgreich. Es spielt keine Rolle, wie gut Sie oder ich sind, einen Satz sollten Sie niemals vergessen und ihn sich am besten gut sichtbar über Ihrem Schreibtisch aufhängen:

Niemand gewinnt allein!

Niemand, und wirklich niemand ist dauerhaft in der Lage, als Einzelkämpfer Erfolg zu haben. Befinden sich hingegen die richtigen

Menschen in unserem Team, dann lernen wir voneinander, wachsen gemeinsam und unterstützen uns gegenseitig. Nur damit wir uns hier richtig verstehen: Man ist noch lange kein Team, nur weil man sich ein Büro teilt, an einem gemeinsamen Projekt arbeitet oder im selben Unternehmen tätig ist. Möglicherweise kennen Sie die typische Übersetzung von TEAM: Toll, Ein Anderer Macht's. Nein, ein Team ist etwas ganz anderes. Es ist mehr als die Summe der einzelnen Teile. In einem echten Team ist jeder für die anderen Teammitglieder bedingungslos da, weil man sich einer gemeinsamen Vision verschrieben hat und gleichzeitig jeder an seinem individuellen Platz Verantwortung übernimmt.

Nur ein Team gibt gewöhnlichen Menschen die Möglichkeit, außergewöhnliche Ergebnisse zu erzielen. Darum gilt: Das Team ist heilig.

Und selbst die vermeintlichen Superstars sind ohne ihr Team vollkommen aufgeschmissen. Sebastian Vettel braucht sein Mechaniker-Team wie die Luft zum Atmen. Cristiano Ronaldo kann nur deshalb glänzen, weil ihm Sergio Ramos und seine Abwehrkollegen den Rücken freihalten. Und selbst der große Richard Branson ist mit seinen über 260 Unternehmen nur deshalb so erfolgreich, weil er die Mitarbeiter in den Mittelpunkt seiner Anstrengungen stellt. Und diese zahlen es ihm mit Einsatz, Leistung und Leidenschaft doppelt und dreifach zurück.

Mit welchen Menschen verbringen Sie die meiste Zeit?

Auf den Punkt gebracht: Die Menschen, mit denen Sie sich jeden Tag umgeben, sind Ihr größtes Faustpfand und gleichsam Ihr größter Erfolgsfaktor auf dem Weg in eine von Veränderung und Unsicherheit geprägte Zukunft. Das Team ist heilig. Sowohl im Business als auch im Leben. Es sind Ihre Freunde, Kollegen, Geschäftspartner und Familienmitglieder. Denn Sie können als individuelle Persönlichkeit nur dann wachsen, erfolgreich sein und ein selbstbestimmtes Leben führen, wenn Sie sich in einem Umfeld bewegen, das von gegenseitigem Lernen, Wertschätzung und Vertrauen geprägt ist. Für die Unternehmen gilt übrigens exakt dasselbe.

Ich kann es gar nicht oft genug betonen: Im Zeitalter der Digitalisierung und der damit einhergehenden globalen Vernetzung ist der Erfolgsfaktor Nummer eins mit weitem Abstand die Qualität Ihres Inner Circle, in dem sich diejenigen Menschen befinden, mit denen Sie regelmäßig und intensiv Kontakt haben. Und genau aus dem Grund hat das gute alte Zitat von Speakerlegende Jim Rohn auch heute immer noch Bestand:

»Du wirst so wie der Durchschnitt der fünf Menschen, mit denen du die meiste Zeit verbringst.«

Das gilt im Großen, aber auch im Kleinen, denn wir adaptieren sowohl die Strategien, Einstellungen und Denkmuster unserer wichtigsten Bezugspersonen als auch ihre Lieblingswörter und Gewohnheiten. Das bedeutet konkret, dass es einfach einen riesigen Unterschied macht, mit welchen Menschen Sie sich umgeben. Ob Ihre besten Freunde frustrierte Zyniker sind, die den ganzen Tag auf der heimischen Couch RTL-II-Sendungen schauen und sich in einer Spirale aus Negativität, Gleichgültigkeit und Mittelmaß gegenseitig herunterziehen (ich überzeichne an dieser Stelle, um verstanden zu werden. Ähnlichkeiten zu real existierenden Personen sind rein zufällig und nicht beabsichtigt). Oder ob Sie sich mit erfolgreichen Menschen umgeben, die produktive Werte für die Gesellschaft schaffen und dabei ihre Mitmenschen mit Positivität, Leidenschaft und visionärem Denken anstecken.

Egal, wie Ihre konkreten Ziele aussehen, umgeben Sie sich mit Menschen, die sich bereits dort befinden, wo Sie hinwollen. Ich orientiere mich dabei gern an dem alten Wahlspruch »Wenn du der klügste Mensch im Raum bist, dann such dir einen neuen Raum«. Und ich gehe sogar noch weiter, denn ich habe festgestellt, dass es immer zwei Kategorien von Mitmenschen gibt: Da sind diejenigen, die Sie bremsen, Ihnen Ihre Träume ausreden wollen und denen Sie es niemals recht machen können. Von denen Sie Sätze wie die folgenden hören: »Schmink dir das lieber ab«, »Lass es lieber bleiben« oder »Das mag ja bei anderen klappen, aber doch nicht bei dir«. Die Begründung wird dann meist gleich mitgeliefert und lautet oft so: »Du bist zu alt, zu jung, zu dick, zu dünn, zu groß, zu klein, zu arm, zu unerfahren, zu laut, zu bunt, zu anders oder zu was auch immer.« Ich mir daher wünschen, dass Sie den folgenden Satz nie mehr vergessen:

Sie sind immer irgendwas für irgendwen.

Je eher Sie verstehen, dass Sie es sowieso niemals allen recht machen können und es immer Menschen geben wird, die auch am sonnigsten Himmel nach einer dunklen Wolke suchen und deren Bekanntschaft Sie vermeiden sollten, desto förderlicher wird dies für Ihr persönliches Wohlbefinden sein. Ignorieren Sie die Miesepeter, Nörgler und Besserwisser also am besten gleich und konzentrieren Sie sich stattdessen auf die zweite Kategorie. Das sind die Menschen, die Sie in Ihrer persönlichen Einzigartigkeit unterstützen. Die Sie so akzeptieren, wie Sie sind. Mit allen Stärken und Schwächen. Die Ihnen zwar auch kritisches Feedback geben, Sie aber grundsätzlich bei all Ihren Vorhaben unterstützen und Sie bedingungslos ermutigen. An denen Sie sich reiben und mit denen Sie gemeinsam wachsen können. Oder auf den Punkt gebracht: Menschen, die Ihnen einfach gut tun. Ich selbst habe dieses Konzept in den letzten Jahren sehr konsequent, ja fast schon radikal angewendet. Weil ich weiß, wie kostbar unsere Lebenszeit ist, möchte ich sie nur mit positiven, lebensbejahenden und wertschätzenden Menschen verbringen. Mein Inner Circle ist daher handverlesen, und ich bin extrem dankbar, dass ich so tolle Freunde, Kollegen und Partner an meiner Seite habe.

Wie ist es um Ihren Inner Circle bestellt?

Was, darüber haben Sie sich noch niemals bewusst Gedanken gemacht?[16] Dann wird es aber Zeit, sich ein Team aufzubauen, mit dem Sie gemeinsam die Zukunft anpacken und gestalten können. Starten Sie am besten mit einer sorgfältigen Bestandsaufnahme. Umgeben Sie sich hauptsächlich mit positiven Menschen, die Sie so akzeptieren, wie Sie sind, und Sie auf dem Weg zu Ihren Zielen, Träumen und Visionen unterstützen? Wenn Ihre Antwort Ja lautet, dann ist dies mehr als großartig. Die Wahrscheinlichkeit ist jedoch recht hoch, dass Sie in Ihrem direkten Umfeld auch so einige Exemplare der bereits beschriebenen Energievampire finden werden. Menschen, die sich akribisch auf die Suche nach dem einzelnen Haar in der schmackhaften Suppe machen, Ihnen vorschreiben wollen, wie

Sie zu leben haben, und Ihnen Kraft, Mut und Energie absaugen, wie es ein ganzer Schwarm hungriger Moskitos nicht besser könnte.

Wie es für jeden Fußballtrainer eine Selbstverständlichkeit ist, seine Elf vor der Saison perfekt zusammenzustellen, sodass die Saisonziele bestmöglich erreicht werden können, so sollten auch Sie Ihr Team und die Menschen in Ihrem Umfeld ganz bewusst auswählen. Ihre Motivation, Leidenschaft und Denkweise wird es Ihnen danken. Feuern Sie die Zyniker, Besserwisser und Energievampire möglichst noch heute. Umgeben Sie sich stattdessen mit positiven Menschen, Weltenbewegern und Möglichkeitsdenkern, die Sie so nehmen, wie Sie sind, und Sie beim Erreichen Ihrer Ziele unterstützen. Und nur, dass wir nichts schönreden: Dieser psychische Hygieneprozess kann durchaus schmerzhaft sein, denn viele der besonders toxischen Zeitgenossen tummeln sich schon lange in unserem Leben.

Aber erstens ist dieser Schritt unbedingt notwendig, wenn Sie ein glückliches und zufriedenes Leben führen wollen, und zweitens gibt es so viele tolle Menschen da draußen, die nichts lieber tun würden, als den Platz an Ihrer Seite einzunehmen.

> **Feuern Sie die Energievampire und umgeben Sie sich mit positiven, lebensbejahenden und wertschätzenden Menschen.**

Aber wie gelingt es nun, die Menschen in Ihr Leben zu ziehen, die perfekt in Ihren Inner Circle passen? Grundsätzlich geschieht dies auf zwei verschiedene Arten. Zum einen können Sie diese Auswahl sehr bewusst treffen. Wer inspiriert Sie, ist ein Vorbild oder ist bereits dort, wo Sie noch hinmöchten? Suchen Sie nach Wegen, mit diesen Menschen in Kontakt zu kommen, aber tun Sie das bitte niemals mit einer Anspruchshaltung. Erfolgreiche Menschen geben zwar in der Regel sehr gern, haben aber meist wenig Zeit und noch weniger Lust, dass ihre Gehirne und Herzen von Unbekannten angezapft werden. Fragen Sie sich stattdessen: »Was kann ich für diese Menschen tun, wie kann ich ihnen behilflich sein oder wie kann ich sie unterstützen?« Mein amerikanischer Kollege, der begnadete Zauberer und Speaker Vinh Giang, erzählte vor Kurzem auf der Bühne der internationalen Speakerkonferenz Influence, zu der ich jedes Jahr reise, weil die Menschen aus aller Welt zu meinem Inner Circle gehören, wie er zu Beginn seiner

Karriere den Kontakt zu seinem großen Vorbild Michael Podolinsky suchte. Nach vielen erfolglosen Mails, Nachrichten und Anrufen änderte er seine Strategie. Er kaufte 2000 Exemplare von Michaels Buch und schickte ihm ein Foto von sich und dem riesigen Stapel. Würde das seine Aufmerksamkeit wecken? Mit Sicherheit. Als Vinh dann noch anfing, das Buch aktiv zu vermarkten, zu promoten und zu empfehlen, war es soweit. Michael nahm von sich aus Kontakt mit seinem »Fan« auf, wurde sein Mentor und im Laufe der Zeit ein sehr guter Freund. Entscheidend ist dabei die Reihenfolge. Erst einmal geben, ohne etwas dafür zu erwarten. So entsteht eine Beziehung, die dann wachsen und sich sogar zu tiefen Freundschaften entwickeln kann. Doch dazu gleich mehr.

Der zweite Weg, eine Vielzahl von positiven, lebensbejahenden und wertschätzenden Menschen in Ihren inneren Zirkel zu ziehen, ist das stete persönliche Wachstum. In jeder einzelnen Entwicklungsstufe wird sich Ihr Umfeld entsprechend anpassen. Sie werden neue Freunde, Kollegen und Geschäftspartner anziehen, während alte sich verabschieden. Und ganz wenige werden Sie Ihr gesamtes Leben begleiten – seien Sie für diese Menschen besonders dankbar. Das ist der Lauf der Dinge, und ich bin immer wieder fasziniert, wie stark das innere Wachstum und das äußere Umfeld korrelieren. Doch ob Sie sich nun aktiv auf die Suche nach einem Inner Circle machen, der Sie in Ihrer Einzigartigkeit und Ihrem ganz individuellen Weg unterstützt, oder ob dies als Resultat Ihrer Persönlichkeitsentwicklung geschieht: Ich empfehle Ihnen, den Blick nicht nur in der Einbahnstraße von innen nach außen zu richten und sich nicht nur mit Menschen zu umgeben, die Ihnen vermeintlich nutzen können. Machen Sie einen Unterschied. Behandeln Sie Ihr Umfeld wertschätzend und achtsam. Seien Sie für Ihre Freunde, Kollegen und Geschäftspartner da. Und vor allem: Machen Sie die Menschen groß. Fungieren Sie als Mutmacher und seien Sie das Licht in einem häufig doch eher dunklen Alltag.

Machen Sie andere Menschen groß und Sie werden selbst größer.

Nicht nur werden Sie durch diese Haltung viele spannende Persönlichkeiten in Ihren Inner Circle ziehen, sondern zusätzlich auch noch einen dramatischen Anstieg an Glück, Erfüllung und Zufriedenheit erfahren. Beenden möchte ich den Abschnitt daher mit den Worten des amerikanischen Schriftstellers William Arthur Ward: »Wenn wir uns auf den Weg machen, das Beste in anderen zu entdecken, werden wir unweigerlich das Beste in uns selbst hervorbringen.« Wie wahr, denn niemand gewinnt allein, und Erfolg ist immer das Ergebnis eines Teams, das voller Leidenschaft einer gemeinsamen Vision folgt.

Mitarbeiterorientierung kommt vor Kundenorientierung

»Ilja, es ist so: Ich bin wirklich sehr offen für neue Ideen und würde am liebsten mehrere Ziele auf einmal angehen. Aber meine Kollegen sind einfach veränderungsresistent und blocken jeden meiner Vorschläge immer sofort ab. Es ist einfach frustrierend, was soll ich nur tun?« Egal, ob ich von meinen Kunden für eine Keynote, einen Tagesworkshop oder ein Führungskräftecoaching gebucht werde – diesen oftmals von großer Frustration geprägten Hilferuf höre ich häufiger, als mir lieb ist. Dabei spielt die Größe der jeweiligen Organisation keine Rolle, denn ich höre Sätze wie diesen sowohl in Kleinbetrieben, mittelständischen Unternehmen als auch in internationalen Konzernen. Und zwar von Menschen aller Hierarchieebenen. So klagen Mitarbeiter über ihre Chefs, die Chefs über ihre Mitarbeiter und die Kollegen aus dem Marketing über den Verkauf und die Verwaltung. Das Ergebnis: Es entsteht eine Unternehmenskultur, die von gegenseitigem Misstrauen, Schuldzuweisungen und Innovationsfeindlichkeit geprägt ist. Ein Teufelskreis entsteht, denn wenn Menschen mehr gegeneinander als miteinander arbeiten, dann führt das unweigerlich zu mangelnder Leistungsbereitschaft, fehlender Kundenorientierung und damit schlussendlich zu sinkenden Umsätzen.

> Etablieren Sie eine Veränderungskultur, die von jedem einzelnen Mitarbeiter im Unternehmen geteilt und gelebt wird.

Tja, und wenn eine Firma dauerhaft mit fehlenden Gewinnen zu kämpfen hat, dann wird man schnell nervös und versucht entsprechend gegenzusteuern. Das sieht dann meistens so aus: Die

Chefetage, das HR Department – das ist der hypermoderne Ausdruck für die gute, alte Personalabteilung – oder eine externe Berateragentur erinnern sich an die alte Weisheit von Managementvordenker Peter F. Drucker, der so treffend feststellte, »dass die richtige Kultur die Strategie zum Frühstück isst.« Und dann wird beschlossen, dass die Unternehmens-DNA dringend einer Renovierung oder gleich einer Neuausrichtung bedarf. Grundsätzlich ist dieser Fokus auch vollkommen richtig, denn eine Kultur der Innovation, der Offenheit und des Muts zu neuen Wegen schlägt jede noch so ausgetüftelte Businessstrategie um Längen. Denn eines ist so sicher wie das Amen in der Kirche: Wenn Sie gut sind, dann werden Ihre Konkurrenten alles kopieren. Ihre Produkte, Ihre Preise, möglicherweise sogar ganze Marketingideen. Doch sie werden niemals in der Lage sein, Ihre Kultur zu kopieren. Weil diese einzigartig ist. Es lohnt sich also, eine Veränderungskultur zu etablieren, die von jedem einzelnen Mitarbeiter im Unternehmen geteilt und gelebt wird. Auf diese Weise wird der Umgang mit Change nicht zu einem notwendigen Übel, sondern zu einer selbstverständlichen Haltung, die sich am Ende des Tages positiv auf Ihre Umsätze, Ihre Kundenzufriedenheit und Ihre Profitabilität auswirken wird.

Ja, es sind immer die Menschen, die den entscheidenden Unterschied machen. Im Positiven wie im Negativen. Doch die Umsetzung dieser Erkenntnis sieht in der Praxis meist so aus, dass man die Entwicklung einer modernen Unternehmenskultur als oberste Priorität festlegt, große Plakate mit den neuen Firmenwerten an die Wände hängt und entsprechende Schulungsmaßnahmen in der gesamten Organisation ausrollt. Und dann wird trainiert. Das Verhalten gegenüber Kunden, die interne Art und Weise der Kommunikation oder auch die Veränderung der eigenen Einstellung zum Job. Das Ergebnis ist allerdings meist ernüchternd, denn bis auf wenige Ausnahmen bleibt auch nach einem abgeschlossenen Roll-out solcher Schulungsmaßnahmen alles beim Alten.

Der gute alte Menschenverstand sagt uns sehr deutlich, woran das liegt. Motivation, Begeisterung oder Leidenschaft für den eigenen Beruf sind alles Eigenschaften, die von innen nach außen wirken. Sie sind mit unserem Charakter und unserer Persönlichkeit untrennbar verknüpft. Aus diesem Grund lassen sie sich weder durch einen externen Trainer überstülpen noch durch entsprechende Seminare schulen (der Grund sollte mittlerweile auf der Hand liegen, der Veränderungs-Diamant lässt grüßen). Und so bleibt ein frustrierter und unmotivierter Mitarbeiter auch nach dem besten Verhaltenstraining immer noch ein frustrierter und unmotivierter Mitarbeiter. So sehr wir es uns manchmal auch wünschen würden, es ist schlichtweg unmöglich, andere Menschen zu verändern.

Ein bestehendes Team zu motivieren und für anstehende Veränderungen zu begeistern, ist daher ein schwerer und meist auch kostspieliger Weg. Viel einfacher ist es, von Anfang an gleich die richtigen Menschen auszuwählen, die sich mit den eigenen Werten, Zielen und Zukunftsvisionen identifizieren. Dies setzt natürlich voraus, dass man sich der Unternehmens-DNA, den wichtigsten Werten und der eigenen Identität bewusst ist, denn nur dann kann man diese prägenden Eigenschaften auch nach innen und außen kommunizieren.

Ich liebe den Ansatz der amerikanischen Hotelkette Marriott.[17] Firmenlenker J. Willard Marriott hat seine Ansprüche, Werte und Managementphilosophie nicht nur klar und deutlich formuliert, sondern auch für jeden sichtbar auf der eigenen Homepage veröffentlicht. Und die gesamte Personalstrategie des Unternehmens ist darauf ausgerichtet, Mitarbeiter einzustellen, die sich zu 100 Prozent damit identifizieren können. Die Ergebnisse sprechen für sich, denn in den USA ist Marriott neben vielen anderen Dingen vor allem für seine serviceorientierten und freundlichen Mitarbeiter bekannt. Als der Unternehmer eines Tages gefragt wurde, mit welchen Schulungsmethoden das Unternehmen diesen hohen Standard sicherstellt, gab er eine einfache, aber in ihren Auswirkungen revolutionäre Antwort: »We just hire nice people.« Wir stellen einfach nur freundliche Menschen ein. Warum? Weil J. Willard Marriott begriffen hat, dass das eigene Team heilig ist, und seine Mitarbeiter dementsprechend auswählt und behandelt.

Die Hotelkette ist glücklicherweise kein Einzelfall. Immer mehr Unternehmen begreifen die Wichtigkeit der Unternehmenskultur und behandeln ihre Mitarbeiter als das, was sie sind: als Erfolgsfaktor Nummer eins auf dem Weg in eine von Veränderung und Wandel geprägte Zukunft. Was auf den ersten Blick etwas exotisch anmuten mag, ist bei genauerer Betrachtung alternativlos. Um das zu begründen, möchte ich Ihnen eine These vorstellen:

In den Märkten von morgen wird die Mitarbeiterorientierung wichtiger sein als die Kundenorientierung.

Okay, ich bin mir bewusst, dass dieser Satz mit hoher Wahrscheinlichkeit das genaue Gegenteil von dem ist, was Sie bisher gehört, gelesen und möglicherweise sogar umgesetzt haben. Der Konsens im Business ist nach wie vor: Der Kunde ist König. Und da ist auch eine Menge dran, denn der Kunde sollte immer im Mittelpunkt sämtlicher unternehmerischer Anstrengungen stehen, schließlich sorgt er mit seinem Geld dafür, dass wir auch morgen noch etwas zu essen auf dem Tisch stehen und ein Dach über dem Kopf haben. Trotzdem sollten Sie immer Ihre Mitarbeiter an die erste Stelle setzen. Erst dann kommen Ihre Kunden, Geschäftspartner und Aktionäre. Je klarer Sie Ihre Erwartungen, Werte und Ansprüche formulieren, desto besser kann sich Ihr Team mit der Unternehmenskultur identifizieren. Das ist entscheidend, denn heutzutage muss ein Job einfach mehr bieten als nur das monatliche Gehalt und sechs Wochen Urlaub im Jahr. Menschen lechzen heute nach Bedeutung, einem tieferen Sinn und dem Gefühl, einen Unterschied machen zu können. Denken Sie immer daran: Das Team ist heilig. Und genau so sollten Sie Ihre Mannschaft auch behandeln. Sorgen Sie für eine hohe Wertschätzung, für eine Atmosphäre, in der Ihre Mitarbeiter wachsen können, und geben Sie jedem einzelnen Menschen die Chance, seine Talente, Stärken und Ideen einbringen zu können.

> Sorgen Sie für eine Atmosphäre, in der Ihre Mitarbeiter wachsen und sich weiterentwickeln können und wollen.

Der letzte Satz ist besonders wichtig, denn ein guter Chef ist in der Lage, ein Team für eine größere Vision zu begeistern und es gleichzeitig jedem einzelnen auf dem Weg dorthin zu ermöglichen, als Persönlichkeit zu wachsen und seine eigenen Träume zu verwirklichen. Ja, das bedeutet selbstverständlich, dass Sie Veränderung vorleben, als Vorbild vorangehen und bereit sind, bedingungslos zu geben. Sie finden das ungerecht? Mag sein, aber was wäre die Alternative? Nehmen Sie sich einfach ein Beispiel an der Sonne. Sie setzt ihre ganze Kraft dafür ein, sämtliche Sonnenstrahlen nach außen zu schicken, ohne jemals einen einzigen davon selbst abzubekommen. Doch sie erhält etwas viel Größeres zurück: Sämtliche Pflanzen auf der Erde wenden sich ihr zu und orientieren sich an ihr. So funktioniert modernes Leadership. Denn eines sollte mittlerweile auch die letzte Führungskraft verinnerlicht haben: Die Zeit der traditionellen Bosse ist endgültig vorbei, und damit meine ich die Chefs, die mit Autorität, Druck und Angst geführt haben.

Heutzutage ist das oberste Gebot, jeden einzelnen Menschen bei seinen individuellen Bedürfnissen abzuholen, ihn gleichzeitig zu fordern und zu fördern. Auf diese Art und Weise entstehen die berühmten verschworenen Teams, die gemeinsam durch dick und dünn gehen und vermeintliche Wunderdinge vollbringen. Dabei ist es nichts anderes als das natürliche Resultat, wenn Menschen in einer wertschätzenden Atmosphäre ein gemeinsames Ziel verfolgen und ihr persönlicher Beitrag dazu eine tiefe Bedeutung hat.

Tja, und so führt eine solche Philosophie am Ende des Tages eben doch zur denkbar besten Kundenorientierung. Denn wenn Ihre Mitarbeiter gern, mit einer hohen Motivation und viel Spaß zur Arbeit kommen, dann steigt die Zufriedenheit und damit die Leistung. Dies sorgt dafür, dass auch Ihre Kunden und Geschäftspartner mit einer ganz anderen Einstellung behandelt werden. Und all das gilt nicht nur fürs Business, sondern immer, wenn eine Gruppe von Menschen zusammenkommt. Für den Sportverein, die Arbeitsgruppe an der Uni und natürlich auch für das wichtigste Team der Welt, die Familie.

Lassen Sie es wieder menscheln. Und zwar so radikal wie möglich.

Denn in den Märkten von morgen werden diejenigen zu den Gewinnern gehören, die begriffen haben, dass die Persönlichkeit der wichtigste Erfolgsfaktor von allen sein wird.

Wer wird weinen, wenn Du stirbst?

Vor Kurzem fuhr ich mit meiner Tochter Emma zum Gitarrenunterricht. Während der kurzen Fahrt durch Berlin war sie sehr still und blickte verdrossen aus dem Fenster hinaus. Da sie sonst sehr lebensfroh ist, fragte ich sie: »Was ist denn los mit dir, meine Süße?« Sie antwortete: »Ach Papa, ich bin nicht so gut drauf, denn für morgen habe ich mich mit Natalie zum Spielen verabredet.« Ich war etwas verwundert: »Aber das ist doch schön, warum bist du deshalb traurig?« »Weil ich keine Lust habe. Wir haben keine gemeinsamen Interessen und ich würde viel lieber mit Juliane spielen.« Nach dieser Antwort war ich noch verwirrter und hakte nach: »Wenn das so ist, warum hast du dich denn überhaupt mit Natalie verabredet?« Emmas Antwort brachte das ganze Dilemma auf den Punkt: »Ich wollte sie einfach nicht verletzen und dachte, dass sie wahrscheinlich traurig wäre, wenn ich absage.« In diesem Moment schlugen zwei Herzen in meiner Brust. Zum einen war ich sehr stolz auf meine große Tochter, weil sie sich so um das Wohlergehen anderer Menschen sorgt. Andererseits begriff ich aber auch, dass sie ihre eigenen Bedürfnisse den Erwartungen von Natalie untergeordnet hatte. Lieber nahm sie es in Kauf, sich schlecht zu fühlen, als das zu tun, worauf sie wirklich Lust hatte.

Kennen Sie solche Situationen auch, liebe Leserinnen und Leser? Natürlich handelt es sich in diesem Beispiel nur – aber doch immerhin! – um ein Treffen zweier Mädchen, aber es verdeutlicht gleichzeitig ein Muster, das ich oft bei meinen Kunden beobachte: Vom Drang nach Anerkennung oder der Angst vor Abweisung getrieben, orientiert man sich an den Erwartungen anderer Menschen und ordnet sich selbst unter. Um dem Chef, den Kollegen, Freunden, Nachbarn oder Geschäftspartnern zu gefallen, tut man Dinge, die man von allein nie tun würde. Und fühlt sich dann als Spielball der äußeren Umstände, der mehr oder weniger zufällig von links nach rechts geworfen wird. Ob es uns nun gefällt oder nicht, andere Menschen beeinflussen unser Wohlbefinden mehr, als uns lieb ist. Und es sind ja nicht nur die ausgesprochenen und verdeckten Erwartungen. Auch die im vorigen Abschnitt angesprochene Kritik, Besserwisserei oder die allseits beliebte emotionale Erpressung[18] sorgen dafür, dass wir uns aufgrund des Verhaltens anderer Menschen nicht gut fühlen. Weil das, was die Personen in unserem Umfeld tun, sagen oder (unausgesprochen) erwarten, ganz einfach etwas mit uns macht.

Ich weiß noch genau, wie eine negative E-Mail eines früheren Chefs einmal dafür gesorgt hat, dass ich ein ganzes Wochenende gegrübelt habe. Damals war ich der festen Überzeugung, dass dies nur geschehen konnte, weil er durch seine hierarchische Position eine entsprechende Macht über mich besaß. Schließlich war er mein Vorgesetzter, meine berufliche Zukunft lag in seinen Händen. Erst heute, viele Jahre später, weiß ich, wie falsch ich mit dieser Einschätzung lag:

Nicht andere Menschen haben Macht über uns, sondern wir räumen sie ihnen ein.

Erst dadurch, dass wir uns an ihren Erwartungen orientieren, emotional auf ihre Worte reagieren und es so erlauben, dass ihr Verhalten dazu führt, dass wir Dinge tun, die wir von selbst niemals tun würden, begeben wir uns in eine einseitige Abhängigkeit, die uns nicht guttut. Um sich aus dieser Falle zu befreien, empfehle ich Ihnen, Fähigkeiten zu kultivieren, die Ihren persönlichen Freiheitsgrad erheblich steigern werden.

Die Kunst, Nein sagen zu können

Haben Sie auch manchmal Schwierigkeiten, Nein zu sagen? Keine Sorge, Sie sind damit nicht allein. Im Gegenteil, meine Erfahrung sagt mir, dass die große Mehrheit grundsätzlich eher Ja sagt, obwohl sie eigentlich Nein fühlt, denkt oder meint. Möglicherweise kommen Ihnen die folgenden Beispiele bekannt vor:

- Ihre Kollegin fragt Sie, ob Sie am kommenden Wochenende für Sie einspringen können.
- Ihr nerviger Onkel Otto fragt, ob er mit Ihnen Weihnachten feiern darf.
- Ihr Kunde fragt, ob Sie ihm das Angebot noch heute nach Feierabend zusenden können.
- Ihr Chef fragt, ob Sie bereit sind, für das wichtige Projekt Überstunden zu machen.

Klingt vertraut, nicht wahr? In solchen Fällen neigen viele Menschen dazu, Ja zu sagen, obwohl ihre innere Stimme laut Nein schreit. Zur Verdeutlichung möchte ich Ihnen gern ein konkretes Beispiel aus meiner täglichen Arbeit geben. Vor ein paar Jahren hatte ich einen Coachingkunden, der ein kleines, aber gut laufendes Unternehmen führte. Die Besonderheit war, dass er knapp 80 Prozent seiner Umsätze mit nur fünf Großkunden erzielte. Für diese war er daher auch rund um die Uhr verfügbar. Es spielte keine Rolle, wie unwichtig das Anliegen sein mochte, er kümmerte sich immer umgehend um eine Lösung. »Wow, was für ein großartiger Service«, mögen Sie jetzt sagen. Das Problem war nur, dass mein Kunde daran kaputtging. Dauerhafter Stress, immer weniger Schlaf und ein permanent vorhandener subtiler Druck. So konnte es nicht weitergehen. Auf meinen Vorschlag hin, zwar nicht den Service an sich, dafür aber die Rund-um-die-Uhr-Betreuung herunterzufahren, reagierte er mit von Existenzangst getriebener Ablehnung: »Das ist unmöglich, dann verliere ich ja meine besten Kunden!«

Je mehr Sie auf Ihre inneren Bedürfnisse hören, desto größer werden Ihre Erfolge im Außen sein.

Ich machte einen Vorschlag: »Lassen Sie uns einen Test machen. Wir schreiben Ihren Top-Kunden eine E-Mail mit folgendem Text: ›Sehr geehrter Kunde, wie Sie wissen, wird Service bei uns großgeschrieben. Um noch besser auf Ihre individuellen Wünsche und Bedürfnisse eingehen zu können, sind wir ab sofort von Montag bis Freitag in der Zeit von 09:00 Uhr bis 17:00 Uhr für Sie da.‹ Und dann schauen wir, was passiert. Einverstanden?« Mein Coachingkunde war zwar skeptisch, willigte aber dennoch ein. Nach vier Wochen sahen wir uns wieder, und er strahlte über das ganze Gesicht. »Ilja«, begrüßte er mich voller Freude, »du wirst es nicht glauben, aber es läuft besser als zuvor. Die Umsätze sind gestiegen und ich habe endlich wieder Zeit für mich. Am besten aber war die Mail meines absoluten Top-Kunden. Der schrieb mir Folgendes: ›Für uns war Ihre durchgehende Verfügbarkeit natürlich sehr bequem, aber ich hatte mich schon immer gewundert, warum Sie das so lange mitgemacht haben.‹«

Woran liegt es nun, dass so viele Menschen nicht Nein sagen können? Zum einen spielen häufig einschränkende Glaubenssätze und Überzeugungen eine Rolle. Ein paar Beispiele gefällig?

- Wenn ich jetzt Nein sage, mag mich mein Gesprächspartner nicht mehr.
- Wenn ich jetzt Nein sage, verletze ich mein Gegenüber.
- Wenn ich jetzt Nein sage, verliere ich meinen Kunden.
- Wenn ich jetzt Nein sage, denkt mein Chef, ich wäre faul.

Und dann gibt es da noch die Angst vor Ablehnung, Zurückweisung oder möglichen Konflikten. Doch der Grund, aus dem Menschen am häufigsten Ja sagen, obwohl sie eigentlich Nein meinen, ist ein anderer: Sie wollen es allen und jedem recht machen. Genau darin liegt das große Dilemma. Denn nicht nur ist es vollkommen unmöglich, es allen recht zu machen, sondern dies führt direkt zum noch viel größeren Problem: Je mehr Sie versuchen, es allen anderen recht zu machen, desto mehr vergessen Sie Ihre eigenen Werte, Bedürfnisse und Prinzipien. Die Folgen sind fatal: Stress, Unzufriedenheit und das nagende Gefühl, immer nur ausgenutzt zu werden. Doch das muss nicht sein. Ich behaupte sogar: Je mehr Sie auf Ihre inneren Bedürfnisse hören, desto größer werden auch Ihre Erfolge im Außen sein. Dafür müssen Sie nur eines tun: lernen, Nein zu sagen, wenn Sie etwas nicht wollen. Wie das geht? Hier sind meine zehn wirkungsvollsten Tipps, um besser Nein sagen zu können:

Die zehn wirkungsvollsten Tipps, um besser Nein sagen zu können

1. Akzeptieren Sie, dass Sie es nicht allen recht machen können und schon gar nicht müssen.

2. Nein zu sagen, bedeutet nicht, dass Sie egoistisch handeln und nicht für andere da sein können.

3. Hören Sie auf Ihre Werte, Bedürfnisse und Prinzipien. Sie bilden die Grundlage für jede Entscheidung.

4. Überprüfen Sie Ihre Glaubenssätze und ersetzen Sie hinderliche Überzeugungen durch solche, die Sie weiterbringen.

5. Sagen Sie Nein, wenn Sie Nein meinen. Klarheit schafft Verbindlichkeit.

6. Beginnen Sie vor dem Spiegel (ja, machen Sie das wirklich). Schauen Sie sich in die Augen und sagen dann mit fester Stimme: »Nein!«

7. Fangen Sie bei kleinen Dingen an und steigern Sie sich langsam.

8. Nehmen Sie die Reaktionen auf Ihr Nein ganz genau wahr.

9. Je besser Sie wissen, was Sie wollen, desto leichter fällt es Ihnen, Nein zu sagen.

10. Begründen Sie im Zweifelsfall Ihr Nein, aber entschuldigen Sie sich niemals dafür.

Je mehr Sie sich daran gewöhnen, Nein zu sagen, desto mehr werden Sie feststellen, dass Sie sich wohler in Ihrer Haut fühlen. Weil Sie bei sich sind und zu Ihren unverhandelbaren Grundprinzipien stehen. Und noch etwas werden Sie erfahren. Ihr Ansehen wird in Ihrem Umfeld steigen. Weil Sie einen Standpunkt haben und sich trauen, diesen auch zu vertreten. Denn unter dem Strich gilt: Wenn Sie Nein sagen, dann sagen Sie gleichzeitig Ja. Ja zu mehr Klarheit. Ja zu mehr Verbindlichkeit. Ja zu mehr Persönlichkeit.

Sie brauchen keine Erlaubnis von anderen

So viele Menschen orientieren ihr tägliches Verhalten an anderen Menschen. Sie tun Dinge, um anderen zu schmeicheln, und unterlassen andere aus Angst, dass sie ihnen nicht gefallen könnten. Doch je mehr man sich an den Erwartungen und Werten anderer ausrichtet, desto mehr verliert man den Kontakt zu den eigenen Vorstellungen, Zielen und Prioritäten. Es gibt daher einen Satz, den wir nicht deutlich genug hervorheben können:

Sie brauchen keine Erlaubnis von anderen Menschen.

Sie brauchen keine Erlaubnis von anderen. Keine Erlaubnis, der zu sein, der Sie sein wollen. Keine Erlaubnis, um das zu tun, was Sie tun wollen. Keine Erlaubnis, um das Leben zu führen, das Sie führen wollen. Machen Sie Ihr Ding und erfreuen Sie sich an dem Gefühl von Selbstbestimmung und persönlicher Freiheit.

Die Frage aller Fragen

Kommen wir nun zu DER Frage überhaupt. Sie hat mein Leben sehr zum Positiven verändert und lässt mich nicht nur entspannt, gelassen und zufrieden durchs Leben gehen, sondern hat mich auch ermutigt, jederzeit mein Ding zu machen. Ich stelle sie mir immer dann, wenn ich das Gefühl habe, dass ich von anderen Menschen getrieben bin und mich dabei von meinen eigenen Bedürfnissen entferne. Kennen Sie das nicht auch? Jemand kritisiert Sie, weiß etwas besser, nörgelt, jammert oder will Ihnen ein Ziel oder Vorhaben ausreden? In solchen Momenten kommen wir uns fremdbestimmt vor und spüren, dass wir uns von den offenen und verdeckten Erwartungen dieser Menschen beeinflussen lassen. Je emotionaler die Beziehung ist, desto stärker wirkt diese negative Emotion. Und wer hat sich noch nicht tagelang über eine einzelne Bemerkung, einen Satz oder sogar ein einzelnes Wort einer Person aus dem eigenen Umfeld geärgert und sich in seiner ganzen Stimmung davon runterziehen lassen? Manchmal verfolgen uns diese Menschen sogar in unseren Träumen. Ab sofort ist Schluss damit, denn in solchen Fällen kommt die Frage aller Fragen ins Spiel. Sie hilft uns, diese Situationen wesentlich gelassener und souveräner zu meistern und uns nicht von emotionalen Manipulationen jeglicher Art beeinflussen zu lassen. Sind Sie bereit? Dann kommt sie nun, DIE Frage. Immer dann, wenn Sie sich mit einem anderen Menschen in einem solchen Konflikt befinden, dann fragen Sie sich:

»Wenn ich eines Tages sterbe: Würde diese Person an meinem Grab stehen und um mich weinen?«

Lautet die Antwort Ja, dann können Sie sich sehr glücklich schätzen, denn diese Art von Mensch ist sehr rar. In der Regel sind dies Ihre Familienmitglieder, Freunde oder auch mal ein sehr guter Kollege. Diese Personen würden für Sie durchs Feuer gehen, Ihre Beziehung ist von gegenseitigem Vertrauen, von Wertschätzung und bedingungsloser Loyalität geprägt. Nehmen Sie in diesen Fällen die

Kritik oder Erwartung unbedingt ernst, und versuchen Sie, auf Basis einer wertschätzenden Kommunikation zu einer gemeinsamen Lösung zu gelangen, mit der alle Beteiligten leben können. Bei der überwältigen Mehrheit wird die Antwort aber eher ein klares Nein sein. Räumen Sie diesen Zeitgenossen bitte niemals Macht über Sie ein. Jede einzelne Minute, die Sie mit Grübeln, Zweifeln oder Ärgern verbringen, ist verschwendete Zeit, weil Sie diesen Menschen ganz einfach nicht wichtig sind. Machen Sie Ihren negativen Emotionen gern kurz Luft, aber danach ist sofortiges Loslassen angesagt. Die dadurch gewonnene Energie können Sie stattdessen viel besser für notwendige Lösungsansätze und für die Menschen in Ihrem Inner Circle verwenden.

Und nun sind Sie dran. Kultivieren Sie die Kunst, Nein zu sagen. Lösen Sie sich von den Erwartungen anderer und stellen Sie sich so oft es geht die Frage aller Fragen: »Wer wird weinen, wenn ich sterbe?«

Diese Faktoren haben mein Leben entscheidend zum Positiven verändert. Und nichts würde mein Herz mehr mit Freude erfüllen, als wenn es das bei Ihnen auch tun würde.

MACHER-MEMO: Die fünf großen Ideen dieses Kapitels

1. Die Qualität Ihres Inner Circle hat eine richtungsweisende Auswirkung auf Ihre Resultate im Leben.

2. Das Erfolgsrezept schlechthin: NGA – Niemand gewinnt allein – und das Team ist heilig.

3. Mitarbeiterorientierung kommt vor Kundenorientierung. Auf diese Weise schaffen Sie eine Unternehmenskultur, die den Unterschied macht.

4. Vergessen Sie niemals: Was auch immer Sie vorhaben, Sie brauchen nicht die Erlaubnis anderer Menschen.

5. Kultivieren Sie die Kunst des Nein-Sagens.

5. »Schneller, höher und weiter« – damit ist es vorbei!

»Coming out of my cage, and I've been doing just fine.
Gotta gotta be down, because I want it all.
It started out with a kiss, how did it end up like this?
It was only a kiss, it was only a kiss.«
The Killers, »Mr. Brightside«

In den 1990er-Jahren entstanden einige der berühmtesten Spots, die das deutsche Werbefernsehen jemals produziert hat. Können Sie sich noch erinnern? Mit einem beherzten »Mann, ist der Dickmann« bissen junge Menschen in schmackhafte Schokoküsse aus der Frischebox, und wenn man sich leicht ernähren wollte, griff man zu Gervais-Obstgarten und meine Lieblings-TV-Figur ever – eine ältere Dame namens Tante Tilly – pries die Vorzüge des Geschirrspülmittels Palmolive an, in dem die ihr gegenübersitzende junge Frau gerade ihre Hände badete – warum und weshalb sie das tat, wird wahrscheinlich für immer und ewig das Geheimnis der Produzenten bleiben. Mein absoluter Favorit stammt allerding aus dem Jahr 1998 und spielt in einem Restaurant, in dem ein Yuppie namens Schröder seinen alten Schulfreund Schober wiedertrifft. Für die jüngeren Leserinnen und Leser: Ein Yuppie ist ein junger Mensch, der sehr erfolgreich im Beruf ist, viel Geld für Luxus ausgibt und in einer Großstadt lebt. Also weiter mit dem Spot: Eine kurze Begrüßung, und schon geht das pfauenhafte Kräftemessen los. Auf die Frage, wie es ihm denn so gehen würde, antwortet Schröder: »Blendend. Warte mal.« Dann greift er in seine Jackettasche und legt – begleitet von legendären Worten – nacheinander drei Fotos auf den Tisch: »Mein Haus. Mein Auto. Mein Boot.« Erwartungsvoll blickt er seinem alten Kumpel Schober in die Augen. Doch dieser lässt sich nicht einschüchtern und überdeckt die Fotos auf dem Tisch mit seinen eigenen Bildern, auf denen noch viel größere Statussymbole zu sehen sind. Dann sagt er triumphierend: »Mein Haus. Mein Auto. Mein Boot«, um kurz darauf drei weitere Fotos zu präsentieren: »Meine Dusche (pompös). Meine Badewanne (ein riesiger Pool). Mein Schaukelpferdchen (ein wunderschöner Lipizzaner-Hengst).« Und als der verdutzte Schröder vollkommen eingeschüchtert feststellt, dass Schober »in der Schule doch immer …« unterbricht dieser ihn und holt zum finalen Schlag aus. Mit einem süffisanten Lächeln pfeffert er eine Visitenkarte auf den Tisch und verkündet: »Mein Anlageberater.« Der abschließende Slogan klärt die Zuschauer dann auf, wie sie sich ebenfalls ein Haus, ein Auto und ein eigenes Boot leisten können: »Wenn's um Geld geht: Sparkasse!«[19]

Ja, ich gebe es zu, damals habe ich noch viel Fernsehen geschaut, aber ich schwelge an dieser Stelle nicht in Erinnerungen, weil mir Sendungen wie Al Bundy, Alf, MacGyver oder Knight Rider heute fehlen. Nein, wenn ich auf den Sparkassen-Werbespot zurückblicke, dann ausschließlich, weil er eine Art Startschuss für ein Phänomen war, dessen Auswirkungen Sie auch heute immer noch beobachten können. Ich spreche von der Philosophie des »Schneller, höher und weiter«, im Folgenden kurz SHW genannt. Es geht um das Streben nach immer mehr. Mehr Leistung. Mehr Umsatz. Mehr Marktanteilen. Mehr Macht. Mehr Ansehen. Mehr Statussymbolen. Und natürlich mehr Anerkennung von anderen Menschen. Ohne Pause. Ohne Durchschnaufen. Und ohne Dankbarkeit für das, was man bereits ist, erreicht und geschafft hat.

Das Leben verdient Achtsamkeit, Wertschätzung und einen hohen Grad an Dankbarkeit.

Bei Unternehmen macht sich das klassische SHW-Denken vor allem im Drang bemerkbar, immer weiter wachsen zu müssen. Sowohl was die KPIs angeht – also die Key Performance Indicators, auf gut Deutsch: Kennzahlen wie Umsatz, Produktivität, Personalkosten etc. –, aber auch in der Produktentwicklung. Das können Sie jeden Tag in fast jeder Branche beobachten. Die Autos werden schneller, die Wolkenkratzer höher und die Werbekampagnen epischer. In unserem persönlichen Alltag kommt das SHW insbesondere in Form von Neid und einer extremen Fokussierung auf externe Bestätigung daher. Der Nachbar hat einen neuen 3er BMW gekauft? Dann muss es bei einem selbst schon der 5er sein. Man will sich ja schließlich nicht lumpen lassen. Die frustrierende Beraterstelle inklusive 80-Stunden-Woche und Schlafmangel nimmt man nur an, um es dem Freundeskreis zu beweisen. Und um mit der blinkenden Rolex angeben zu können, wird auch schon mal ein Kredit aufgenommen, für den man dann noch härter arbeiten muss. Ein Teufelskreis, aus dem man nur schwer wieder herausfindet.

Nur, damit wir uns richtig verstehen, ich bin ein riesiger Freund von Leistung, gebe im Job immer Vollgas und belohne mich auch gern mit schönen Dingen. Ich möchte Ihnen mit diesen Worten auch keine Erlaubnis geben, sich mit weniger zufrieden zu geben, als es Ihrem wahren Potenzial entspricht. Ganz im Gegenteil, nichts würde mich glücklicher machen, als wenn Sie an sich selbst die allerhöchsten Ansprüche stellen würden. Allerdings habe ich ein riesiges Problem damit, wenn man sich dem SHW verschrieben hat, nur weil man denkt, dass man auf diese Art und Weise beliebt, erfolgreich oder wichtig werden könnte. Weil man sich an einer Definition von Erfolg orientiert, die nicht die eigene ist, und damit an den eigenen innersten Bedürfnissen und Werten vorbeigeht. Ich muss dann immer an den alten Spruch von Tyler Durden (genial gespielt von Brad Pitt) aus dem Film *Fight Club* denken: »Wir kaufen uns Dinge, die wir nicht brauchen mit dem Geld, das wir nicht haben, um Menschen zu beeindrucken, die wir nicht mögen.« Da ist was dran, oder? Denn wie viel ist genug? Muss man immer nach noch mehr, noch schneller, noch höher, noch besser oder noch effizienter streben? Gibt es nicht den Zeitpunkt, an dem man mit dem Erreichten auch einmal zufrieden sein darf?

> Gelingt es Ihnen, zugleich zufrieden und unzufrieden zu sein? Können Sie dankbar sein?

So viele Menschen sind darauf fokussiert, was ihnen vermeintlich fehlt, und vergessen dabei vollkommen, für das dankbar zu sein, was sie bereits alles haben. Und das ist eine ganze Menge. Es sind die Menschen in unserem Leben, die Arbeit, die wir tun dürfen, und die vielen Kleinigkeiten, die wir viel zu häufig als selbstverständlich hinnehmen.

Vor Kurzem habe ich eine schöne Geschichte gelesen, die sich vor über 3000 Jahren in Ägypten abspielte. Dort befand sich der Pharao – ein unsympathischer und mies gelaunter Typ – gerade auf der Jagd, als er sich mal wieder so daneben benahm, dass sogar seine Hunde sauer wurden. Sie knurrten laut, fletschten ihre Zähne und jagten ihn dann Richtung Nil, wo bereits die nächste Gefahr lauerte. Hunderte von Krokodilen versperrten dem König den Fluchtweg. Diese wollten sich gerade auf ihn stürzen, da trat das größte Reptil von allen vor und bot ihm an, ihn sicher ans andere Ufer zu transportieren. Der Herrscher war so verzweifelt, dass er das Angebot annahm, und zu seiner großen Überraschung geleitete ihn das Krokodil sogar unversehrt über den Fluss. Doch auf der anderen Seite angekommen, erkannte er, dass es sich um Sobek[20], den Krokodilgott handelte, der eine Gegenleistung dafür verlangte, dass er dem Pharao das Leben gerettet hatte. Der Herrscher sollte dafür sorgen, dass sowohl er als auch seine Untertanen den Fluss und all seine Bewohner mit Respekt und Achtsamkeit behandelten. Solange die Menschen dem Nil und den Tieren die Ehre erwiesen, würde Sobek für die sichere Überfahrt ihrer Boote sorgen. Der Pakt war besiegelt, und genau so kam es. Nur ein einziges Mal, 2000 Jahre später, vergaß eine Flotte von Militärbooten, sich an den Deal mit Sobek zu halten. Während dieser Überfahrt forderte der Fluss über 1000 Leben.

Ich weiß nicht, wie es Ihnen geht, aber ich muss bei dieser kleinen Fabel an uns Menschen und unseren Umgang miteinander und mit den Ressourcen dieser Erde denken. Auch wenn uns im Alltag keine Krokodilgötter begegnen, wird das Leben seinen Tribut einfordern, wenn wir es nicht mit Achtsamkeit, Wertschätzung und einem hohen Grad an Dankbarkeit ehren. Und genau aus diesem Grund halte ich es für überfällig, das Ende von »Schneller, höher und weiter« einzuläuten. Für weniger und gleichzeitig mehr zu plädieren:

- Weniger Oberflächlichkeit.
- Weniger Egoismus.
- Weniger Perfektion.
- Weniger Gleichgültigkeit.
- Weniger Neid.
- Weniger Optimierungswahn.
- Weniger Getriebenheit.

Und dafür:

- Mehr Tiefe.
- Mehr Achtsamkeit.
- Mehr Bedeutung.
- Mehr Verantwortung.
- Mehr Sinn.
- Mehr Wertschätzung.
- Und mehr Dankbarkeit.

Wer wie ein armer Esel permanent der Mohrrübe externer Erwartungen hinterherhetzt, der entfernt sich immer mehr von seinem innersten Kern. Und das führt über kurz oder lang zu Unzufriedenheit, Frustration und Burn-out.

Stattdessen werbe ich für maximale Dankbarkeit, eine eigene Definition von Zufriedenheit und die ausschließliche Orientierung an eigenen Erwartungen, Zielen und Bedürfnissen.

Was ich damit meine? Wenn Ihre persönliche Definition von Erfolg die Anhäufung von materiellem Reichtum, das steile Erklimmen der Karriereleiter oder die ausschließliche Fokussierung auf Gewinnmaximierung ist, dann gehören Sie möglicherweise zu einer kleinen Minderheit, für die SHW genau der richtige Weg ist. Haben Sie hingegen andere Prioritäten wie die Vereinbarkeit von Familie und Beruf, legen Wert auf Sinn und Bedeutung oder wollen mit Ihrem Unternehmen der Gesellschaft auch etwas zurückgeben, so sollten Sie dringend eine Kurskorrektur vornehmen. Genau das streben wir in diesem Kapitel an.

Wir schauen uns an, wie man eine echte Mission im Leben findet, was das Wechseln von Batterien mit tiefer Erfüllung zu tun hat und wie es gelingt, sich von den Erwartungen anderer Menschen zu lösen und ganz einfach sein eigenes Ding zu machen. Die große Kunst ist es, zufrieden und gleichzeitig unzufrieden zu sein. Zufrieden mit dem eigenen Leben. Und unzufrieden mit dem Status quo. Denn nur auf diese Weise füttern wir unseren inneren Hunger, der dafür sorgt, dass wir wachsen und unser volles Potenzial auch wirklich ausschöpfen.

Wollen Sie wissen, wie dieser Spagat gelingt? Wunderbar, dann lassen Sie uns loslegen. Und wenn Sie während dieses Prozesses doch einmal Zweifel, Unsicherheit oder Leistungsdruck verspüren sollten, dann möchte ich Ihnen gern das Mantra des ehemaligen Footballcoaches und späteren Versicherungsgiganten Art Williams[21] mit auf den Weg geben:

»All you can do is all you can do. And all you can do is enough.«

Ein Satz mit echtem Tiefgang, der mir seit vielen Jahren ein zuverlässiger Wegweiser im oftmals harten Alltag ist.

Der Angriff auf den Todesstern

Ich möchte Ihnen eine sehr direkte Frage stellen: »Wer ist Ihr größter Feind?« Was, darüber haben Sie noch nie nachgedacht? Oder schlimmer noch, Sie haben gar keinen? Dann sollten Sie diesen Zustand schnellstmöglich ändern, denn wenn wir uns über persönliche Entwicklung unterhalten, gilt:

Ihr größter Feind ist gleichzeitig Ihr bester Freund.

Weil er Sie emotional antreibt, herausfordert und als Mensch wachsen lässt. Jeder Held kann seine Superkräfte nur deshalb entwickeln, weil er einen ebenbürtigen Erzrivalen hat, mit dem er sich permanent messen muss. Harry Potter wäre ohne seinen übermächtigen Gegner, den dunklen Lord »Du weißt schon wer«, aka[22] Voldemort, nur ein kleiner, schüchterner Zauberer mit Nickelbrille. Jediritter Luke Skywalker hätte den Todesstern niemals zerstören (und damit die Galaxis retten) können, wenn er nicht in Darth Vader einen furchterregenden Widersacher gehabt hätte. Und auch der brillante Meisterdetektiv Sherlock Holmes wäre ohne seine Nemesis Dr. Moriarty nur ein einfacher Schnüffler mit einer schlecht sitzenden Mütze gewesen, der in der Baker Street 221b vergeblich auf Aufträge gehofft hätte.

Wirklich jeder große Held hat einen Feind, mit dem er sich misst und aus dem er seine ganze Kraft zieht. Ein paar weitere Beispiele gefällig? Frodo Beutlin kämpft gegen Sauron, Dagobert Duck hat Klaas Klever, Indiana Jones die Nazis, Batman den Joker, Captain Picard vom Raumschiff Enterprise die Borg, Oberschurke Gru El Macho und Rocky Apollo Creed. Lassen Sie mich die Ausgangsfrage daher noch einmal wiederholen: »*Wer ist Ihr größter Feind?*« Und ich höre schon Ihren Einwand: »Komm schon, Ilja, ich bin doch nur ein ganz normaler Unternehmer, mein Leben spielt nun mal nicht im Kino. Warum sollte ich einen Feind haben?« Das stimmt natürlich, und ich möchte Sie nicht dazu anstiften, sich mit Ihrem größten Konkurrenten auf persönlicher Ebene anzulegen. Aber auch im Business haben alle erfolgreichen Marken ihren großen Rivalen, mit dem sie sich duellieren. Apple mit Microsoft, Adidas mit Nike, Tempo mit Zewa, die Deutsche Bank mit der Sparkasse, Coca-Cola mit Pepsi, Mercedes mit BMW, Fender mit Gibson, Sony mit Canon, Taylormade mit Callaway, Rolex mit IWC, Marlboro mit Camel, Karstadt mit Kaufhof, Borussia Dortmund mit Schalke 04 oder Shell mit Aral.

Sehen Sie, worauf ich hinaus will? Nur durch den jeweiligen Feind sind diese Helden, Marken oder Unternehmen in der Lage, ihre bestmögliche Leistung zu bringen. Vor allem, weil das Duell sich nicht allein auf der Ebene der Zahlen, Daten und Fakten abspielt, sondern zudem von Emotionen, Gefühlen und unbewussten Faktoren getrieben ist. Und jetzt kommt das Interessante. Ein Feind muss nicht immer ein Bösewicht, ein Wettbewerber oder Konkurrent sein. Die kraftvollste Motivation entspringt nämlich dem Kampf für bzw. gegen etwas Höheres. Gegen Unterdrückung, Gewalt oder Armut. Für Gerechtigkeit, Freiheit oder Frauenrechte. Wer weiß, wofür er kämpft, wofür er angetreten ist und was seine Mission im Leben ist, der ist auch bereit, alles zu geben. Über die Grenzen zu gehen. Und immer ein kleines Stückchen mehr zu investieren, als es eigentlich notwendig wäre. Denn es entsteht ein innerer Antrieb, der dem eigenen Wirken, Unternehmen oder Job einen tieferen Sinn verleiht. Und für etwas, das eine Bedeutung hat, ist man immer bereit, alles andere unterzuordnen.

Lassen Sie mich die Frage also etwas anders formulieren:

»Wofür sind Sie angetreten und gegen welche größere Sache kämpfen Sie?«

Ist es das Mittelmaß, der Egoismus auf dieser Welt oder etwas vollkommen anderes? Mein größter Feind ist seit vielen Jahren die Gleichgültigkeit, gegen die ich mit Herz und Verstand in den Kampf gezogen bin. Dieser von Passivität, Mangeldenken und Fremdbestimmtheit gekennzeichnete Zustand, der sich wie ein Virus immer mehr auf der Welt auszubreiten scheint. Und ich habe beschlossen, diese Entwicklung nicht länger hinzunehmen. Egal, ob ich ein Buch schreibe, auf einer großen Bühne eine Keynote Speech halte oder ein mittelständisches Unternehmen bei einem Changeprozess unterstütze: Immer steht meine Mission im Vordergrund, ein selbstbestimmtes und von Sinn und persönlicher Verantwortung geprägtes Leben zu führen. Die Zukunft bei den Hörnern zu packen und einen Unterschied zu machen. Dafür lebe ich, und auf dieser Haltung basiert mein gesamtes Business. Und genau auf diese Art und Weise wird mein größter Feind zu meinem besten Freund. Weil ich weiß, warum ich tue, was ich jeden Tag tue. Weil meine Arbeit einen Sinn hat, der mich auch die nicht so spannenden Aufgaben mit einem Lächeln auf den Lippen erledigen lässt. Weil ich im Kampf gegen die Gleichgültigkeit über mich hinauswachse und meine dabei entstehenden Superheldenkräfte dafür einsetze, die Welt ein kleines Stückchen besser zu hinterlassen, als ich sie vorgefunden habe.

Hat auch Ihre Arbeit einen Sinn, der Sie die nicht so spannenden Aufgaben mit einem Lächeln auf den Lippen erledigen lässt?

Ich möchte Sie also gern dazu ermutigen, sich ebenfalls einen Feind zu suchen, an dem Sie sich reiben können. Der oftmals übermächtig erscheint, Sie aber als Persönlichkeit wachsen lässt. Der Ihrem Leben, Ihrem Job und Ihrem ganzen Wirken einen tiefen Sinn, eine echte Bedeutung verleiht. Und an dieser Mission richten Sie dann alles aus. Das, was Sie tun, aber auch das, was Sie ab sofort nicht mehr tun. Sie werden epische Schlachten schlagen und auch so manche Niederlage erleiden. Und gleichzeitig werden Sie eine nie dagewesene Erfüllung verspüren, die sich automatisch einstellt, wenn man sich auf einem Kreuzzug für eine größere Sache befindet, welche die Menschen um einen herum positiv beeinflusst. Doch bevor Sie den Todesstern zerstören, den Ring in das Feuer von Mordor werfen oder das finale Duell gegen Voldemort bestreiten können, gilt es, Ihre ganz persönliche Mission zu definieren. Denn wenn es um Sinn und Bedeutung geht, dann ist Ihr größter Feind gleichzeitig Ihr bester Freund. Wählen Sie ihn weise aus, denn er wird den Verlauf Ihres weiteren Lebens dramatisch beeinflussen.

Die Welt braucht mehr Batteriewechsler

Es war ein gewöhnlicher Dienstagnachmittag. Wie so häufig saß die komplette Abteilungsleiter-Riege im großen Besprechungsraum des Warenhauses zum wöchentlichen Jour fixe zusammen. Als Geschäftsführer nutzte ich diese Termine dazu, die Führungskräfte über die aktuellen Themen zu informieren, die Zahlen zu präsentieren und die gemeinsamen Aktivitäten zu planen. An jenem Tag sollten die einzelnen Abteilungen ihre Maßnahmen für das kommende Weihnachtsgeschäft vorstellen. Damals machte diese Zeit des Jahres noch über 70 Prozent des Jahresumsatzes aus, heute ist das in Zeiten von permanentem Sale und Onlineshopping anders. Den Start machte Frau Müller (was nicht ihr echter Name ist) aus der DOB (was für Damenoberbekleidung steht). Doch als sie mit dem Präsenter zur ersten PowerPoint-Folie klicken wollte, funktionierte dieser nicht. Hektisch klickte sie auf der Fernbedienung herum und starrte voller Hoffnung auf die Leinwand. Eine bekannte Strategie. Kennen Sie nicht auch Menschen, die vor einem Fahrstuhl stehen und hoffen, dass wenn sie nur oft und hart genug auf den Knopf drücken, dieser dann schneller kommen würde? Aber immer wieder das gleiche (und nicht zielführende) Verhalten zu wiederholen, hat noch nie dazu geführt, dass man andere Ergebnisse erzielt. Und so kam es, dass auch der zehnte Klick auf den Präsenter keine Veränderung erbrachte. Immer noch war der Startbildschirm zu sehen, die Technik wollte einfach nicht funktionieren.

Es dauerte nicht lange, bis das Gemurmel im Raum startete und sekündlich lauter wurde. »Es müsste dringend jemand etwas tun«, sagte einer. »Typisch IT-Abteilung, nicht mal das bekommen sie hin«, sagte jemand anders. Und eine dritte Kollegin beklagte sich: »Kein Wunder, bei der uralten Ausstattung, mit der wir hier arbeiten müssen, kann das ja nicht klappen.« Fast alle Abteilungsleiter stimmten in die Jammerei und die Schuldzuweisungen ein. Und es wurde heftigste Kritik geübt. An den Technikern, der Verwaltung, der Zentrale, an der unfähigen (weil technisch völlig unbegabten) Kollegin, an mir und sogar am Vorstand. Die Stimmung kochte. Und das nur, weil ein Präsenter nicht funktionierte. Wahrscheinlich wäre es noch länger so weitergegangen, wenn nicht die junge Abteilungsleiterin aus der Parfümerie etwas getan hätte, das die endlose Spirale aus Negativität und Problemdenken unterbrach. Sie kramte in ihrer Handtasche, erhob sich von ihrem Platz und ging wortlos nach vorne. Dann ließ sie sich von der verdutzten Frau Müller den Präsenter geben, öffnete die Verschlussklappe und wechselte die Batterien. »So«, ließ sie ihre Kollegen wissen, »es geht wieder. Können wir jetzt weitermachen?«

Gehören Sie zu den Menschen, die handeln, etwas bewegen und Verantwortung übernehmen wollen?

An dieses Erlebnis muss ich in letzter Zeit häufig denken. Denn mich beschleicht das Gefühl, dass immer weniger Menschen selbst etwas wagen, erschaffen oder umsetzen. Stattdessen sind wir zu einer Gesellschaft geworden, in der die breite Masse viel lieber 1000 Mal vorgekochte Inhalte konsumiert und sich von außen berieseln lässt. Mir ist das wieder aufgefallen, als ich in Orlando zu tun hatte. Neben meinen Businessterminen hatte ich noch etwas Zeit, sowohl die Universal Studios als auch Disney World zu besuchen. Und obwohl mir besonders die 3D-Rides und Achterbahnen eine Mordsgaudi bereitet haben, ist mir deutlich bewusst geworden, was sich in solchen Vergnügungsparks eigentlich abspielt. Jeden einzelnen Tag sind dort Zehntausende von Menschen ausschließlich in einer maximalen Konsumhaltung unterwegs und vertrauen darauf, dass »man« – wobei dieses vollkommen unspezifische »man« im Volksmund auch gern »die da oben« genannt wird – sie mit allem Notwendigen versorgen wird. Mit Unterhaltung, Fastfood und unzähligen anderen Möglichkeiten, ihr Geld für belangloses Zeugs auszugeben. Noch einmal, ich habe überhaupt nichts dagegen, sich einen Tag lang komplett dem Spaß und Nervenkitzel hinzugeben. Und dennoch werde ich die Befürchtung nicht los, dass diese Haltung der passiven Berieselung immer mehr zunimmt. Weil die Menschen verlernt haben, selbstständig zu denken, eigene Inhalte zu kreieren und ihre Fantasie einzusetzen, um eine gute Zeit zu haben – einfach so und ohne jegliche äußere Stimulanz. Vom Schaffen von Werten für das persönliche Umfeld, das eigene Team oder die Gesellschaft möchte ich erst gar nicht sprechen.

Und die wenigen Mutigen, die sich trauen, müssen sich dann mit Kritikern auseinandersetzen, die meist ungefragt sowie mit sicherem Abstand aus der Ferne ihre Meinung kundtun, unter der Gürtellinie attackieren und grundsätzlich der Meinung sind, alles besser zu wissen. Natürlich würden diese Besserwisser Ihnen das nie ins Gesicht sagen. Stattdessen verstecken sie sich gern in der Anonymität des Internets. Denn wo sonst kann man dem eigenen Frust freien Lauf lassen und endlich das sagen, was man schon immer mal sagen wollte? Schauen Sie sich einen beliebigen Facebook Feed an, und Sie wissen, was ich meine. Es kommt mir ein wenig so vor wie bei der Muppet Show. Können Sie sich noch erinnern? Dort saßen die beiden Senioren Waldorf & Statler auf ihrem gemütlichen Balkon und haben alles kommentiert, zerrissen und durch den Kakao gezogen, was sich unten auf der Showbühne abspielte.

Destruktive Kritik und Nörgeleien nerven gewaltig!

Und gibt es nicht auch im wahren Leben genau diese zwei Sorten von Menschen? Die einen, die handeln, etwas bewegen und Verantwortung übernehmen. Die Unternehmer, Feuerwehrmänner, Krankenschwestern, Schiedsrichter, Schriftsteller, Selbstständigen, Gründer, Polizisten, Lehrer, Mütter und alle anderen Menschen wie Sie und ich, die machen, tun und produktiv tätig sind. Und wer handelt, der macht nun mal zwangsläufig Fehler. Wird dadurch angreifbar. Bietet sich als perfekte Zielscheibe an. Und dann gibt es da noch die anderen. Diejenigen, die sich weit entfernt vom tatsächlichen Geschehen aufhalten. Die umgehend in Deckung gehen, wenn es heiß wird, wenn es wehtut, wenn es ans Eingemachte geht. Sich aber natürlich trotzdem das Recht herausnehmen, die Taten der handelnden Menschen auf der weit entfernten Showbühne des Lebens zu kritisieren, zu beurteilen und zu zerreißen.

Ich spreche hier nicht von konstruktiver Kritik. Diese ist nicht nur hilfreich, weil sie wertschätzend formuliert wird, sondern für Veränderung absolut notwendig. Nein, ich spreche vor allem von dem zunehmenden anonymen Bashing, dem verletzenden Draufhauen und den substanzlosen Beschimpfungen, die teilweise absurde Formen annehmen. Doch woran liegt das? Aus welchen Gründen vergessen Menschen sämtliche Manieren und behandeln ihr Umfeld so wenig wertschätzend? Ist es mangelndes Selbstbewusstsein, Neid oder eine generelle Unzufriedenheit mit dem eigenen Leben? Ich kann es Ihnen auch nicht genau sagen, wahrscheinlich ist es eine Mischung aus allem. Aber eines weiß ich genau: Es nervt gewaltig. Gerade habe ich wieder zwei Bewertungen für eines meiner Bücher auf Amazon gelesen.[23] Beides waren 1-Sterne-Rezensionen, die nicht mit einem Wort auf den Inhalt eingingen, dafür von persönlichen Anfeindungen nur so strotzten. Und selbstverständlich hat sich keiner der beiden »Kritiker« getraut, unter seinem echten Namen zu schreiben. Hinter der sicheren Maske von Pseudonymen kommen einem verbale Tiefschläge eben viel leichter über die Lippen bzw. die Tasten.

Natürlich bin ich mir darüber im Klaren, dass meine Meinungen, meine Inhalte und meine Persönlichkeit durchaus polarisieren. Ich lege es auch überhaupt nicht darauf an, jedem zu gefallen. Und ich weiß auch, dass klare Kante zu zeigen auch bedeutet, manchen Menschen Dinge zu sagen, die diese nicht hören wollen. Trotzdem habe ich mit diesen anonymen Beschimpfungen vom Balkon grundsätzlich ein Problem. Warum? Weil solch eine destruktive Art der Kommunikation fatale Auswirkungen haben kann. Ich persönlich habe diesbezüglich ein dickes Fell und bin gut in der Lage, dem entgegenzutreten. Das kostet zwar Kraft, ist für mich aber auch der Preis, den ich dafür zahle, exponiert auf der Showbühne zu stehen. Für viele andere Menschen hingegen kann so etwas durchaus existenzbedrohend sein. Denken Sie an das inhabergeführte Restaurant (da fallen auf einschlägigen Bewertungsportalen Worte wie »ekelhaft«, »widerlich«, »unzumutbar«), den kleinen Laden um die Ecke (»furchtbarer Service«, »unfreundlich«) oder die Tagesmutter aus dem Nachbarort (»kann nicht mit Kindern«, »wird schnell wütend«, »ungeeignet«).

Dies sind nur einige Beispiele von vielen, und ich bin mir sicher, dass Ihnen noch viele weitere einfallen. Und nun stehen wir als Gesellschaft vor einer grundsätzlichen Entscheidung: Tolerieren wir diese

Art des gegenseitigen Umgangs oder setzen wir ein Zeichen? Eines sollten wir dabei niemals vergessen:

Toleranz gegenüber Intoleranz hat noch niemals zu mehr Toleranz geführt.

Ich habe daher beschlossen, diese besorgniserregende Entwicklung nicht mehr nur schweigend hinzunehmen. Im Namen aller produktiven, mutigen und handelnden Menschen möchte ich den besserwisserischen Kritikern daher zurufen:

»Wir freuen uns über jede konstruktive Kritik, weil wir wissen, dass wir uns nur so weiterentwickeln, besser werden und wachsen können. Wir können auch mit Klartext, harten Argumenten und direkten Worten umgehen, wenn diese wertschätzend und mit offenem Visier kommuniziert werden. Ansonsten gilt: Ruhe auf dem Balkon! Wir haben einfach keine Lust auf Besserwisser, Nörgler und Miesepeter, die uns ungefragt als Projektionsfläche ihrer eigenen Ängste benutzen. Wir brauchen Eure negativen Kommentare aus der sicheren Entfernung nicht. Wir brauchen auch keine Belehrungen, Beschimpfungen oder Miesmacherei. Wenn Ihr mitreden wollt, dann verlasst den bequemen Balkon und kommt zu uns auf die Showbühne. Kommt dahin, wo es wehtut. In die Hitze des Gefechts. Dorthin, wo Blut, Schweiß und Tränen fließen. Die Welt braucht keine weiteren Menschen, die ganz genau wissen, was die anderen alles falsch machen. Stattdessen braucht die Welt dringend mehr Menschen wie meine junge Abteilungsleiterin aus der Parfümerie. Sie braucht Menschen, die mutig handeln, sich trauen, Fehler zu machen und produktive Werte für sich selbst und andere schaffen. Die achtsam mit sich selbst, ihren Mitmenschen und ihrem Umfeld umgehen.«

Die Welt braucht mehr Batteriewechsler!

Für jeden von uns ist die Zeit gekommen, eine Entscheidung zu treffen. Wollen wir Verantwortung übernehmen oder die Leistungen anderer zerreden? Sind wir produktiv und gehen wir dahin, wo es wehtut, oder konsumieren wir ausschließlich und kritisieren dann das eigentliche Geschehen vom bequemen Balkon aus? Wollen wir Batteriewechsler oder Besserwisser sein?

Wir können uns entweder für den richtigen oder den leichten Weg entscheiden.

Der eine Weg führt zwangsläufig in eine destruktive Spirale aus Negativität, Frustration und Selbstzerstörung. Der andere erfordert zwar eine Menge Mut, Einsatz und Durchhaltevermögen, ist aber auf Dauer der einzige Weg zu echtem Glück und tiefer Erfüllung. Denn nur wer aktiv handelt, produktive Werte schafft und die Zukunft bei den Hörnern packt, der erfährt auch dieses einmalige Gefühl, das sich einstellt, wenn man den Bus des Lebens selbst steuert – und nicht hilflos in der letzten Reihe sitzt und mit ansehen muss, wie andere mit Vollgas auf den Abgrund zusteuern. Wir alle haben jeden Tag die Wahl! Ich habe meine getroffen. Wofür entscheiden Sie sich?

Lektionen in Dankbarkeit

Wenn Sie schon andere Bücher von mir gelesen haben, dann wissen Sie, dass ich ein großer Fan von Zig Ziglar bin. Es gab Zeiten, da habe ich mir beim Joggen die kompletten Audiotapes seiner genialen Vorträge angehört. Wieder und immer wieder. Und das, weil es mich schon immer fasziniert hat, mit welcher vermeintlichen Leichtigkeit dieser kleine Mann mit seinem sympathischen Südstaatenslang so einen riesigen Unterschied macht. Dabei gilt wie immer: Wenn etwas besonders leicht aussieht, steckt eine Menge Arbeit dahinter. Eine seiner Botschaften hat mich besonders geprägt und beeinflusst: »You can get anything you want in life, if you help just enough other people to get what they want.« Übersetzt:

»Du kannst alles im Leben bekommen, was du willst, wenn du nur genug anderen Menschen dabei hilfst, das zu bekommen, was sie wollen.«

Ich habe lange gebraucht, um die wirkliche Bedeutung dieses Satzes zu verstehen, und ihn damals einfach nur als lebensferne Weisheit eines Gurus abgetan. Erst heute, viele Jahre und zahlreiche Erfahrungen später, weiß ich, wie recht der gute alte Zig mit seiner Aussage hatte. Denn wenn ich seitdem eines gelernt habe, dann dies: Es gibt definitiv eine ganz klare Reihenfolge, wie Erfolg entsteht. Sie lautet: Geben. Geben. Geben. Dann – und erst dann – kommt Phase zwei: Das Nehmen.

Erfolg geht so: Geben. Geben. Geben. Erst dann kommt das Nehmen.

In den letzten Jahren hatte ich die große Ehre, viele Persönlichkeiten kennenzulernen. Und je erfolgreicher sie waren, desto mehr hatten sie diese besondere Geber-Mentalität verinnerlicht. Ich habe es im vierten Kapitel bereits angedeutet: Ich meine damit nicht das Geben mit dem Hintergedanken, dafür im Gegenzug etwas zu bekommen. Ganz im Gegenteil, ich spreche von dem bedingungslosen Geben, um anderen Menschen etwas Gutes zu tun. Einfach nur so. Weil man es kann. Weil man über bestimmtes Wissen, die Kontakte oder das Know-how verfügt oder dem anderen dabei behilflich sein kann, ein Ziel einfacher zu erreichen.

Doch besonders bei uns in Deutschland habe ich das Gefühl, dass diese Philosophie in der Praxis noch nicht sehr häufig anzutreffen ist. Stattdessen wird das eigene Ego in den Vordergrund gestellt und werden die Ellenbogen rücksichtslos eingesetzt, um die eigenen Interessen durchzusetzen. Doch warum ist das überhaupt so? Der Grund hierfür liegt in einem grundlegenden Mangeldenken – der Angst, dass nicht genug für alle da ist. Der Sorge, dass einem jemand ein Stück vom Kuchen wegnehmen könnte, etwa Kunden, Marktanteile oder Umsätze. Kennen Sie solche Menschen auch? Ich meide sie mittlerweile konsequent und habe sie radikal aus meinem Inner Circle verbannt. Dass es auch anders geht, habe ich von meinen amerikanischen Speakerfreunden gelernt. Ich fahre unter anderem jedes Jahr zur größten Rednerkonferenz der Welt, weil mich die Haltung des gegenseitigen Großmachens, des Dienens und des Teilens so begeistert. Die Mitglieder der National Speakers Association, kurz NSA, haben nämlich den Spirit ihres Gründers Cavett Robert mit jeder Faser ihres Seins aufgesogen. Dieser sagte vor vielen Jahren:

»Wir kämpfen niemals um die Größe unseres Kuchenstücks, wir machen gemeinsam den Kuchen größer.«

Ist das nicht eine wunderbare Philosophie? Das Schöne daran ist, dass es nicht nur leere Worthülsen sind, sondern dass sämtliche NSA-Mitglieder danach leben. Der inoffizielle Slogan der NSA übrigens lautet: »We are the ones who speak, not who listen.« Ich habe noch niemals so eine bedingungslose Großzügigkeit und das Bedürfnis, etwas zu geben, erlebt wie auf meinen Reisen in die USA. Und es ist zu einer Mission von mir geworden, den Spirit des Gebens auch zu uns nach Deutschland zu bringen. Denn von einer Sache bin ich tief und fest überzeugt:

Es ist genug für alle da. Und es ist genug von allem da.

Nichts würde mich glücklicher machen, als wenn Sie jetzt in diesem Moment die Entscheidung treffen würden, sich meiner Mission anzuschließen, gemeinsam einen größeren Kuchen zu erschaffen und den Wind der Großzügigkeit durch unseren von Egoismus geprägten Alltag wehen zu lassen. Lösen Sie sich von jeglichem Mangeldenken und geben Sie sich stattdessen dem Überfluss hin. Konkret heißt dies: Machen Sie andere Menschen groß, stark und erfolgreich. Helfen Sie ihnen, das zu bekommen, wovon sie träumen. Glauben Sie mir, nichts ist erfüllender, als jemand anderen beim Wachsen zu unterstützen. Weil Sie ein tiefes Gefühl der Dankbarkeit erfahren werden. Machen Sie gern die Probe aufs Exempel: Sie stecken in einem Motivationstief, haben wenig Energie oder sind frustriert? Helfen Sie einem anderen Menschen! Allein durch diese Verlagerung des Fokus wird sich Ihr Zustand verbessern. Und warum?

Sie können nicht gleichzeitig dankbar und in einem negativen Zustand sein.

Das ist es, was ich gern »Lektionen in Dankbarkeit« nenne, denn dieses wunderbare Gefühl ist das beste und perfekte Gegenmittel gegen Frust, Negativität und schlechte Laune. Ein paar Beispiele gefällig?

Sie können nicht gleichzeitig dankbar und unmotiviert sein.
Sie können nicht gleichzeitig dankbar und unzufrieden sein.
Sie können nicht gleichzeitig dankbar und traurig sein.
Sie können nicht gleichzeitig dankbar und wütend sein.
Sie können nicht gleichzeitig dankbar und hoffnungslos sein.

Sie können nicht gleichzeitig dankbar und aggressiv sein.
Sie können nicht gleichzeitig dankbar und schlecht drauf sein.
Sie können nicht gleichzeitig dankbar und frustriert sein.

Sehen Sie, worauf ich hinaus will? Für mich ist die Dankbarkeit der Universalschlüssel zu einem erfüllten Leben. »Ilja, das klingt ja alles sehr einfach, aber wofür soll ich schon dankbar sein?« Sie ahnen ja gar nicht, wie viele Dinge nur darauf warten, von Ihnen wahrgenommen zu werden. Darum: Achtsamkeit, Baby! Finden Sie nicht auch, dass wir viel zu viele Gegebenheiten einfach als selbstverständlich betrachten? Die Menschen in unserem Umfeld, die Arbeit,

Machen Sie andere Menschen groß, stark und erfolgreich.

die wir tun dürfen, und natürlich unsere Gesundheit. Wir sollten für all diese Dinge unendlich dankbar sein, dass sie uns geschenkt wurden. Denn womit wir achtsam umgehen, das steigt automatisch in seinem Wert. Und wenn wir den kleinen Dingen, den vermeintlichen Selbstverständlichkeiten und den vielen vermeintlich belanglosen Alltagsmomenten mit einer hohen Dankbarkeit begegnen, dann wird unser Leben auch im Großen reich, erfüllt und unglaublich schön. Probieren Sie es aus, ich garantiere Ihnen, dass es nichts Erfüllenderes gibt, als morgens mit einem tiefen Gefühl von Dankbarkeit aufzuwachen und abends mit einem ebensolchen zu Bett zu gehen.

Doch zurück zur positiven Wirkung des Spirits, nicht um ein größeres Kuchenstück zu kämpfen, sondern gemeinsam den Kuchen größer zu machen. Erstaunliche Dinge passieren, wenn Sie diese Haltung zu einer täglichen Gewohnheit machen. Denn je mehr Sie bedingungslos geben und andere Menschen groß machen – statt auf sie draufzuhauen, sie in ihrem Selbstwertgefühl zu verletzen und sie klein zu machen –, desto mehr werden Sie auch zurückbekommen. Nicht immer aus den Richtungen und von den Menschen, von denen Sie es erwarten würden, aber Sie werden feststellen, wie sehr sich Ihr Karma-Konto im Laufe der Zeit ausgleicht. Je mehr Sie geben, geben, geben, desto mehr werden Sie auch bekommen, bekommen, bekommen. Je mehr Sie den Spirit von Cavett Robert in Ihren Alltag integrieren, desto mehr wird auch das Ziglar'sche Mantra für Sie Ihren Dienst tun. Je mehr Sie andere Menschen ermutigen und ihnen helfen, das zu bekommen, was sie wollen, desto mehr werden auch Sie genau das bekommen, was Sie selbst wollen.

Fragen Sie sich also regelmäßig, wen Sie stark machen und was Sie wem geben können. Und zwar nicht mit der Intention, etwas zurückzubekommen, sondern einfach, weil Sie gern geben und weil Sie es können. Sobald Sie beginnen, nach dieser Philosophie Geschäfte zu machen und die Menschen in Ihrem Umfeld in ihrem Wachstum unterstützen, desto mehr werden die tollsten Dinge aus den unterschiedlichsten Richtungen zu Ihnen zurückkommen. Und das ist definitiv kein esoterisches Wunschdenken, sondern ganz einfach ein universelles Gesetz der Praxis.

MACHER-MEMO: Die fünf großen Ideen dieses Kapitels

1. »Schneller, höher und weiter« – damit ist es vorbei. Stattdessen zählen Menschlichkeit, Bedeutung und Dankbarkeit.

2. Um besser zu werden, benötigen Sie einen Feind, an dem Sie sich reiben und wachsen können. Wie heißt Ihr Feind?

3. Jeden Tag müssen wir die Entscheidung treffen, ob wir ein passiver Besserwisser auf dem Balkon oder ein Batteriewechsler auf der Showbühne sein wollen.

4. Es gibt eine klare Reihenfolge, wie Erfolg entsteht. Geben. Geben. Geben. Dann erst kommt das Nehmen.

5. Die wichtigste Lektion in Dankbarkeit: Sie können nicht gleichzeitig dankbar und in einem negativen Zustand sein.

6. Die Motivationsrevolution

»Und die Frau mit dem Buch
Der Typ mit der Weste
Der Mann mit der Tasche
Und alle anderen Fahrgäste
Die Kids und ich mit Blicken wie Messer
Stehen auf unseren Sitzen und singen:
Wenn du das Radio ausmachst,
Wird die Scheißmusik auch nicht besser.«

Kettcar, »Trostbrücke Süd«

Vor einiger Zeit bekam ich eine sehr nette E-Mail von einer Leserin namens Frau Weber, in der sie mir erzählte, wie sehr ihr meine Bücher dabei geholfen hätten, ihr Leben mit fast 50 Jahren noch einmal komplett auf den Kopf zu stellen und das zu tun, was sie schon immer tun wollte: einen Laden für Basteleibedarf zu eröffnen. Mit jedem Satz errötete ich ein wenig mehr, so blumig waren ihre Formulierungen. Bis der letzte Absatz kam: »Aber eines muss ich Ihnen schon noch einmal mitteilen, Herr Grzeskowitz. Wenn Sie auf Ihre ganzen Fußballbeispiele verzichten würden, dann wären Ihre Bücher gleich doppelt so gut.«

Aber was soll ich machen? Ich liebe Fußball nun einmal und finde es auch eine wunderbare Metapher für das Leben in all seinen Facetten. Dass ich glühender Fan des Hamburger SV bin, erwähne ich trotzdem lieber nur am Rande. Also, liebe Frau Weber (den Namen der Leserin habe ich allerdings geändert), wenn Sie dieses Buch lesen (was ich mir sehr wünschen würde), dann schlage ich vor, dass wir es nun am besten hinter uns bringen, oder? Ich möchte Sie nämlich mit auf eine kurze Reise in die Vergangenheit nehmen. Zurück in eine Zeit, die für mich zu den verrücktesten vier Wochen gehört, die ich erlebt habe, seit ich in Berlin lebe. Wir schreiben das Jahr 2006, Deutschland ist Gastgeber der Fußballweltmeisterschaft und ich Geschäftsführer bei Karstadt in Berlin-Tempelhof. Die Stadt ist ein bunter Schmelztiegel von Menschen aus allen Kontinenten, die gemeinsam feiern, Fußball schauen und einfach eine gute Zeit haben.

Mein persönliches Highlight dieses Sommermärchens fand am 30. Juni statt, als ich von einem Kunden zum Viertelfinale Deutschland gegen Argentinien eingeladen wurde. Nein, leider nicht ins Olympiastadion, sondern in das Sony Center am Potsdamer Platz, wo wir von Logenbalkons auf die Großbildleinwand schauten und gemeinsam mit unseren Jungs mitfieberten. Die Stimmung war einfach gigantisch und ich habe selten so eine positive Euphorie erlebt wie damals. Um dem Erlebnis die Krone aufzusetzen, gewann unsere Nationalmannschaft, die damals zum Glück noch nicht auf den künstlich gebrandeten Namen »Die Mannschaft« hörte – nicht immer ist alles Neue auch gleichzeitig besser – in einem dramatischen Elfmeterschießen mit 4:2. Besonders der Zettel, den Torhüter Jens Lehmann von seinem großen Rivalen Oliver Kahn zugesteckt bekam, war hinterher das große Gesprächsthema der versammelten Journaille.

Wir selbst sind es, die die Verantwortung für unsere Motivation tragen.

Obwohl das Spiel voller Emotionen, Hektik und überschäumender Leidenschaft war, kam die wahre Gänsehaut erst hinterher. Regisseur Sönke Wortmann hatte die deutsche Nationalmannschaft nämlich während der kompletten WM mit der Kamera begleitet und die besten Szenen in seinem Film »Deutschland. Ein Sommermärchen« zusammengefasst. Eines der Highlights dieser Dokumentation ist zweifelsohne die Ansprache von Bundestrainer Jürgen Klinsmann vor dem besagten Spiel gegen die Gauchos aus Argentinien. Können Sie sich noch erinnern? Wir befinden uns direkt in der deutschen Kabine. Die Spieler sitzen hoch konzentriert auf ihren Bänken. Eine fast schon greifbare Anspannung liegt in der Luft. Jürgen Klinsmann steht mit hochgekrempelten Hemdsärmeln in der Mitte und spricht in seinem schwäbischen Dialekt die legendären Worte:

»Die ham' Muffe, die ham' Muffe vor euch. Die kommen hier mit 'ner defensiven Aufstellung an, die machen sich in die Hosen [...] Wir sind immer in Bewegung, wir sind immer da. Wir sind immer auf Tuchfühlung. Es geht drum, zuzubeißen. Kontrolliert, höchst aggressiv, aber diszipliniert. Deswegen ham' wir unseren Capitano ... die kennen unseren Capitano noch gar nicht. Zweimal ham' wir sie am Rande gehabt (wird lauter), zweimal ham' wir sie am Rande gehabt. Ohne Micha. Aber heut sind sie fällig, ich schwör's euch, Jungs. Die sind fällig. Die sind absolut fällig. Okay?«[24]

Danach ertönt ein kollektiver Schlachtruf durch die Kabine und der Rest ist, wie man so schön sagt, heute Geschichte. Und damit komme ich zum eigentlichen Grund, warum ich Ihnen das alles erzähle: Diese legendäre Ansprache des Bundestrainers hat einen größeren Ruck durch Deutschland gehen lassen, als es die gleichnamige Rede des ehemaligen Bundespräsidenten Roman Herzog vermocht hatte. Nach vielen Jahren des Dornröschenschlafes beschäftigte man sich plötzlich wieder sehr intensiv mit dem Thema Motivation, welches innerhalb kürzester Zeit Einzug in die unterschiedlichsten Lebensbereiche fand. Kein Wunder, wenn Schweini, Poldi und Miroslav Klose durch den richtigen inneren Antrieb über sich hinauswachsen konnten, dann musste das für Otto Normalverbraucher auch möglich sein.

Ein ganzes Land lechzte danach, die Euphorie, Positivität und Energie des Sommermärchens mit in den Alltag zu nehmen. Und natürlich dauerte es nicht lange, bis man auch in den Unternehmen wieder verstärkt auf Motivationstrainer setzte, welche die verschiedenen Teams im Vertrieb, Marketing oder Einkauf zu neuen Höchstleistungen pushen sollten. Doch je mehr sich die Menschen mit dem Thema Motivation beschäftigten, desto mehr setzte sich auch die Erkenntnis durch, dass die Methoden der Vergangenheit für die Herausforderungen der Zukunft nicht mehr genügen würden. Dies gilt heute noch viel mehr. Schauen Sie sich einfach die Entwicklung der letzten zehn Jahre an. In diesem Zeitraum hat sich mehr verändert als in den hundert Jahren zuvor. Ob in der Gesellschaft, in der Wirtschaft oder in unserem privaten Umfeld, nichts ist mehr, wie es einmal war, und die Taktung der teilweise gravierenden Veränderungen nimmt rasant zu. Wir können es also drehen und wenden, wie wir wollen:

Je besser wir in der Lage sind, uns selbst zu motivieren, desto besser werden wir für die Herausforderungen der Zukunft gewappnet sein.

Motivation ist Chefsache!

Ja, Sie haben richtig gelesen, das Thema Motivation ist selbstverständlich Chefsache, und wir müssen uns jeden einzelnen Tag wieder darauf besinnen, warum wir tun, was wir tun. Tja, und das ist nicht immer einfach. Weil wir mit schöner Regelmäßigkeit zweifeln, mit Problemen zu kämpfen haben und darüber nachdenken, die Flinte ins Korn zu werfen. Deshalb ist es so unfassbar wichtig, uns selbst immer wieder einen liebevollen, aber gleichsam festen Tritt in den Hintern zu geben. Denn wenn Sie es nicht tun, dann tut es niemand. Niemand klopft morgens an Ihre Tür und präsentiert Ihnen die Chance Ihres Lebens auf dem Silbertablett. Keine Fee taucht aus dem Nichts auf, um Ihre innersten Wünsche per Zauberspruch wahr werden zu lassen. Und auch Jürgen Klinsmann – oder die modernen Erfolgstrainer der heutigen Zeit: Thomas Tuchel, Julian Nagelsmann oder Domenico Tedesco – wird nicht in Ihrem Büro erscheinen, wenn Sie an einem schweren Tag ein wenig Motivation gebrauchen könnten. So leid es mir tut, das Leben ist nun mal so, und am Ende des Tages tragen Sie selbst die volle Verantwortung für Ihre Motivation und Ihre Entscheidungen, und damit auch für Ihre Resultate. Leider steht diese Erkenntnis immer noch in einem großen Widerspruch zum gängigen Ansatz der Motivationslehre. Doch es gibt auch eine gute Nachricht: Alles, was Sie brauchen, um dies nachhaltig und mit einem hohen inneren Antrieb zu ändern, tragen Sie bereits in sich. Sie müssen es nur entdecken, an die Oberfläche holen und täglich anwenden.

> Wir befinden uns mitten auf dem Weg von der Informations- zur Sinngesellschaft.

Gemeinsam mit Ihnen, liebe Leserinnen und Leser, möchte ich daher einen Paradigmenwechsel einläuten. Auch wenn die Zukunft von technischen Entwicklungen wie künstlicher Intelligenz, Robotern und Automatisierung geprägt sein wird, so werden es immer intrinsisch motivierte Menschen sein, welche die Technik nutzen und mit den vielen neuen Möglichkeiten die Zukunft aktiv gestalten. Warum ich das mit einer solchen Vehemenz behaupten kann? Weil wir uns mitten auf dem Weg von der Informations- zur Sinngesellschaft befinden. Vor wenigen Jahren noch waren Daten, Informationen und Wissen das wichtigste Gut überhaupt. Heute sind es ein tiefer Sinn, das Ausleben der individuellen Persönlichkeit und die Vereinbarkeit von Job und Leben. Das bedeutet natürlich auch, dass sich unser ganz persönlicher Umgang mit Motivation diesen veränderten Rahmenbedingungen anpassen muss. Es bedarf eines neuen, modernen Ansatzes, der den Bedürfnissen, Werten und Anforderungen des 21. Jahrhunderts gerecht wird. Das Motto lautet: Kick your own ass!

Treten Sie sich selbst in den Hintern, statt darauf zu warten, dass andere Sie schon motivieren werden.

Wenn wir selbst voller Leidenschaft, Begeisterung und Hingabe unsere Ziele verfolgen, dann stecken wir auch andere Menschen mit diesen starken Emotionen an. Um den eingerosteten Schalter umzulegen, ist es im ersten Schritt unabdingbar, dass der Begriff Motivation endlich das unseriöse Schmuddelimage der Vergangenheit ablegt. Ich weiß nicht, wie es Ihnen geht, aber ich halte das für überfällig. Die Welt befindet sich in einem der größten Transformationsprozesse der letzten 250 Jahre. Und für die damit einhergehenden Herausforderungen der Zukunft sind die ollen Kamellen der Vergangenheit die vollkommen falschen Methoden. Die Zeit von *Tschakka* grölenden Motivationstrainern, von Licht und Liebe predigenden Esoterik-Gurus und des stumpfen Einsatzes von Zuckerbrot und Peitsche ist schlicht und einfach vorbei.

Die Zeit von Tschakka Tschakka ist vorbei!

Die Menschen spüren von Tag zu Tag mehr, dass mit hohlen Phrasen und falschen Versprechungen kein Blumentopf mehr zu gewinnen ist. Stattdessen lechzen sie nach Sinn, Werten und Nachhaltigkeit. Und trotzdem werden persönliche Entwicklung, Wachstum und Veränderung auch heute immer noch genauso verkauft und gelehrt, wie es zu Helmut Kohls Zeiten kurz nach der Wende der Fall war. Gehen Sie in ein beliebiges Motivationsseminar Ihrer Wahl, und Sie werden die immer gleichen Muster vorfinden. Eine beherzte Becker-Faust hier, ein inbrünstiger Wunsch ans Universum dort und ein Füllhorn an Metaphern, die so ausgelutscht sind, dass man beim Zuhören am liebsten vor Scham im Boden versinken würde. Die Ergebnisse sind entsprechend. Kurzfristig sind die Adressaten dieser substanzlosen Motivationsspritzen dann auch voller Energie und haben das Gefühl, sämtliche Bäume dieser Erde auf einmal ausreißen zu können. Doch so sicher wie das Amen in der Kirche folgt dem steilen Höhenflug der Absturz in die altbekannte Antriebslosigkeit. Man flüchtet sich in Zynismus, Gleichgültigkeit und Sarkasmus.

Genau diese oberflächliche Herangehensweise hat dafür gesorgt, dass der Begriff *Motivation* heutzutage extrem negativ belegt ist und der Beruf des Motivationstrainers einen entsprechend schlechten Ruf hat. Wenn es denn ein echter Beruf wäre: Viele selbsternannte Motivationstrainer haben gerade einmal ein Wochenendseminar besucht und fühlen sich danach berufen, ihre Botschaften in die Welt zu tragen. Weil ich weiß, welche wundervolle Kraft eine von Sinn und Motiven geprägte Motivation entfalten kann, macht mich diese Entwicklung wütend. Und gleichzeitig frage ich mich, warum immer noch so viele Menschen auf die falschen Versprechungen der vermeintlichen Propheten hereinfallen. Nach vielen Jahren des Beobachtens, Forschens und Nachdenkens bin ich heute sicher, dass die Antwort in einer einfachen, aber gleichzeitig fatalen Tatsache begründet liegt:

Menschen hören immer nur das, was sie hören wollen.

Und die meisten Motivationsphrasen sind so wunderbar in Watte gepackt, dass man sie ganz einfach glauben möchte. Tief in uns drin spüren wir zwar, dass irgendetwas nicht stimmen kann. Aber die Alternative wäre eben, dass wir schwierige Entscheidungen treffen, hart arbeiten und uns wirklich verändern müssten. Und da die meisten Menschen dazu nicht bereit sind, schluckt man dann in guter alter Matrix-Manier doch lieber die blaue Pille und schenkt den falschen Versprechungen der Motivationsgurus glauben.[25]

Ein paar Beispiele gefällig? Here we go:[26]

- Du kannst alles schaffen.
- Du musst es nur wollen, der Rest kommt von allein.
- Das Universum wird sich um Deinen Erfolg kümmern.
- Alles ist gut so, wie es ist.
- Streiche das Wort »unmöglich« aus Deinem Wortschatz.
- Das, was passiert, das sollte passieren.
- Wenn Du ein Ziel nicht erreichst, dann hat es nicht sein sollen.
- Wir sagen ab sofort nicht mehr Problem, sondern tolle Gelegenheit. (Dieser Satz ist mein absoluter Favorit. Wer so etwas behauptet, der hat noch nie echte Probleme gehabt.)
- Du musst Deine Wünsche beim Universum bestellen, dann werden sie sich in Deinem Leben manifestieren.
- Du musst es nur positiv sehen.

Verstehen Sie, was ich meine? Obwohl in allen Sätzen ein kleiner Funken Wahrheit steckt, verführen diese Parolen dazu, lieber den leichten Weg zu gehen, anstatt die notwendige Arbeit zu investieren. Man kratzt ein wenig an der Oberfläche, anstatt zum Kern des eigenen Antriebs vorzudringen. Anstatt Herz und Verstand gleichermaßen zu nutzen, ist plötzlich alles nur noch eine mentale Blockade, spielt sich im Kopf ab oder funktioniert nicht, weil der Merkur gerade rückläufig ist. (Ich gebe es zu, diesen Satz wollte ich schon immer einmal in einem Buch schreiben ☺.) Abgerundet werden diese Motivationsphrasen meist mit einem festen Klopfen auf die eigene Brust, einem hoffnungsvollen Blick Richtung Universum und schlussendlich einem überzeugten »Tschakka, Du kannst alles schaffen!«. Und dann wundert man sich, wenn man eine Bauchlandung hinlegt. Auf die aktuell sehr beliebte Glorifizierung des Thema »Scheiterns« gehe ich an dieser Stelle übrigens nicht intensiver ein, sonst öffne ich die nächste Büchse der Pandora.

Es bricht mir immer wieder das Herz, wenn ich auf Menschen treffe, die sich nichts sehnlicher wünschen, als eine Veränderung herbeizuführen, und dann aufgrund der falschen Motivationsmethoden krachend scheitern. Ich habe mir daher mit diesem Buch das große Ziel gesetzt, dies zu ändern. Ich kann es gar nicht oft genug wiederholen: In Zeiten, die immer unsicherer werden, wird der Mensch mit seiner individuellen Persönlichkeit der wichtigste Erfolgsfaktor der Zukunft sein. Und das bedeutet eben auch, dass wir den vorherrschenden

Ansatz der Motivation radikal verändern müssen. Wenn wir wirklich verstehen, was Menschen motiviert, bewegt und antreibt, dann halten wir den Schlüssel für ein Leben voller Zufriedenheit, Erfolg und Sinn in den Händen.

»Ach komm schon, Ilja, das klingt ja jetzt fast schon nach einer Revolution.« Ja, recht haben Sie. Genau das habe ich vor: Den Wind der Veränderung durch verkrustete Unternehmen, spießige Büros und fremdbestimmte Leben wehen zu lassen. Eine Motivationsrevolution anzuzetteln, die den Heiße-Luft-Dampfplauderern die rote Karte zeigt und dafür sorgt, dass wir endlich wieder von sinnvollen Motiven angetrieben werden. Das klingt ambitioniert? Richtig, denn ich habe einfach keine Lust mehr auf mittelmäßige Ziele. Am Ende des Tages schlummert in jedem von uns das große Bedürfnis, Veränderungen zu wagen, mutige Durchbrüche zu erleben und persönliche Freiheit zu genießen. Lassen Sie uns also alte Zöpfe abschneiden und neue Besen schwingen. Lassen Sie uns eine von Sinn und Werten geprägte innere Motivation jenseits von Zuckerbrot und Peitsche definieren. Es würde mich unendlich dankbar machen, wenn Sie mich dabei unterstützen würden, diese Philosophie gemeinsam mit mir in die Welt hinauszutragen und die Menschen mit dem positiven Veränderungsvirus anzustecken.

> In jedem von uns schlummert das Bedürfnis, Veränderungen zu wagen und mutige Durchbrüche zu erleben.

Alles beginnt mit einem beherzten Tritt in den Hintern. Und zwar in den eigenen. Um dies auf die bestmögliche Art und Weise tun zu können, wollen wir uns aber zunächst der einfachen, aber gleichsam entscheidenden Frage widmen, was genau Motivation überhaupt ist. Denn auch, wenn dieser Begriff permanent in aller Munde ist, so herrscht doch eine große semantische Schwammigkeit vor. Lassen Sie uns also den Versuch einer Definition wagen.

Eine unbequeme Wahrheit

Okay, was verbirgt sich denn nun genau hinter dem Begriff der Motivation? Rein sprachlich lässt er sich auf das lateinische Wort *movere* (bewegen, antreiben) zurückführen. Die Onlinebibliothek Wikipedia definiert ihn als »Die Gesamtheit der Beweggründe (Motive), die zur Handlungsbereitschaft führen. Motivation bezeichnet das auf emotionaler und neuronaler Aktivität (Aktivierung) beruhende Streben des Menschen nach Zielen oder wünschenswerten Zielobjekten.«[27] Ich weiß nicht, wie es Ihnen geht, aber mir ist dieser Satz etwas zu kompliziert. Ich möchte Ihnen daher meine eigene, wesentlich einfachere Definition vorstellen:

Motivation ist der innere Antrieb, um körperlich oder geistig von Punkt A nach Punkt B zu gelangen.

Eine Tatsache möchte ich bei diesem Satz gern besonders deutlich hervorheben, nämlich dass Motivation immer von innen heraus kommt. Denn auch, wenn der Begriff der extrinsischen Motivation in so gut wie jedem Artikel, Buch oder Seminar immer wieder genannt wird, so existiert dieser durch Zuckerbrot und Peitsche hervorgerufene Antrieb leider nur in der Theorie. In der Praxis ist die äußere Motivation, bei der Menschen nur bei der Aussicht auf Geld, Lob bzw. der Vermeidung von Strafe handeln, nicht mehr als ein Mythos. »Aber Moment mal, Ilja. Was ist denn bitte mit dem Klinsmann-Beispiel, mit Gehaltserhöhungen oder Bonuszahlungen beim Erreichen von Zielen?« Natürlich ist dieser Einwand berechtigt, schließlich haben Belohnungen im Form von Geld, Anerkennung oder Sachwerten sowie die Androhung von Sanktionen definitiv eine entsprechende Wirkung. Doch diese ist leider immer nur von kurzer Dauer. Wenn Sie schon einmal erfolglos versucht haben, Ihren Kindern das Aufräumen des Zimmers mit der Aussicht auf ein Eis oder der Androhung eines I-Pad-Verbots schmackhaft zu machen, dann wissen Sie, was ich meine.

Das gleiche Prinzip gilt natürlich auch für unser Berufsleben. Kein Geld und keine Bonuszahlung dieser Welt wird Sie langfristig dazu bringen, einen Job zu machen, der Sie frustriert, krank macht oder auf den Sie keine Lust haben. Genauso verpufft auf lange Sicht jede

Androhung von Kündigung, von Sanktionen oder vom Verlust des hierarchischen Status. Kurzfristig ist man zwar motiviert, voller Energie und Tatendrang, aber sobald die Wirkung nachgelassen hat, fällt man wieder auf das ursprüngliche Niveau herab, oftmals sogar deutlich darunter. Die Folge: Die Dosis und Intensität des externen Reizes müssen kontinuierlich erhöht werden. Es ist ein wenig wie bei einem Drogenabhängigen, der niemals zufrieden ist und immer mehr Stoff braucht, um seinen Wohlfühl-Pegel zu erreichen. Denn je häufiger Zuckerbrot und Peitsche als vermeintlich extrinsische Motivation eingesetzt werden, desto schneller nutzt sich die entsprechende Wirkung ab. Man spricht in diesem Falle auch von einem abnehmenden Grenznutzen. Sie fragen, was das ist? Stellen Sie sich vor, Sie betreten nach einem heißen Tag Ihre Stammkneipe. Das erste Bier ist für Sie der Himmel auf Erden, Sie würden dafür alles bezahlen. Für das zweite wahrscheinlich auch noch. Beim dritten lässt Ihre Begeisterung schon nach. Und spätestens nach dem achten Glas können Sie kein Bier mehr sehen und greifen lieber zum Wasser. Genau das ist das Prinzip des abnehmenden Grenznutzens.

Und weil das so ist, kommt langfristige, sinnvolle und nachhaltige Motivation immer von innen. Ein tiefes Bedürfnis, ein zu erfüllender Wert oder ein bestimmtes Motiv sorgen dafür, dass wir ins Handeln kommen, und führen dann auch zu den entsprechenden Ergebnissen im Außen. Lassen Sie mich deshalb eine möglicherweise schmerzhafte Wahrheit aussprechen:

Sie können andere Menschen nicht motivieren!

So, jetzt ist es raus. Und ich kann den Proteststurm der Empörung förmlich spüren. Glauben Sie mir, mit keiner anderen Aussage löse ich in Unternehmen kontroversere Diskussionen aus als mit dieser. Kein Wunder, schließlich haben wir alle über Jahre gelernt, dass wir mit der richtigen Kombination aus Zuckerbrot und Peitsche unsere Mitarbeiter, Kollegen und Geschäftspartner zu ungeahnten Höchstleistungen treiben können. Aber wie bei allen anderen Dingen im Leben gehören auch in diesem Fall immer zwei Personen dazu: eine Person, die motiviert, und eine, die sich motivieren lassen will. Und das letzte Wort ist das alles entscheidende. Denn wenn jemand etwas unter keinen Umständen tun will, dann können Ihre Methoden noch so modern, attraktiv oder ausgeklügelt sein: Sie werden keine Chance haben. Ich möchte den obenstehenden Satz daher gern etwas erweitern, um die Aussage noch deutlicher werden zu lassen:

Sie können andere Menschen nicht motivieren, wenn diese sich nicht motivieren lassen wollen!

Natürlich gilt das genauso auch umgekehrt: Andere Menschen können auch uns nicht motivieren, wenn wir das nicht wollen. Habe ich jetzt zu sehr an Ihrem Weltbild gerüttelt? Sind Sie vollkommen anderer Meinung? Gern möchte ich Sie daran erinnern, dass ich mir wünschen würde, dass Sie meine Ideen, Meinungen und Ansätze möglichst kritisch betrachten. Überprüfen Sie meine Aussage in Ihrem Alltag. Meine Prognose lautet jedoch, dass Sie feststellen werden, dass Sie bei vielen Menschen mit Ihren externen Motivationskünsten schnell auf Granit beißen werden. Denn so gern ich es anders hätte:

Menschen verändern sich immer nur aus Gründen, die ihnen wichtig sind, und niemals aus denen, die wir gern hätten.

Bedeutet dies, dass jede Motivation eine Form von Selbstmotivation ist? Im Prinzip – Radio Eriwan lässt grüßen – ja: Wir können andere nicht motivieren, wenn diese es nicht wollen. Aber wenn wir verstanden haben, dass dies genau so ist, geht es am Ende des Tages eben doch. Wie genau das funktioniert, das wollen wir uns im Laufe der nächsten Kapitel anschauen. In der Kurzform lautet die Lösung: Wenn wir andere Menschen motivieren wollen, sich geistig oder körperlich von Punkt A nach Punkt B zu bewegen, dann müssen wir ihre inneren Motive kennen und die Rahmenbedingungen schaffen, in denen diese so oft es geht getriggert, also ausgelöst oder angestoßen werden. Dies hört sich auf den ersten Blick leichter an, als es tatsächlich ist, denn es erfordert von uns als Motivator maximale Flexibilität und das Vorhandensein der folgenden drei Eigenschaften:

1. echtes Interesse am Gegenüber
2. die Fähigkeit, ein guter Zuhörer zu sein
3. die Bereitschaft, die eigenen Motive zugunsten des gewünschten Resultats hintanzustellen

Je besser Sie die Werte, Bedürfnisse und Motive Ihrer Mitarbeiter, Kollegen und Kunden kennen, umso flexibler können Sie Ihre Art der Kommunikation ausrichten und sie somit entsprechend motivieren, sich zu verändern. Doch dabei gilt es eine wichtige Tatsache zu beachten.

Waschbrettbäuche, Golf und volle Geldspeicher

Motivation ist also der innere Antrieb, um körperlich oder geistig von Punkt A nach Punkt B zu gelangen. Grundsätzlich betrachtet kann dies auf zwei Arten geschehen: entweder weil Punkt A für uns unerträglich geworden ist oder weil die Alternative B viel verlockender klingt. Wir verändern uns immer dann, wenn der Schmerz zu groß geworden ist oder wir von einem unbändigen Verlangen nach Wachstum, Glück und Freude angetrieben werden. Und genau deshalb bewegen wir uns entweder weg vom Problem oder hin zur Chance. Das ist das Wesen einer jeden Veränderung. Ich möchte Ihnen das gern an einem praktischen Beispiel erläutern. Denken Sie doch bitte einmal an das letzte Mal, als Sie ein Parfüm gekauft haben. Wie Sie entlang der Luxuscounter im Kaufhaus Ihrer Wahl, der Shopping Mall oder des lokalen Händlers geschlendert sind, sich von attraktiven Damen haben beraten lassen und so lange Probe geschnuppert haben, bis sich irgendwann die entsprechende Chance ergeben hat, die laut Verkaufshitlisten in der Regel Chanel No 5, Dior Poison oder Yves Saint Laurent Mon Paris heißt.

> Wir brauchen immer den passenden Antrieb, um anders denken, entscheiden und handeln zu können und zu wollen.

Doch es gibt in diesem Segment eben auch eine Menge Problemkäufer. Das hat mich jedes Jahr zur Weihnachtszeit in den Parfümerieabteilungen meiner Warenhäuser immer wieder fasziniert. Was glauben Sie, waren dort Jahr für Jahr die absoluten Topseller? Ich will es Ihnen verraten. Es waren Old Spice, 4711 Kölnisch Wasser und Irish Moos. Selbstverständlich alles in der schmucken Geschenkverpackung mit einer Schleife drumherum. Und wenn Sie sich jetzt fragen: »Wie können so viele Menschen einen so schlechten Geschmack haben?«, dann kommt hier des Rätsels Lösung. Über 75 Prozent der Dezemberumsätze wurden regelmäßig an Heiligabend zwischen zehn Uhr morgens und zwei Uhr nachmittags erzielt. Weil die Kunden so lange gewartet hatten, bis das ganze gute Zeug ausverkauft war. Weil sie erst dann ins Handeln gekommen sind, als das Problem überwältigend groß wurde. Die Herren unter meinen Lesern werden das kennen: »Was, schon mittags? Dann muss ich ja langsam mal los, um die Geschenke zu besorgen!«

Das ist Motivation in ihrer klassischen Form. Entweder wir lassen uns von Chancen anziehen oder Probleme schieben uns an. Und auch wenn die Weg-von-Motivation immer eine stärkere Kraft hat, so benötigen wir langfristig immer Ziele, Träume und Visionen, auf die wir uns hinbewegen. Doch ob wir nun eher den Schmerz vermeiden oder Freude erleben wollen: Ohne den passenden Antrieb gelingt es einfach nicht, anders zu denken, anders zu entscheiden oder anders zu handeln. Und das ist in der heutigen Zeit gleichbedeutend mit Stillstand, Stagnation und Rückschritt. Nur wer als Persönlichkeit wächst und permanent dazulernt, wird in den Märkten von morgen erfolgreich bestehen können. Der Schlüssel hierzu ist die richtige Motivation. Diese ist jedoch niemals nur ein Selbstzweck, sondern immer die notwendige Grundlage für angestrebte Veränderungen. Ohne den richtigen Antrieb gibt es keine Entwicklung. Und selbst wenn wir es schaffen, unsere Ziele anzugehen, ist noch lange nicht gesagt, dass wir auch bis zum Ende durchhalten. Denn mit nichts anderem tun wir uns so schwer wie mit der nachhaltigen Umsetzung von Veränderungen. Die letzte Diät, die Anmeldung im Fitnessstudio und der wiederholte Versuch, mit dem Rauchen aufzuhören, lassen grüßen. Kurzfristige Erfolge sind überhaupt kein Problem. Von der richtigen Anfangseuphorie geleitet, schaffen wir es mühelos, uns auf den Weg zu machen. Doch schon bald ist man wieder im Alltagstrott gefangen und macht die ersten Ausnahmen – und ehe man sichs versieht, haben die alten Gewohnheiten wieder die Oberhand gewonnen. Doch woran liegt das?

In meinen Vorträgen stelle ich meinem Publikum an dieser Stelle gern eine Frage: »Wer von Ihnen würde gern etwas mehr Sport treiben?« Hier gehen so gut wie immer sämtliche Hände nach oben.

Dann hake ich nach: »Wer würde sich gern auch von dem einen oder anderen Kilo Gewicht trennen?« Auch hier beobachte ich regelmäßig eine fast hundertprozentige Quote an Meldungen. Doch entscheidend ist die nächste Frage: »Wer von Ihnen weiß exakt, was er tun müsste, um genau das zu erreichen?« An dieser Stelle geht meist ein Raunen durch den Saal, die ersten fühlen sich ertappt und schauen nach unten. Denn wahrscheinlich ahnen sie schon, was als Nächstes kommt: »Und wer von Ihnen setzt genau das jeden Tag um?« Wenn ich an dieser Stelle ins Publikum schaue, dann sehe ich maximal noch zwei oder drei Hände in der Luft. Der Rest muss sich leider eingestehen, dass man, obwohl alle notwendigen Informationen vorliegen, die Veränderung leider nicht konsequent umsetzt. Und genau das ist das große Dilemma. Es liegt niemals an zu wenig Wissen. Es liegt immer daran, dass wir das vorhandene Wissen nicht konsequent anwenden.

Wenn Informationen, Wissen und Kenntnisse entscheidend für unsere Motivation zur Veränderung wären, dann würde jeder von uns einen Waschbrettbauch haben, den ganzen Tag Golf spielen[28] und jeden Morgen voller Freude wie Dagobert Duck durch seine unzähligen Geldspeicher tauchen.

Seit über 15 Jahren erforsche ich das Themengebiet der Persönlichkeitsentwicklung und studiere mit zunehmender Faszination, wie Menschen ticken, was sie antreibt und bewegt. Meine Hauptkenntnis lässt sich wunderbar in einem Satz zusammenfassen:

Jeder will Veränderung. Aber niemand will sich verändern.

Haben Sie ähnliche Erfahrungen gemacht? Kennen Sie nicht auch Menschen, die mit allem und jedem unzufrieden sind? Denen nichts so richtig passt und die am liebsten die Firma, die Gesellschaft und die ganze Welt von heute auf morgen ändern würden? Sie ahnen ja gar nicht, wie viele dieser Zeitgenossen ich kenne, die ganz genau wissen, was und wer sich um sie herum verändern müsste, nur damit sie so bleiben können, wie sie sind. Eines der besten Beispiele für diese Einstellung war eine meiner Mitarbeiterinnen bei Karstadt, nennen wir sie Erika Riebesehl. Wenn ich die Dame morgens im Gang gefragt habe: »Und, Frau Riebesehl, wie geht's Ihnen heute?«, kam meistens in einem weinerlichen und frustrierten Tonfall die Antwort: »Hach, noch acht Stunden, dann haben wir's endlich wieder geschafft.« Und Erika Riebesehl hatte zwei Standardsprüche auf Lager, für die sie bekannt war. Wenn es irgendwo ein Problem gab, sagte sie grundsätzlich: »Da müsste dringend jemand etwas tun.« Und wenn Sie nachgehakt hätten: »Ja, aber warum tun Sie denn nichts?«, dann kam Standardspruch Nummer zwei zum Einsatz: »Wer, ich? Also bitte, Herr Grzeskowitz, ich kann auch nicht mehr als arbeiten. Das sollen mal schön die anderen machen.« Wir alle kennen die Erika Riebesehls dieser Welt, nicht wahr? Aber wenn alle darauf warten, dass andere schon etwas tun werden, passiert nie etwas.

Doch zum Glück gilt auch das Gegenteil. Ein einzelner Mensch kann einen riesigen Unterschied machen, wenn wir bereit sind, Verantwortung zu übernehmen. Für unser Denken. Für unser Handeln. Für unser Leben. Dazu bedarf es nur einer konsequenten Entscheidung. Wir können entweder ein Changemaker sein, der den immer intensiver werdenden Wandel aktiv gestaltet, oder aber ein Spielball der äußeren Umstände. Und ich bin mir sehr bewusst, dass ich auf nichts anderes in meinen Büchern so häufig hinweise wie auf die Wichtigkeit, Verantwortung zu übernehmen. Doch es scheint immer noch nicht genug zu sein. Gerade heute habe ich eine Rezension zu meinem Buch *Mach es einfach! Warum wir keine Erlaubnis brauchen, um unser Leben zu verändern* gelesen, in dem der oder die Rezensent/in sinngemäß Folgendes geschrieben hat: »Ganz allgemein war das Buch gut. Leider ist die Motivation nur eine Woche geblieben. Wahrscheinlich muss man es noch ein weiteres Mal lesen.« In dem Moment musste ich an einen anderen tollen Satz des großen Zig Ziglar denken, der einmal gesagt hat: »Wir hören oft, dass Motivation nicht dauerhaft ist. Aber das Gleiche gilt für das Duschen. Und genau deshalb empfehlen wir es täglich.« Ob wir es nun gut finden oder nicht: Es sind immer wir selbst, die für die Umsetzung unserer Vorhaben verantwortlich sind. Nicht unser Chef, nicht unsere Familie und auch nicht der Autor eines Buchs (hier sei schon einmal darauf hingewiesen, dass die richtigen Menschen im Umfeld natürlich eine entscheidende Auswirkung haben, doch dazu später mehr). Die alles entscheidende Frage lautet daher:

Sind Sie bereit, Ihre Motivation zur Chefsache zu erklären?

Jede Jeck is anders

Als Vielflieger kenne ich die deutschen Flughäfen wie meine Westentasche. Jede einzelne Stadt hat ihre Besonderheiten und ihren ganz speziellen Charme. Einer meiner Favoriten ist der Flughafen Köln / Bonn. Wenn Sie dort schon einmal gelandet sind, dann wissen Sie, dass Sie auf dem Weg zum Ausgang an einer langen Wand entlanggehen, auf der das gesamte Rheinische Grundgesetz abgedruckt ist. Jeder einzelne Spruch wird dort prominent präsentiert, sodass man sofort in einer positiven Stimmung ist und sich auf die tollen Menschen in Köln freut. Doch während ich so manche »Gesetze« nicht unbedingt unterschreiben würde *(Et kütt wie et kütt, Et hätt noch immer jot jejange oder Kenne mer nit, bruche mer nit, fott domet!)*, gibt es einen Satz, der mich jedes Mal aufs Neue fasziniert. Nein, ich spreche nicht vom berühmten *Drink doch ene met*, sondern von der Überschrift dieses Abschnitts: *Jede Jeck is anders.*

Jeder Mensch ist anders. Jeder Mensch ist individuell. Jeder Mensch ist eine einzigartige Persönlichkeit mit Stärken, Schwächen und natürlich auch liebenswerten Macken. »Aber Ilja«, mögen Sie jetzt einwenden, »das ist ja wohl eine Binsenweisheit.« Und damit haben Sie recht. Trotzdem möchte ich die Wichtigkeit dieser Aussage so deutlich wie möglich betonen und gemeinsam mit Ihnen etwas tiefer blicken. Auch wenn so gut wie jeder Mensch vehement behauptet, dass es ja wohl ganz klar sei, dass jeder Mensch anders ist, so sieht das tatsächliche Verhalten leider komplett anders aus. Spielen Sie doch einmal in Ihrer Kantine, in Ihrem Lieblingsrestaurant oder in der U-Bahn Mäuschen und lauschen den Gesprächen Ihrer Mitmenschen (selbstverständlich sehr wertschätzend, niemand wird gern belauscht). Sie werden schnell ein vorherrschendes Verhaltensmuster feststellen:

Der Klassiker der Kommunikation ist: Was für mich gilt, muss auch für alle anderen gelten.

Unter Verwendung dieses unbewussten Musters werden persönliche Meinungen, Ansichten und Überzeugungen ohne Rücksicht auf Verluste den Gesprächspartnern übergestülpt und für allgemeingültig erklärt. Das Ergebnis: Man hört dem anderen überhaupt nicht mehr zu, redet aneinander vorbei und beschwert sich hinterher, wie schlimm es doch um unsere moderne Kommunikation bestellt sei.

Lassen Sie uns also einen etwas tieferen Blick auf die »Jede Jeck is anders«-Philosophie werfen. Was macht uns als Persönlichkeit einmalig? Warum sind wir so, wie wir sind? Und warum können selbst eineiige Zwillinge zwei völlig verschiedene Charaktere haben, obwohl sie genetisch nahezu identisch sind? Die Antwort gibt die folgende Abbildung:

Das Modell der individuellen Persönlichkeiten

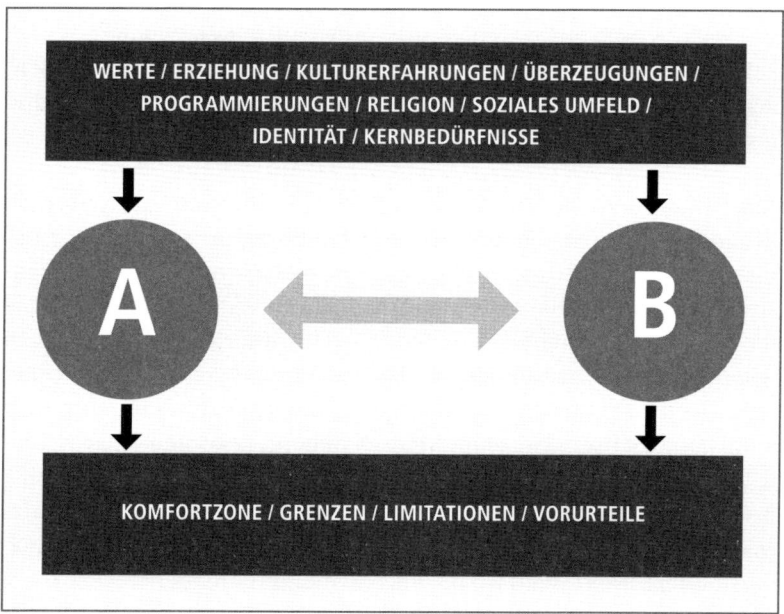

WERTE / ERZIEHUNG / KULTURERFAHRUNGEN / ÜBERZEUGUNGEN / PROGRAMMIERUNGEN / RELIGION / SOZIALES UMFELD / IDENTITÄT / KERNBEDÜRFNISSE

A ⟷ B

KOMFORTZONE / GRENZEN / LIMITATIONEN / VORURTEILE

A und B stehen in diesem Modell für zwei verschiedene Menschen. Ihre individuelle Persönlichkeit wurde dabei von den verschiedensten Einflüssen geprägt. Da ist zum einen natürlich die Erziehung durch die Eltern, die Familie und andere wichtige Bezugspersonen, etwa die Klassenlehrerin, der Fußballtrainer und die Gitarrenlehrerin. Hinzu kommen aber auch das soziale Umfeld, die Religion und ganz besonders die Kultur: Es macht einfach einen riesigen Unterschied, ob ein Kind als Christ in einem Millionärshaushalt in Hamburg Blankenese aufwächst oder als Atheist in einem Hartz-4-Haushalt in Berlin Neukölln, wo es sich sein Kinderzimmer mit sechs Geschwistern teilen muss. Diese Faktoren haben einen hohen Einfluss darauf, welche Werte, Überzeugungen und Kernbedürfnisse unser Verhalten bestimmen. Die stärkste Prägung unserer Persönlichkeit findet in der Kindheit statt und setzt sich bis ins Teenageralter fort. Doch auch als Erwachsene sind wir immer noch den unterschiedlichsten Einflüssen ausgesetzt, die eine entsprechende Wirkung auf das haben, was wir sind, denken und tun.

> Wenn zwei Menschen miteinander kommunizieren, treffen immer zwei unterschiedliche Lebenswelten aufeinander.

Die Summe all dieser Faktoren und Erfahrungen bildet dann schlussendlich unsere individuelle Persönlichkeit. Und weil diese bei keinem einzigen der knapp acht Milliarden Menschen auf dieser Erde gleich ist, lebt eben auch jeder Einzelne von uns in seiner ganz eigenen Welt, die in der Abbildung durch die beiden Kreise dargestellt wird. Je größer unser Erfahrungs- und Wissensschatz ist, desto größer ist dabei auch der Kreis. Oder anders ausgedrückt: Jeder von uns hat Grenzen, welche durch unsere Komfortzone, Limitationen und Vorurteile geprägt sind. Und jetzt kommt der entscheidende Punkt. Wann immer zwei Menschen miteinander kommunizieren, treffen zwei unterschiedliche Lebenswelten aufeinander. Mit verschiedenen Werten, verschiedenen Erfahrungen und ganz individuellen Vorurteilen, Limitationen und Grenzen. Trotzdem laufen 99 Prozent sämtlicher Gespräche nach dem bereits erwähnten Schema ab: »Was für mich gilt, muss selbstverständlich auch für alle anderen gelten.« Was für ein Irrtum. Nur weil etwas für A wahr ist, muss es nicht für B wahr sein. Nur weil für A ein bestimmter Wert wichtig ist, muss es nicht bei B auch so sein. Und nur, weil A sich etwas nicht vorstellen kann, kann es trotzdem sein, dass B schon drei mögliche Lösungen im Kopf hat.

Ich höre schon Ihren Einwand: »Komm schon, Ilja, das ist ja wohl klar, dass jeder Mensch in seiner ganz individuellen Welt lebt.« Glauben Sie mir, ich verstehe Sie, denn ich höre diesen Satz in den unterschiedlichsten Variationen immer wieder. Aber wenn es doch so klar ist, warum scheitern dann so viele Verkaufsgespräche? Warum gehen immer mehr Beziehungen den Bach runter? Und warum haben so viele Menschen Schwierigkeiten, eine nachhaltige und tiefe Motivation zu entwickeln? Ganz einfach, weil dieses Modell vom Grundsatz so unglaublich einfach, aber in seiner täglichen Anwendung extrem kompliziert ist. Denn auch in diesem Fall greift der Above Average Effect[29], der besagt, dass die Mehrheit der Menschen sich für intelligenter, stärker, besser etc. als der Durchschnitt hält, auch wenn objektive Kriterien etwas anderes sagen. Ist Ihnen zum Beispiel schon einmal aufgefallen, dass 90 Prozent der Autofahrer behaupten, gut Auto fahren zu können, aber 90 Prozent der Autofahrer ihren Führerschein im Lotto gewonnen haben? Die Prozentrechnung überlasse ich Ihnen.

Wer Veränderungen will, muss sich zunächst einmal selbst verändern.

Es liegt in der Natur des Menschen, dass wir gern recht haben wollen, mit Scheuklappen durchs Leben gehen und andere Menschen mit unseren Ansichten missionieren wollen. Hinzu kommt, dass ganz viele von uns auch noch ganz schlechte Zuhörer sind. Und so drehen wir uns um uns selbst, kommunizieren verstärkt im Einbahnstraßenmodus und werden immun gegen Ideen und Ansichten von außen. Während die eigenen Limitationen, Vorurteile und Überzeugungen stärker werden, verschieben sich die Grenzen unserer individuellen Welt immer mehr nach innen. Ein Teufelskreis, der über kurz oder lang zu Dogmatismus, Besserwisserei und gleichzeitig einer steigenden Unzufriedenheit führt. Das Tragische dabei ist: Unzufriedene Menschen beschweren sich über alles und jeden, ohne dabei zu realisieren, dass das eigentliche Problem sie selbst sind. Die Linke, AfD und Pegida lassen grüßen.

Ich möchte es daher gern noch einmal wiederholen: *Jede Jeck is anders*. Jeder Mensch ist einzigartig. Mit individuellen Werten, Erfahrungen und Grenzen. Sie genauso wie ich und jede andere Person auf diesem wunderschönen Planeten. Sobald Sie diese Tatsache nicht nur verstanden, sondern in Ihr tägliches Verhalten integriert haben, wird nichts mehr so sein, wie es einmal war:

Sie werden besser kommunizieren, bessere Resultate erzielen und gleichzeitig als Persönlichkeit wachsen. Weil Sie von anderen lernen, über den Tellerrand hinausblicken und dadurch die Grenzen Ihrer eigenen Komfortzone weiter nach außen verschieben.

Und damit schließt sich der Kreis. Wir haben ja schon festgestellt, dass es unmöglich ist, andere Menschen zu motivieren. Während es übrigens extrem leicht ist, andere zu demotivieren. Genauso wie wir aufpassen müssen, anderen Menschen nicht unser Modell der Welt überzustülpen, müssen wir damit aufhören, andere von außen pushen zu wollen. Denken Sie immer daran: *Jede Jeck is anders*, und wer sich nicht verändern will, der verändert sich nicht. Ganz im Gegenteil, je mehr Sie es in solchen Momenten mit einem gepflegten Tschakka, einem schmackhaften Zuckerbrot oder der schmerzhaften Peitsche versuchen, desto größer gerät der Widerstand. Nein, eine auf Sinn basierende Motivation geht genau den entgegengesetzten Weg. Indem wir bei uns anfangen und andere für unsere Ideen begeistern. Indem wir andere bei ihren Bedürfnissen, Werten und Motiven abholen. Wenn man diese nämlich kennt und mit den persönlichen Zielen kombiniert, dann entsteht ein magischer Cocktail aus einem tiefen Antrieb, echtem Commitment und einer ansteckenden Leidenschaft. Schließen möchte ich das Kapitel daher mit einer Art Faustformel, die alle vorangegangenen Ideen wunderbar zusammenfasst:

Always go first.
Be the Change.
Sind Sie motiviert, dann motivieren Sie andere.
Sind Sie begeistert, dann begeistern Sie andere.
Verändern Sie sich, dann verändert sich alles um Sie herum.

Alles, was es dafür bedarf, sind ein mutiger Blick in den Spiegel und die unumstößliche Entscheidung, die volle Verantwortung für Ihr Leben zu übernehmen. Sind Sie dazu bereit?

MACHER-MEMO: Die fünf großen Ideen dieses Kapitels

1. Wir befinden uns mitten in der Transformation von der Informations- zur Sinngesellschaft.

2. Kick Your Own Ass: Treten Sie sich selbst in den Hintern, statt darauf zu warten, dass andere Sie schon motivieren werden.

3. Motivation ist der innere Antrieb, um körperlich oder geistig von Punkt A nach Punkt B zu gelangen.

4. Sie können andere Menschen nicht motivieren, wenn diese sich nicht motivieren lassen wollen.

5. Jeder will Veränderung. Aber niemand will sich verändern.

TEIL 3

DAS MACHEN

7. Veränderung. Einfach. Machen.

»General Woo very nearly smiled.
Saw the light in the little child.
The prince and old lady shade.«

Peter Murphy, »The Prince and Old Lady Shade«

Der größte Feind der Veränderung ist die Passivität. Sie können sich gar nicht vorstellen, wie viele Menschen ich schon als Coach begleitet habe, die aus diesem Grund ihre Ziele, Träume und Hoffnungen nicht in die Tat umgesetzt haben. Und das liegt nicht daran, dass sie dumm, unmotiviert oder gar in irgendeiner Art und Weise benachteiligt wären. Ganz im Gegenteil. In der Regel wollen sie wirklich erfolgreich sein, besitzen das notwendige Wissen und erarbeiten gemeinsam mit mir einen detaillierten Schritt-für-Schritt-Umsetzungsplan. Doch wenn ich mich ein paar Wochen später nach den ersten Ergebnissen erkundige, schauen Sie mich mit traurigen Augen an und sind immer noch nicht ins Machen gekommen. Stattdessen höre ich die immer gleichen Ausreden, warum es nicht ging, warum der Zeitpunkt der falsche war und warum man lieber noch etwas abwarten will. Doch genau hier liegt der fatale Denkfehler. Denn tief in ihrem Inneren hoffen diese Menschen unbewusst noch immer, dass die gewünschten Veränderungen von allein passieren würden, ohne dass man selbst etwas dafür tun müsste. In einer fast schon kindlichen Naivität gehen sie von dem Irrglauben aus, dass die äußeren Umstände sich wie durch Zauberhand ändern werden, weil von irgendwoher ein Ritter auf dem weißen Pferd dahergeritten kommt. Doch

> Der größte Bremsklotz der Persönlichkeitsentwicklung ist die Tendenz zur Passivität.

schon Marius Müller-Westernhagen wusste, dass dieser niemals kommt …

Auch in meinen Seminaren stelle ich immer wieder fest, dass der größte Bremsklotz der Persönlichkeitsentwicklung die Tendenz zum Abwarten, Zögern und Planen ist. Oftmals habe ich das Gefühl, dass meine Teilnehmer neben all dem Inhalt, der tollen Atmosphäre und den vielen Impulsen nur aus einem einzigen Grund zu mir kommen: damit ich ihnen die Erlaubnis gebe, mit den gewünschten Veränderungen zu beginnen, und um ihnen zu versichern:

**»Fang endlich an. Du hast alles, was du brauchst.
Du musst nur ins Machen kommen.«**

Auf der einen Seite tue ich das mit großer Freude, denn für mich gibt es nichts Erfüllenderes, als Menschen zu ermutigen, endlich das zu tun, was sie sich tief in ihrem Inneren wünschen. Andererseits fühle ich in diesen Momenten immer auch eine gewisse Traurigkeit, weil wirklich niemand die Erlaubnis von anderen Menschen braucht, seine Träume zu leben. Geht es Ihnen manchmal ähnlich? Im Endeffekt ist es egal, woher der entscheidende Impuls kommt, wichtig ist nur, dass Sie anfangen. Egal, in welchem Bereich Ihres Lebens Sie sich andere Resultate wünschen, ob im Job, finanziell, in Ihrer Beziehung oder gesundheitlich: Wenn Sie nicht ins Handeln kommen und die notwendigen Dinge anders machen, wird alles beim Alten bleiben. Sind Sie mit irgendetwas unzufrieden? Verbschieden Sie sich bitte gleich von der Vorstellung, dass die äußeren Umstände und die Menschen um Sie herum sich von allein verändern. Sie tun es nämlich nicht. Ihr Glück, Ihr Erfolg und Ihre generelle Zufriedenheit sind Chefsache. Es liegt alles an Ihnen. Und es liegt alles in Ihnen. Je eher Sie diese Tatsache verinnerlichen, desto besser. Und darum ist der folgende Satz so unfassbar wichtig für Sie – lassen Sie ihn zu Ihrem neuen täglichen Mantra werden:

**Veränderung geschieht nur, wenn Sie sich verändern.
Wenn Sie es nicht tun, dann tut es niemand.**

Erinnern Sie sich noch? Sie sind nicht das Opfer des Universums, Sie sind das Universum. Und Sie besitzen sämtliche notwendigen Ressourcen, um es nach Ihren Vorstellungen zu gestalten. Mein alter Arbeitgeber IKEA würde es wahrscheinlich so formulieren: Machen Sie schon oder zögern Sie noch?

Nichts würde mich glücklicher machen, als wenn Sie jetzt und hier die Entscheidung treffen, der Passivität den Kampf anzusagen und Ihre Träume zu leben. Sie mögen alles Wissen dieser Welt haben, trotzdem sind Sie selbst es, der ins Handeln kommen muss. Sie mögen alle Kompetenzen dieser Welt haben, aber Sie selbst müssen den Change machen. Oder wie es Mahatma Gandhi ausdrückte: »Sei du selbst die Veränderung, die du dir in der Welt wünschst.« Recht hatte er, dieser großartige Vordenker und Changemaker. Beginnen möchte ich das Kapitel daher mit den drei wichtigsten und gleichsam universellen Eigenschaften eines jeden Machers: Ich spreche von einem kraftvollen Motiv, der Bereitschaft, fokussiert ins Handeln zu kommen, und einer ausgeprägten Macher-Mentalität, die für nachhaltige Ergebnisse sorgt. Oder in der Kurzversion:

Der Dreiklang der Umsetzungskompetenz:
Motiv – Machen – Mentalität.

Diese drei Faktoren bilden das Fundament für dauerhaften Erfolg in jedem denkbaren Lebensbereich. Der erste mag selbsterklärend scheinen, aber ohne den unbedingten Willen, Ihr Schicksal selbst in die Hand zu nehmen, werden Sie niemals aktiv Veränderungen vorantreiben können. Wichtig ist es daher, sich folgende Fragen zu stellen, um die notwendige Klarheit für Ihre ganz persönlichen Motive zu gewinnen:

Was will ich überhaupt erreichen? Was ist mir wichtig?
Wofür stehe ich? Was treibt mich wirklich an?

Aus den Antworten ergeben sich die entsprechenden Ziele, auf die es sich dann mit maximaler Energie und Leidenschaft zu fokussieren gilt. Aber nur wenn Sie sich nicht verzetteln, sondern Ihre Kräfte bündeln, entwickeln Sie das so wichtige Momentum, welches im nächsten Schritt für die notwendige Motivation des Machens sorgt. Und selbstverständlich spielt auch Ihre generelle Mentalität eine entscheidende Rolle. Denn im Leben gibt es nun einmal nichts geschenkt, und wer großartige Dinge erreichen will, der muss bereit sein, den entsprechenden Preis dafür zu zahlen.

Mit jenen drei Eigenschaften legen Sie die Grundlage für eine ausgeprägte Umsetzungskompetenz, um die Sie Ihr Umfeld beneiden wird. Und diese gilt es Schritt für Schritt weiter auszubauen. Ich werde Ihnen daher in diesem Kapitel ein geniales Tool vorstellen, welches Ihnen dabei behilflich sein wird, schneller ins Handeln zu kommen. Danach schauen wir uns gemeinsam an, wie es gelingt, der Perfektionsfalle zu entkommen. Und schlussendlich widmen wir uns noch einem oftmals übergangenen Faktor, nämlich dem von uns allen so sehr herbeigesehnten Glück. Dieses spielt nämlich eine große Rolle, wenn wir über Erfolg sprechen. Doch die gute Nachricht ist, dass wir es uns selbst erschaffen können. Klingt das gut? Dann möchte ich Ihnen die im Ruhrgebiet so verbreiteten Worte aus den Zechen und Bergwerken zurufen: Glück auf! Möge Ihnen genau dieses stets ein treuer Begleiter sein.

Unperfekt, aber sexy

Hand aufs Herz, neigen Sie auch manchmal dazu, in die Perfektionsfalle zu tappen? Ich kenne diesen größten aller Erfolgsverhinderer nur zu gut. Und aus meiner täglichen Arbeit weiß ich, dass es sehr vielen Menschen da draußen ähnlich geht. Was ich damit meine? Ich spreche vom Anspruch an sich selbst, stets perfekt vorbereitet sein zu müssen. Dem Irrglauben, dass noch etwas fehlen könnte. Der fatalen Fehleinschätzung, nicht gut genug zu sein. Wenn Sie sich immer noch nicht ganz sicher sind, ob Sie von den Symptomen der Perfektionsfalle betroffen sind, dann können Sie das ganz einfach überprüfen. In der Praxis macht sich der Drang zum Perfektionismus nämlich vor allem wie folgt bemerkbar. Anstatt eine echte Entscheidung zu treffen[30], ein kraftvolles Ziel zu setzen und sich dann mit Motivation und Leidenschaft an die Umsetzung zu machen, steckt man die vorhandene Energie viel lieber in die Vorbereitung. Man häuft Wissen an, recherchiert im Internet und wird ein Weltmeister im Planen. Tja, und während andere schon lange dabei sind, ins Handeln zu kommen, plant man lieber noch ein wenig weiter. Man bereitet sich auf den Tag X vor, an dem man endlich loslegen will – diesen kündigt man natürlich permanent an, damit alle wissen, was man vorhat. Dann kauft man sich einen riesigen Stapel Bücher (die man natürlich nie liest), belegt Onlinekurse, besucht Seminare, redet sich parallel immer wieder ein, noch nicht so weit zu sein, und nimmt sich vor, nach den Ferien (alternativ: im nächsten Monat, nach dem Urlaub, nach dem Weihnachtsgeschäft, im neuen Jahr, zur nächsten Saison oder im Herbst) endlich und ganz bestimmt anzufangen. Doch natürlich tut man das nicht, sondern plant lieber noch weiter. Man wartet so lange auf den perfekten Moment, dass man es verpasst, den entscheidenden ersten Schritt in Richtung Umsetzung zu machen.

Ich möchte Ihnen daher das große Geheimnis von Erfolg, Veränderung und sogar des ganzen Lebens verraten. Das alles entscheidende Puzzleteil, um vom Planungsweltmeister zum Umsetzungskönig zu werden. Sind Sie bereit? So richtig? Denn wenn ich es einmal ausgesprochen habe, gibt es kein Zurück mehr. Okay, here we go.

Der perfekte Moment wird niemals kommen.

Etwas wie den perfekten Zeitpunkt zum Starten gibt es nicht. Je eher Sie diesen Grundsatz verinnerlichen, desto besser. Der perfekte Moment wird niemals kommen. Sie werden sich auch niemals optimal vorbereitet fühlen. Es wird immer etwas geben, was Sie nicht wissen, nicht können und was Sie nicht bedacht haben. Na und? So ist das Leben nun mal. Erfolg ist niemals eine Gerade, die den Istzustand mit dem Ziel verbindet, sondern ein emotionaler Prozess mit vielen Höhen und Tiefen. Ein Weg mit Hindernissen, die es zu überwinden gilt, mit vielen Rückschlägen, unerwarteten Herausforderungen und Umwegen, die man so niemals geplant hatte. Und Ihre Aufgabe ist es, sich diesem Prozess zu stellen und dabei zu lernen, sich weiterzuentwickeln und als Persönlichkeit zu wachsen.

Erlauben Sie sich, Fehler zu machen.

Der große Hebel besteht darin, sich selbst zu erlauben, nicht perfekt sein zu müssen, und Fehler machen zu dürfen, um aus diesen zu lernen. Lange habe ich mich gefragt, wie es am besten gelingt, den dafür notwenigen Mentalitäts-Switch zu ermöglichen. Und ich hätte nie gedacht, dass ich die Lösung in der Politik finden würde. Genauer gesagt bei Berlins berühmtem Party-Bürgermeister Klaus Wowereit. Erinnern Sie sich noch? Dieser hatte in seiner Karriere zwei wirklich geniale Momente (über die vielen nicht so genialen legen wir an dieser Stelle besser den Mantel des Schweigens). Zum einen nahm er seinen politischen Widersachern gleich zu Beginn seiner Amtszeit mit der legendären »Ich bin schwul – und das ist auch gut so!«-Rede den Wind aus den Segeln. Der für unser Thema allerdings viel relevantere Moment ereignete sich im November 2003. Während eines Interviews mit dem Focus fragte man Wowereit, ob Geld sexy machen würde. Seine Antwort sollte das Image der deutschen Bundeshauptstadt von einem Moment auf den anderen verändern, denn auf die Frage, ob es einen Zusammenhang zwischen Reichtum und erotischer Ausstrahlung geben würde, erwiderte er: »Nein, das sieht man an Berlin. Wir sind zwar arm, aber trotzdem sexy.« Dieser Satz entwickelte sich später zu Wowereits berühmten Slogan[31] und trug entscheidend dazu bei, dass die Hauptstadt in den folgenden Jahren immer mehr den Ruf des »New York des 21. Jahrhunderts« erhielt. Wer etwas auf sich hielt und dazugehören wollte, der zog nach Mitte, Prenzlauer Berg oder Friedrichshain.

Der perfekte Moment wird niemals kommen, darum legen Sie noch heute los mit Ihrer Persönlichkeitsentwicklung.

Und nun kommt das Spannende, denn die wirtschaftlichen Rahmenbedingungen waren zur damaligen Zeit wahrlich nicht perfekt, die Bürger mussten viele Einschnitte hinnehmen. Doch der Slogan »Arm, aber sexy!« sorgte dafür, dass die Berliner plötzlich wieder stolz auf ihren Kudamm, den Hackeschen Markt und die Friedrichstraße waren. Klar, schließlich will doch jeder gern sexy sein, nicht wahr? Und dieser Mentalitätswandel hatte entsprechende Folgen. Der berühmte Wind of Change wehte durch Berlin, und auf der ganzen Welt galt die ehemals als eher verstaubt wahrgenommene Hauptstadt plötzlich als innovativ, weltoffen und dynamisch. Andere Metropolen hatten mit Sicherheit bessere Rahmenbedingungen, ausgetüfteltere Entwicklungskonzepte und eine höhere Finanzkraft, aber in Berlin hatte sich eine Kultur der Veränderung etabliert, der London, Paris und Madrid einfach nicht das Wasser reichen konnten.

»Okay, Ilja, dass Berlin vor vielen Jahren aus dem Dornröschenschlaf erwacht ist, mag ja schön sein, aber ich wohne eben in Düsseldorf, Erfurt oder Altötting. Was hat das jetzt mit der Perfektionsfalle zu tun?« Das ist relativ einfach zu erklären. In dem Jahr, als Klaus Wowereit dem Focus das berühmte Interview gab, bin ich nämlich gerade von Hamburg nach Berlin gezogen. So hatte ich das Glück, dass ich die Entwicklung zur pulsierenden Weltmetropole hautnah miterleben konnte. Und eine Sache hat mich immer wieder aufs Neue fasziniert: Die Zeiten konnten noch so schlecht, die Rahmenbedingungen noch so hart und die Aussichten noch so düster sein – die Menschen waren sich immer einig. Voller Stolz verkündete man das neue Lebensmotto: »Na und? Wir sind arm, aber sexy!« Und je häufiger ich diese Mentalität miterleben durfte, desto mehr faszinierte mich die entstandene Veränderungskultur, die sich durch sämtliche sozialen Schichten zog. Und genau darin liegt die Lösung für unser Problem: eine innere Haltung zu entwickeln, die es einem erlaubt, Fehler zu machen und unperfekt zu sein. Denn eines sollten Sie sich immer wieder verdeutlichen. Egal, wie gut ein Plan auch sein mag, sobald die ersten Schritte gegangen wurden, kommen die unerwarteten Hindernisse, Herausforderungen und Rückschläge, die uns zur Neujustierung und Improvisation zwingen. Lassen Sie uns daher von Berlin lernen und laut in die Welt hinausrufen:

Wir mögen unperfekt sein. Aber dabei sind wir verdammt sexy!

Und zwar, weil wir handeln, mutige Entscheidungen treffen und Wege gehen, die vorher noch niemand gegangen ist. Und weil unser Motto lautet:

Lieber unperfekt gestartet als perfekt gezögert.

Welche Ziele Sie sich auch immer gesetzt haben: Befreien Sie sich aus der Perfektionsfalle. Denn Sie sind gut genug und haben alles, um in die erfolgreiche Umsetzung zu gelangen. Und irgendwann kommt nun einmal der Moment, an dem Sie endlich anfangen müssen. Lieber unperfekt begonnen als perfekt gezögert. Natürlich, auf dem Weg werden Sie viele Fehler machen, unvorhergesehene Probleme lösen und Hindernisse aus dem Weg räumen müssen. Aber erstens ist das nun einmal so im Leben und zweitens ist dies der einzige Weg, um zu lernen, zu wachsen und sich weiterzuentwickeln. Hier ist meine Faustformel:

Bereiten Sie sich so viel vor wie nötig, aber so wenig wie möglich.

Und dann legen Sie los. Geben Sie sich mit 80 Prozent zufrieden, denn 100 werden Sie sowieso niemals erreichen. Kommen Sie ins Handeln und lernen Sie auf dem Weg. Und je mehr Sie sich trauen, unperfekt anzufangen, desto erfolgreicher werden Sie sein. Oder wie es der koreanische Künstler Nam June Paik einmal so treffend ausdrückte: »Wenn zu perfekt, lieber Gott böse!« Und ich setze noch einen oben drauf: Wir Macher mögen zwar unperfekt sein, dafür sind wir aber verdammt sexy. Und das ist etwas, was die Zögerer, Zauderer und Perfektionsfetischisten niemals erreichen werden. Denn während die anderen reden, machen wir einfach. Ist es nicht so?

Die 7-Sekunden-Regel

Wussten Sie, dass die zunehmende Digitalisierung unseres Lebensstils dafür gesorgt hat, dass Ihre Aufmerksamkeitsspanne niedriger als die eines Goldfisches ist? (Habe ich nun Ihre volle Aufmerksamkeit?) Laut einer Microsoft-Studie aus dem Jahr 2015[32] hat sich diese nämlich in den letzten Jahren von 13 Sekunden (2013) auf nur noch acht Sekunden zurückentwickelt, während es bei den Fischen immerhin noch neun sind. Und auch wenn die in der Studie verwendete Ursprungsquelle durchaus umstritten ist, so sagt uns der gesunde Menschenverstand, dass es immer schwieriger wird, die vielen Reize um uns herum zu verarbeiten und sich zu 100 Prozent auf eine einzige Sache zu fokussieren. Dies hat auch enorme Auswirkungen auf Ihre Umsetzungskompetenz. Die Neurowissenschaften wissen heute zwar noch längst nicht alles über das menschliche Gehirn, aber die moderne Forschung fördert immer mehr faszinierende Details an die Oberfläche. Dazu die Anmerkung: Gängige Aussagen wie »Das Gehirn hat zwei Hälften, eine für Logik und die andere für Kreativität« oder »Wir nutzen nur zehn Prozent unserer Gehirnkapazität« sind wissenschaftlich nicht haltbar, werden aber trotzdem gern von Motivationstrainern gebetsmühlenartig wiederholt. Richtiger werden sie dadurch jedoch nicht.

In einem faszinierenden Experiment am Max-Planck-Institut für Kognitions- und Neurowissenschaften hat Professor John-Dylan Haynes die Prozesse erforscht, die vor einer rationalen Entscheidung im Gehirn ablaufen.[33] In einem Interview nach dem Experiment berichtete er: »Viele Prozesse im Gehirn laufen automatisch und ohne Beteiligung des Bewusstseins ab. Dies schützt uns vor einer Überladung durch einfach Routineaufgaben. Doch wenn es um Entscheidungen geht, dann neigen wir zu der Annahme, dass wir diese vollständig bewusst treffen. Unsere Forschungen stellen diese Annahme in Frage.« (Übrigens ein wunderbares Beispiel für kritisches Denken, auf das wir später noch intensiv zu sprechen kommen.) In der Studie wurde den Teilnehmern nämlich eine einfache Aufgabe gegeben. Sie konnten frei entscheiden, ob sie einen vor ihnen liegenden Knopf mit der rechten oder der linken Hand drücken wollten. Sie wurden instruiert, diese Entscheidung ohne Zeitvorgabe zu treffen, sollten sich jedoch merken, wann genau sie es taten, während parallel die Aktivitäten und Prozesse im Gehirn gemessen wurden. Das Ergebnis: Anhand der Messungen konnten die Wissenschaftler bereits sieben Sekunden vor der bewussten Entscheidung prognostizieren, wie diese ausfallen würde. Ich zitiere an dieser Stelle gern Mr. Spock: »Faszinierend!« Lassen Sie sich diese Erkenntnis noch einmal auf der Zunge zergehen:

Unsere täglichen Entscheidungen sind auf unbewusster Ebene bereits gefallen, bevor wir sie dann mit vollem Bewusstsein wirklich treffen.

Stellen Sie sich einmal vor, wir beide würden uns in diesem Moment zum ersten Mal persönlich begegnen. Und nun zählen Sie bitte laut mit: »7 – 6 – 5 – 4 – 3 – 2 – 1«. Innerhalb dieser 7-Sekunden-Zeitspanne haben Sie sich nicht nur einen visuellen Eindruck von mir gemacht, sondern diesen auch mit Ihren internen Bewertungsmaßstäben, Vorlieben und Erfahrungen abgeglichen und sich ein Urteil gebildet. Dies führt dazu, dass ich Ihnen entweder sympathisch bin oder Sie mich auf unbewusster Ebene nicht leiden können. Gleichzeitig entscheiden Sie, ob ich kompetent wirke, humorvoll bin und als potenzieller Geschäfts- oder Sexualpartner infrage komme. Und nun schließt sich der Kreis, denn derselbe unbewusste Prozess bestimmt, ob Sie in einer bestimmten Situation zögern oder handeln. Wann immer Sie einen Impuls verspüren, etwas zu sagen, zu tun oder zu machen, ohne dass Sie es bewusst steuern würden, arbeitet Ihr Gehirn sieben Sekunden lang auf Hochtouren. Es beantwortet Fragen wie: »Welche negativen Erfahrungen habe ich in der Vergangenheit gemacht?«, »Was kann alles schiefgehen?«, »Was mögen meine Kollegen denken?« oder »Bin ich gut genug?« Sie wissen, wovon ich spreche, nicht wahr? Wenn nicht, dann denken Sie einfach an den Moment zurück, in dem Sie als junger Mensch in einer Diskothek waren und Ihren vermeintlichen Traumpartner auserkoren haben. Obwohl Ihnen die Schmetterlinge im Bauch laut zuriefen: »Auf geht's, ansprechen!«, passierte dann eben doch nichts. Weil Ihnen die 7-Sekunden-Regel einen Strich durch die Rechnung gemacht hatte.

Die 7-Sekunden-Regel ist das perfekte Umsetzungsprogramm für Ihre Vorhaben.

Wenn Sie innerhalb der sieben Sekunden nicht in irgendeiner Form aktiv geworden sind, dann wird nichts passieren. Ganz im Gegenteil, Ihr Gehirn wird Sie rausquatschen. Sie werden zögern, Ausreden finden oder sich mit anderen Tätigkeiten ablenken. Und je häufiger Sie auf diese Art und Weise reagieren, desto normaler wird es – bis sich irgendwann sogar eine starke Gewohnheit daraus entwickelt haben wird. Bedenken Sie bitte, dass all dies unbewusst und automatisiert abläuft. Der Großteil der Menschen bekommt es also überhaupt nicht mit, dass man sich selbst ein wunderbar zuverlässiges Programm für Zögern und Passivität heruntergeladen und installiert hat.

Doch zum Glück können Sie diese Erkenntnis auch nutzen, um sich ein perfekt funktionierendes Umsetzungsprogramm anzutrainieren. Dieses Tool nenne ich die 7-Sekunden-Regel. Diese sollten Sie ab sofort so oft es geht bewusst anwenden. Wann immer Sie ab heute einen Impuls verspüren – das wichtige Mitarbeitergespräch zu führen, den schwierigen Kunden anzurufen, ein Lob auszusprechen, einen anderen Menschen kennenzulernen oder eine Idee in die Tat umzusetzen –, Sie haben genau sieben Sekunden Zeit, um auf irgendeine Art und Weise körperlich ins Machen zu kommen.

Wann immer Sie einen Impuls verspüren, etwas zu tun, zu sagen oder umzusetzen: Sie haben sieben Sekunden Zeit, um körperlich ins Handeln zu kommen.

Dies muss nicht unbedingt eine große Handlung sein, auch Kleinigkeiten helfen. Greifen Sie zum Telefonhörer, schreiben Sie etwas auf, etablieren Sie Blickkontakt oder öffnen Sie Ihren Laptop, um die wichtige E-Mail zu schreiben. Hauptsache, Sie kommen in Bewegung. Dies ist so wichtig, weil Körper und Geist gleichberechtigte Teile ein und desselben Systems sind. Verändert sich die eine Hälfte, dann hat das Auswirkungen auf die andere und umgekehrt. Ich kann Ihnen gar nicht sagen, wie sehr die 7-Sekunden-Regel meine Umsetzungskompetenz gesteigert hat. Das Gleiche gilt für Tausende meiner Zuhörer. Und sie kann es auch für Sie tun. Starten Sie den Prozess anfänglich so bewusst wie möglich. Sie verspüren einen Impuls? Zählen Sie innerlich rückwärts: 7 – 6 – 5 – 4 – 3 – 2 – 1. Und noch bevor Sie bei 1 angelangt sind, machen Sie es einfach. Wann immer Sie sich in einer Situation befinden, in der Sie sich fragen: »Soll ich oder soll ich nicht?«, zählen Sie 7 – 6 – 5 – 4 – 3 – 2 – 1. Und dann machen Sie es einfach.

Wann immer Ihnen ein Gedanke wie »Ich mache das lieber später / morgen / nächste Woche / etc.« im Kopf herumschwirrt, zählen Sie 7 – 6 – 5 – 4 – 3 – 2 – 1. Und dann machen Sie es einfach. Wieder und immer wieder. Je häufiger Sie dies trainieren, desto eher entwickeln Sie eine kraftvolle Gewohnheit. Weil Sie mit jeder Anwendung der 7-Sekunden-Regel Ihre unbewusst ablaufende Automatisierung von Zögern auf Machen umprogrammieren. Und ehe Sie sichs versehen, werden Sie von Ihrem Umfeld höchstwahrscheinlich als Glückspilz bezeichnet. Dabei haben Sie nur die Transformation vom Zögerer zum Macher durchlaufen. Doch tatsächlich gibt es eine direkte Korrelation zwischen der 7-Sekunden-Regel und der Häufigkeit des Faktors Glück in Ihrem Leben. Warum das so ist und wie Sie diesen Zusammenhang bestmöglich nutzen, erfahren Sie im nächsten Abschnitt. Sind Sie bereit? Sie haben genau sieben Sekunden Zeit, um weiterzulesen. 7 – 6 – 5 – 4 – 3 – 2 – 1.

Mach Dein eigenes Glück

Als Kind war ich ein riesengroßer Fan der lustigen Taschenbücher von Disney. Was habe ich es geliebt, stundenlang unter der Bettdecke zu schmökern und begeistert den Abenteuern von Micky Maus, Kater Karlo oder Kommissar Hunter zu folgen. Besonders begeisterte mich aber die Familie Duck. Da gab es Onkel Dagobert, der mit nur einem Kreuzer Startkapital zum reichsten Mann von Entenhausen wurde und seine Tage damit verbrachte, durch seine zahlreichen Geldspeicher zu flanieren. Die drei bauernschlauen Neffen Tick, Trick und Track mischten das Pfadfinderlager vom Fähnlein Fieselschweif kräftig auf und die schöne Daisy verdrehte ihren beiden Verehrern Donald Duck und Gustav Gans kräftig den Kopf. Gerade die beiden letztgenannten Charaktere konnten verschiedener nicht sein. Da war zum einen der sympathische, wenn auch vollkommen tollpatschige Donald, dem das Pech an den Hacken zu kleben schien, während sein arroganter und fauler Vetter Gustav von einer Glückssträhne nach der anderen verfolgt zu werden schien. Und ich weiß es noch wie heute, dass ich mir damals nichts sehnlicher wünschte, als eines Tages einen ähnlichen Lebensstil wie die glücksverwöhnte Gans mit der Tolle führen zu können.[34] Vor meinem geistigen Auge sah ich mich schon in der Hängematte auf meiner Veranda liegen, während ich meinen Lebensunterhalt mit Lotteriegewinnen, dem Finden von Diamanten oder dem Erhalt von Briefen mit Bargeld verdienen würde.

Heute, knappe 35 Jahre später, finde ich die Familie Duck zwar immer noch richtig klasse, und da meine Kinder mittlerweile auch die lustigen Taschenbücher lesen, habe ich sogar die Gelegenheit, ab und zu mal reinzuschauen. Jedoch habe ich eine wichtige Lektion des Lebens gelernt und verinnerlicht:

Alles, was es wert ist, erreicht zu werden, ist das Ergebnis von Fleiß, harter Arbeit und Durchhaltevermögen.

Nichts, aber auch wirklich nichts fällt einfach so vom Himmel in unseren Schoß. Alles, was konsumiert wird, muss vorher produziert werden. Alles, was man ausgibt, muss vorher verdient werden. Und alles, was man nehmen möchte, muss jemand anders geben – sollten Sie zufällig Politiker sein, würde ich mir wünschen, dass Sie diesen Absatz besonders genau lesen. Was mich aber auch als Erwachsener immer noch sehr interessiert, ist das Thema Glück. Denn ist die Welt nicht voller Donalds und Gustavs? Kennen Sie nicht auch Menschen, denen das Pech geradezu am Stiefel zu kleben scheint, während andere eine Glückssträhne nach der anderen in ihr Leben ziehen? Wir wollen uns daher an dieser Stelle einer wichtigen Frage widmen: Spielt der Faktor Glück eine Rolle, wenn es um Erfolg in den verschiedensten Lebensbereichen geht? Die vordergründige Antwort hierauf ist ein klares Nein. Wenn Sie sich erfolgreiche Menschen anschauen, dann können Sie immer wieder dieselben Zutaten beobachten, die zu den außergewöhnlichen Ergebnissen geführt haben: mutige Ideen, Fleiß, harte Arbeit, die Bereitschaft, Fehler zu machen, Durchhaltevermögen und die Fähigkeit, andere Menschen für die eigene Vision zu begeistern. Auch die Wissenschaft kann keine Korrelation zwischen Erfolg und Glück feststellen, und so definiert Wikipedia Glück als »positiven Zufall«.[35] Und von Zufall spricht man eben immer dann, »wenn für ein einzelnes Ereignis oder das Zusammentreffen mehrerer Ereignisse keine kausale Erklärung gegeben werden kann«.[36] Objektiv betrachtet scheint es also so zu sein, dass Glück für die Persönlichkeitsentwicklung nur eine untergeordnete Rolle spielt, und vermeintliche Experten nutzen diese Erkenntnis dann gern, um zu proklamieren, dass Erfolg planbar wäre.

Doch der gesunde Menschenverstand sagt uns, dass da irgendetwas nicht stimmen kann. Das Leben lässt sich nun einmal nicht am Reißbrett designen, und natürlich gibt es eine durchaus große Anzahl an Leuten, die ihren Erfolg glücklichen Zufällen zu verdanken haben. In alter Gustav-Gans-Manier waren sie einfach zur richtigen Zeit am richtigen Ort, haben dort die richtigen Menschen getroffen und hatten eine Idee, deren Moment gekommen war. Und gleichzeitig gibt es einige Faktoren, welche die Wahrscheinlichkeit, Glück zu haben, dramatisch erhöhen.

Um nachhaltigen Erfolg zu haben, spielt der Faktor Glück eine wichtige Rolle. Die gute Nachricht: Wir können diesen Faktor selbst beeinflussen.

»Ja, wie denn nun, Ilja? Ich dachte, Glück sei ein zufälliger Faktor, wie soll ich ihn dann beeinflussen können?« Bevor ich Ihnen vier ganz konkrete Methoden vorstelle, möchte ich Ihnen gern eine weitere, weniger mathematische, dafür aber praxisorientiertere Definition präsentieren:

Glück entsteht, wenn harte Arbeit auf die passende Gelegenheit trifft.

Es ist in der Tat möglich, sich sein eigenes Glück zu erschaffen. Je aktiver wir sind, Dinge ausprobieren, Fehler machen und unser Netzwerk erweitern, desto höher wird die Wahrscheinlichkeit, dass irgendwann die Gelegenheit gekommen ist, die wir im Nachhinein als Glück bezeichnen können. Doch das Gegenteil ist der Fall, denn es handelt sich de facto nur um die Belohnung für Ihren unermüdlichen Einsatz. Aus diesem Grund ist das Glück auch immer mit den Tüchtigen und der berühmte Last-Minute-Dusel des FC Bayern München in Wirklichkeit hart erarbeitet. Denn wenn Sie sich pro Spiel doppelt so viele Chancen erspielen wie Ihr Gegner, dann ist eben auch die Wahrscheinlichkeit, dass ein Ball glücklich ins Tor gelangt, doppelt so hoch. Woody Allen hat dies wunderbar auf den Punkt gebracht, als er sagte:»80 % of success in life is just showing up.« (Ich verzichte hier bewusst auf eine Übersetzung ins Deutsche, weil die Aussage dann nicht die gleiche Bedeutung hätte.) Und genau so ist es. Wer zu Hause auf der Coach sitzend darauf wartet, endlich auch einmal Glück zu haben, den wird das Leben bitter enttäuschen. Wer sich aber aufmacht, sich aktiv verändert und hart für seine Träume arbeitet, der wird irgendwann zwangsläufig Momente erleben, die von außen betrachtet wie Glück aussehen. Wann das sein wird, lässt sich leider niemals planen. Im Folgenden möchte ich Ihnen aber vier Faktoren vorstellen, welche die Wahrscheinlichkeit, dass es eher früher als später passiert, deutlich erhöhen. Ich nenne sie die vier Glücks-Booster, und hier sind sie:

> **Erhöhen Sie die Wahrscheinlichkeit, dass Sie vom Glück begünstigt werden.**

Glücks-Booster #1: Die Freiheit des Festlegens

Ich bin mir bewusst, dass es durchaus komisch klingt, aber tatsächlich liegt die größtmögliche Freiheit darin, sich festzulegen. Wenn

Sie sich jedoch umschauen, dann können Sie vor allem das gegenteilige Muster entdecken. Niemand will sich mehr entscheiden, weil man sich gern sämtliche Optionen offenhalten will. Das gilt für Beziehungen genauso wie für Projekte oder den täglichen Job. Ganz nach dem Motto: Ich investiere erst einmal nur 80 Prozent, denn wer weiß schon, ob nicht noch etwas Besseres kommt. Doch das Gegenteil ist der Fall. Je mehr Sie sich mit Haut und Haaren für eine Sache bewusst entscheiden, desto mehr werden Sie eine ungeahnte innere Freiheit erfahren. Weil Sie sich auf diese Art und Weise committen und Ihre gesamte Energie bündeln. Ich habe dabei ein ganz einfaches System, welches mir hilft, meine Prioritäten klar zu definieren. Immer, wenn ich vor einer schwierigen Entscheidung stehe, dann entscheide ich mich zwischen zwei Möglichkeiten: Entweder ich sage von Herzen »Au Ja« zu einer Wahl (und natürlich auch zu sämtlichen Konsequenzen, die sich daraus ergeben, den positiven wie den negativen) oder ich entscheide mich für ein Nein. Dazwischen gibt es bei mir nichts, denn ich habe mich vor langer Zeit von sämtlichen Wischiwaschi-Entscheidungen verabschiedet. Mein innerer Freiheitsgrad dankt es mir jeden Tag. Denn nur wer sich festlegt, ist wirklich frei.

Sagen Sie #Au Ja oder Nein. Dazwischen gibt es nichts.

Glücks-Booster #2: Sich gut fühlen ohne Grund

Während ich diese Zeilen schreibe, befinde ich mich auf einem Kreuzfahrtschiff, das gerade in Lissabon vor Anker liegt. Und eine Tatsache fällt mir jeden Tag an Bord auf: Obwohl das Meer einfach wunderschön, die Verpflegung umwerfend und das Wetter traumhaft ist, befindet sich der Großteil der Menschen um mich herum in einem von drei verschiedenen Modi: Man unterhält sich über vergangene Reisen, plant die im nächsten Jahr anstehenden oder beschwert sich über die Zustände auf der aktuellen – Sie wissen schon, Letztere sind diese Menschen, die auch am schönsten Himmel noch eine kleine Wolke entdecken, die ihnen dann den Tag versaut. Es versteht sich von selbst, dass diese nörgelnden Zeitgenossen es dabei komplett versäumen, die Gegenwart zu genießen. Und wahrscheinlich fällt es mir auch nur so extrem auf, weil ich gemeinsam mit den beiden größten Vorbildern reise, die ich kenne: meinen beiden Töchtern Emma und

Elisabeth. Sie können sich gar nicht vorstellen, mit welcher Neugier, Freude und Dankbarkeit die zwei jeden einzelnen Moment der Reise genossen haben. Als Elisabeth eines Tages wieder einmal vor Glück strahlend in unsere Kabine kam, fragte ich sie:»Was ist denn mit dir los, warum strahlst du denn so?« Ihre Antwort war zugleich naiv und vorbildlich:»Einfach nur so, Papa!« Das bringt mich zu einer wichtigen Frage:

Wann haben Sie sich das letzte Mal ohne Grund gut gefühlt?

Einfach nur so, weil Sie es können. Was, daran können Sie sich nicht mehr erinnern? Dann sollten Sie das aber schleunigst ändern, denn Ihre Fähigkeit, sich ohne Grund gut zu fühlen, hängt entscheidend mit Ihrer generellen Lebensqualität zusammen.

Entscheidungen, die wir aus einem negativen Zustand heraus treffen, führen niemals zu positiven Ergebnissen.

Wirklich niemals. Oder haben Sie jemals eine gute Entscheidung aus einem schlechten Zustand heraus getroffen? Entscheiden wir hingegen auf der Basis von Freude, Überfluss und Dankbarkeit, dann sehen die Resultate eben auch entsprechend aus. Lernen Sie also, sich gut zu fühlen. So oft es geht. Indem Sie nicht in der Vergangenheit oder der Zukunft leben, sondern stets den aktuellen Moment genießen.[37] Je mehr Sie in der Lage sind, dies einfach nur so und vollkommen ohne Grund zu tun, desto mehr werden Sie auch die Situationen genießen können, in denen ein externer Faktor Ihr Leben schöner, intensiver und glücklicher macht.

Glücks-Booster #3: Den Wolf im Schafspelz identifizieren
Können Sie sich noch an das Märchen von Rotkäppchen erinnern? Dort ist das kleine Mädchen mit einem Korb voller Lebensmittel auf dem Weg zu seiner Großmutter. Es hat eigentlich ein klares Ziel und weiß genau, welchen Weg es gehen muss. Doch dann taucht plötzlich der böse Wolf am Wegesrand auf und lenkt es ab. Das Ende ist bekannt, denn kurze Zeit später wird das Rotkäppchen von dem als Großmutter verkleideten Wolf gefressen. Und falls Sie sich jetzt fragen, warum ich gerade jetzt von einem Märchen erzähle, dann

kommt hier die Auflösung: Auch in Ihrem Alltag lauert der böse Wolf permanent am Wegesrand. Was, das haben Sie noch nie bemerkt? Kein Wunder, er hat ja auch kein graues Fell und scharfe Zähne. So leicht ist er nicht zu erkennen.

Ich spreche von den vielen Zeitfressern, Ablenkungen und vermeintlichen Abkürzungen, die Sie so häufig von Ihrem eigentlichen Vorhaben abbringen. Denn Hand aufs Herz, wie häufig sind Sie nur mit irgendwelchen unwichtigen Dingen beschäftigt, anstatt sich produktiv und fokussiert Ihrem wichtigen Ziel zu widmen? Wie häufig arbeiten Sie an einem Projekt und sind gedanklich ganz woanders? Wie häufig wollten Sie schon eine wichtige Aufgabe angehen, haben dann aber doch wieder Ihren Facebook Feed gescheckt? Wie häufig konnten Sie Ihren Kindern beim gemeinsamen Ausflug nicht die notwendige Aufmerksamkeit schenken, weil Sie nebenbei noch berufliche E-Mails beantwortet haben? In all diesen Fällen versucht Sie der böse Wolf vom Wegesrand zu locken, um Sie schlussendlich zu fressen. Um Ihr persönliches Glück zu steigern, sollten Sie lernen, den Wolf in Ihrem Alltag zu identifizieren und sich nicht ablenken zu lassen. Ihre Zeitfresser zu eliminieren, sich zu fokussieren und immer nur eine Aufgabe auf einmal zu erledigen. Denken Sie an den Satz, den ich Ihnen bereits vorgestellt habe:

»If you're in the room, be in the room!«

Wenn du im Raum bist, dann sei im Raum. Ich kenne keine Philosophie, die besser geeignet wäre, um die unterschiedlichsten Wölfe Ihres Alltags zuverlässig zu identifizieren und sich einer Sache zu 100 Prozent zu verschreiben. Konzentrieren Sie sich auf das, was wirklich zählt. Mit Haut und Haaren. Und lassen Sie den Rest einfach los. Ihre Resultate werden es Ihnen danken.

Glücks-Booster #4: Seien Sie positiv. Immer!

An nichts glaube ich so sehr wie an die Kraft einer positiven Einstellung. Kennen Sie auch nur einen einzigen negativen Menschen, der jemals einen positiven Unterschied gemacht hat? Sehen Sie.

Bei gleichen Rahmenbedingungen ist es immer die innere Haltung, die den Unterschied zwischen Erfolg oder Niederlage, gut oder großartig sowie Glück oder Pech ausmacht.

Natürlich bedeutet dies nicht, dass Sie wie einer dieser Licht-und-Liebe-Gurus mit der rosaroten Brille durchs Leben laufen, Probleme schlichtweg ignorieren und sich die Herausforderungen des Alltags schönreden sollen. Ganz im Gegenteil, denn Probleme gehören nun einmal zum Leben dazu. Entscheidend ist aber, wie wir damit umgehen. Die Faustformel lautet: Erkenne das Problem und denke zur selben Zeit schon darüber nach, wie man es bestmöglich lösen kann. Auf diese Art und Weise denken Sie immer in Möglichkeiten und niemals in Limitationen. Sie agieren aus einer Mentalität des Überflusses heraus und zeigen dem Mangeldenken die rote Karte. Vor allem aber ändern Sie sich, anstatt darauf zu hoffen, dass die äußeren Umstände sich ändern. Vergessen Sie bitte eines niemals: Ihre Attitüde ist nichts Nebensächliches. Sie ist alles. Denn sie bestimmt Ihre Grundhaltung, Ihre Chancenerkennungs-Kompetenz und vor allem Ihre Zufriedenheit im Leben. Ich wünsche mir daher, dass Sie die drei goldenen Regeln einer erfolgreichen Attitüde nie mehr vergessen:

Regel 1: Seien Sie immer positiv.
Regel 2: Seien Sie immer positiv.
Regel 3: Seien Sie immer positiv.

Die Welt ist voller negativer, frustrierter und miesepetriger Menschen. Aber es sind immer die positiven Changemaker, die sie jeden Tag aus den Angeln heben und eine ordentliche Delle ins Universum hauen.

Mit diesen vier Boostern werden Sie in der Lage sein, Ihren persönlichen Glücksfaktor ordentlich in die Höhe schnellen zu lassen. Doch natürlich ist Glück nicht nur etwas, das man hat oder das einem zufällt. Es ist vor allem auch ein Zustand. Möglicherweise sogar der, nach dem wir Menschen am meisten streben. Doch die große Masse macht dabei den entscheidenden Fehler, Glück als etwas zu betrachten, was von externen Faktoren bestimmt wird. Welch ein Irrtum. Denn Glück ist niemals ein Ziel, welches man erreicht, wenn bestimmte Dinge passieren, man andere besitzt oder etwas erlebt. Glück ist etwas vollkommen anderes. Es ist eine grundlegende Haltung zum Leben. Eine bewusste Wahl. Eine Glücks-Attitüde. Probieren Sie diese am besten noch heute aus und seien Sie glücklich. Ohne jeglichen Grund. Einfach, weil Sie es können.

MACHER-MEMO: Die fünf großen Ideen dieses Kapitels

1. Veränderung geschieht nur, wenn Sie sich verändern. Wenn Sie es nicht tun, dann tut es niemand.

2. Der perfekte Moment wird niemals kommen. Daher gilt: Lieber unperfekt gestartet als perfekt gezögert.

3. Nutzen Sie die 7-Sekunden-Regel, um Ihre Macher-Mentalität zu trainieren.

4. Glück entsteht, wenn harte Arbeit auf die passende Gelegenheit trifft.

5. Es gibt vier Booster, mit denen Sie sich Ihr eigenes Glück erschaffen können: Legen Sie sich fest. Lernen Sie, sich ohne Grund gut zu fühlen. Identifizieren Sie den Wolf im Schafspelz. Und seien Sie positiv. Immer!

8. Erfolg ist ein Arschloch

»I wake up in the morning, and the sun begins to shine.
The day did sneak up on the night.
I see your face and I see myself, and I get a little taste of life.
I try to stand it for a while.
But I'm in a trance.«
The Scorpions, »In Trance«

»Erfolg ist ein Arschloch!« Ich knallte den Satz meinem Spiegelbild voller Verachtung ins Gesicht. Es war eine Silvesternacht vor vielen Jahren. Ich war damals noch Geschäftsführer bei Karstadt und nach einer weiteren Versetzung ganz frisch in einer neuen Stadt. Trotz des besonderen Tages hatte ich, wie so häufig, lange gearbeitet und kehrte erst gegen 19:00 Uhr abends in mein möbliertes Appartement zurück. Ich spüre eine gewisse Beklommenheit. Kein Wunder, denn es war der erste Jahreswechsel, den ich komplett allein verbringen sollte. In einer Stadt, die ich mir nicht ausgesucht habe und in der ich keinen einzigen Menschen kenne. Während allerorten Partys steigen, Korken knallen und ausgelassenes Lachen in meine Ohren dringt, sieht meine Abendplanung anders aus. Erst eine Pizza vom Lieferservice, ein Sechserpack Bier zum Runterspülen, dann ein wenig Fernsehschauen und um Mitternacht mit mir selbst anstoßen. Ein absoluter Tiefpunkt in meinem Leben, denn noch nie hatte ich mich dermaßen einsam und leer gefühlt. Und das zu einer Zeit, in der mich mein gesamtes Umfeld als sehr erfolgreich bezeichnet hätte. Kein Wunder, denn von außen betrachtet war ich tatsächlich so etwas wie ein Überflieger, der die Karriereleiter im Sturm eroberte und all das erreicht hatte, wovon andere nur träumten. Es gab nur ein riesiges Problem: Wenn das tatsächlich wahr sein sollte, warum war ich dann innerlich so frustriert?

Und plötzlich übermannten mich meine negativen Emotionen, und ich war der festen Überzeugung: Erfolg ist ein Arschloch. Denn wenn man für Erfolg im Leben einen solchen Preis zahlen musste, dann wollte ich auf keinen Fall erfolgreich sein. Wenig später ging ich deprimiert ins Bett, bevor ich mich zwei Tage später wieder ins Hamsterrad stürzte. Heute bin ich für diese Silvesternacht sehr dankbar, denn mein absoluter Tiefpunkt war gleichzeitig ein Wendepunkt in meinem Leben. Es war, als ob in mir ein Schalter umgelegt wurde. Ich begriff zum ersten Mal so richtig, dass meine Frustration nichts mit den äußeren Umständen zu tun hatte, sondern ausschließlich das Ergebnis meiner eigenen Entscheidungen war, die ich im Laufe der letzten Jahre getroffen hatte – und natürlich auch von den Entscheidungen, die ich nicht getroffen hatte. Nicht der Erfolg war das Arschloch, sondern einzig und allein ich selbst. Weil ich mich von einer Erfolgsdefinition hatte leiten lassen, die nicht die meine war. Weil ich meine eigene Story schon lange nicht mehr besaß und mich an den Erwartungen anderer Menschen orientierte. Und es gab nur einen Menschen, der etwas daran ändern konnte. Das war ich. Also gab ich mir selbst mein Wort, mich zu verändern. Nicht nur ein wenig, sondern radikal. Keine Kompromisse mehr zu akzeptieren, sondern endlich mein eigenes Ding zu machen. Dies gelang mir nicht von heute auf morgen, denn ich musste erst herausfinden, was ich wirklich wollte. Aber die Samen waren gesät, und auch heute noch zehre ich von der Ernte. Dabei habe ich drei Dinge gelernt:

> Wenn Sie nicht das erreichen, was Sie sich erhoffen, gibt es nur einen Verantwortlichen: Und das sind Sie selbst.

1. Es sind niemals die glänzenden, blinkenden und glamourösen Momente in unserem Leben, die unseren Charakter formen. Es sind die Tiefpunkte, denn diese sind so gut wie immer auch Wendepunkte.
2. Unzufriedenheit, Niederlagen oder Frustration können extrem starke Motivationsquellen sein, wenn wir es schaffen, diese kraftvollen Emotionen in Produktivität und eine entsprechende »Jetzt-erst-recht-Mentalität« umzuwandeln.
3. Erfolg ist eine individuelle Sache, die jeder Mensch anders definiert.

Ja, nun geht es ans Eingemachte. Denn ich möchte mit Ihnen in diesem Kapitel über das Wort sprechen, das ich vor so vielen Jahren zu Unrecht als Arschloch bezeichnet habe. Über kein anderes Thema wurden jemals so viele Bücher geschrieben, Vorträge gehalten und Artikel veröffentlicht. Der Unternehmer Darren Hardy hat ihm mit einem der erfolgreichsten Magazine der Welt sogar eine gedruckte Hommage erwiesen[38], und seit Kurzem gibt es in Deutschland das entsprechende Pendant, Change-Award-Preisträger Julien D. Backhaus sei Dank. Und ich möchte gleich mit einer sehr persönlichen Frage beginnen: Würden Sie sich als erfolgreich bezeichnen? Gar nicht so einfach zu beantworten, nicht wahr? Denn tatsächlich ist Erfolg wesentlich vielschichtiger als das, was uns in den Medien immer als Prototyp verkauft wird. Ich meine das dicke Bankkonto, die Rolex am Handgelenk, die steile Karriere, den Porsche in der Garage, die Yacht im Hafen von Monaco und insgesamt ein Leben, das von Luxus und Statussymbolen gekennzeichnet ist. Sehen Sie sich eine beliebige Werbeanzeige Ihrer Wahl an oder laufen Sie durch eine beliebige Shopping Mall, und Sie wissen, wovon ich spreche.

Vermeiden Sie es, ein Leben zu führen, das sich im Widerspruch mit Ihrer Identität befindet.

Doch genau diese auf externe Faktoren und Anerkennung von anderen Menschen fixierte Erfolgsdefinition führt dazu, dass immer mehr Menschen Zielen hinterherlaufen, die nicht ihre eigenen sind. Sie folgen dem Diktat des Zeitgeistes, erliegen den Verlockungen der modernen Medienwelt und entfernen sich dabei unmerklich, aber stetig von ihren eigenen Werten, Überzeugungen und Träumen. Und das macht auf Dauer extrem unzufrieden. Weil man unbewusst spürt, dass man ein Leben führt, das sich im Widerspruch mit der eigenen Identität befindet.

Denn lässt sich Erfolg wirklich nur an materiellen Dingen, äußerlichen Errungenschaften und dem Erreichen von gesellschaftlich konformen Zielen festmachen? Ist es kein Erfolg, wenn eine alleinerziehende Mutter ihre drei Kinder großzieht, nebenbei zwei Jobs gleichzeitig erledigt und trotzdem glücklich und zufrieden ist? Ist es kein Erfolg, wenn eine Familie sich entscheidet, fernab der Großstadt in einem alten Bauernhaus zu leben und sich komplett autark zu versorgen? Und ist es kein Erfolg, wenn ein erfolgreicher Rechtsanwalt seine Karriere an den Nagel hängt, von zehn Dollar am Tag als Tauchlehrer in Thailand lebt, durch diese Tätigkeit aber endlich seinen Seelenfrieden gefunden hat? Dies sind nur drei Beispiele von Millionen anderer, die eines deutlich zeigen: Erfolg entsteht immer von innen nach außen, wenn wir zum Beispiel ein Vorhaben in die Tat umgesetzt, ein für uns wichtiges Ziel erreicht oder eine bedeutende Entscheidung getroffen haben. Vor allem aber ist Erfolg immer mit unserem ganz persönlichen Veränderungs-Diamanten verknüpft. Denn es sind Ihre Identität, Ihre Werte und Ihre Überzeugungen, die schlussendlich darüber bestimmen, was Ihnen wirklich wichtig ist im Leben. Natürlich spielen Geld und materielle Dinge immer eine gewisse Rolle; all die Menschen, die Ihnen einreden wollen, dass Geld nicht wichtig wäre, sagen Ihnen nicht die Wahrheit. Es darf aber nicht zum Selbstzweck entfremdet werden. Denn die für Glück, Zufriedenheit und Erfüllung zuständigen Faktoren liegen in der Regel auf einer ganz anderen Ebene.

Ich möchte Ihnen daher die gleiche Frage stellen, die ich meinen Coachingkunden ebenfalls stelle:

Was bedeutet Erfolg für Sie?

An dieser Stelle im Buch sollten Sie bereits eine gewisse Klarheit darüber haben, was Ihnen wirklich wichtig ist, was Sie antreibt und was Ihrem Leben einen Sinn gibt. Dies wird Ihnen bei der Beantwortung der Frage sehr nützlich sein, und ich kann gar nicht genug betonen, wie wichtig die intensive Reflexion für Ihre persönliche Zukunft ist. Muss ich noch einmal darauf hinweisen, dass Sie unbedingt radikal ehrlich zu sich selbst sein müssen? Wie immer gilt auch hier: Den Menschen in Ihrem Umfeld können Sie eine gewisse Zeit lang etwas vormachen. Aber die Person, die Sie jeden Morgen im Spiegel anblickt, spürt sehr deutlich, wenn sich Schein und Sein dauerhaft nicht im Einklang befinden.

Nun also »Butter bei die Fische«, wie man in meiner norddeutschen Heimat zu sagen pflegt, jetzt kommen die Fakten: Wie lautet Ihre ganz persönliche Definition von Erfolg? Ist es die steile Karriere in einem globalen Konzern? Der Traum vom eigenen Unternehmen? Oder vielleicht ein harmonisches Familienleben auf dem Land mit fünf Kindern, einem großen Sammelsurium an Haustieren und einem eigenen Hof?

Blenden Sie bitte sämtliche Gedanken an andere Menschen, fremde Erwartungen oder gesellschaftliche Konformität aus. Es ist Ihr Leben und Ihre Zufriedenheit, und somit auch Ihre Definition von Erfolg. »Okay, Ilja, aber ich finde schnelle Autos, eine Menge Kohle und ein internationales Jetset-Leben ehrlich gesagt ziemlich sexy.« Wunderbar. Wenn Geld und materielle Dinge für Sie wichtig sind, dann tun Sie alles dafür, um möglichst viel davon zu bekommen. Wenn es aber etwas vollkommen anderes ist, dann geben Sie diesen Bedürfnissen bitte den entsprechenden Raum. Ich selbst erfreue mich immer wieder an den luxuriösen Aspekten des Lebens. Ich sammle schöne (und leider auch teure) Uhren, wohne auf Reisen lieber im Ritz Carlton als in der Pauschalbettenburg im Gewerbegebiet und gebe für nichts so gern so viel Geld aus wie für gutes Essen in exzellenten Restaurants. Es erfüllt mich jedes Mal wieder mit Dankbarkeit, dass ich es mir erarbeitet habe, mir all diesen Luxus leisten zu können. Aber ich brauche diese Annehmlichkeiten nicht, um glücklich zu sein, und könnte auch jederzeit ohne sie leben. Allein dieses Bewusstsein erhöht meinen persönlichen Freiheitsgrad dramatisch.

Je besser Sie wissen, was Ihnen wichtig ist, desto besser können Sie auch die Worthülse Erfolg mit einem entsprechenden Inhalt füllen. Und dies versetzt Sie in die Lage, Ihr Leben, Ihren Job und Ihren Alltag so auszurichten, um in all diesen Bereichen erfolgreich sein zu können. Um Sie dabei bestmöglich zu unterstützen, möchte ich Ihnen gern meine Erfolgs-Formel an die Hand geben, die Sie bei jeder nur denkbaren Erfolgsdefinition anwenden können. Abschließen möchte ich die Einführung in dieses Kapitel mit einem Mantra, welches mir schon häufig treue Dienste geleistet hat und das dies auch bei Ihnen tun kann. Es lautet:

Wenn es sich gut anfühlt, kann es so schlecht nicht sein!

Da ist eine Menge dran, nicht wahr?

Die Erfolgs-Formel

Die eigene und individuelle Definition von Erfolg ist das unabdingbare Fundament für Glück und Zufriedenheit im Leben. Und um dann auch dauerhaft und insbesondere einfach erfolgreich sein zu können, wollen wir nun den abstrakten Begriff Erfolg mit Leben füllen und ihn mit den entsprechenden Taten in konkrete Resultate transformieren. Denn unter dem Strich entspringt Erfolg der konsequenten und ständigen Wiederholung von vermeintlich kleinen Dingen. Und darum lautet meine ganz persönliche Erfolgs-Formel[39]:

Erfolg = Klarheit x Fokus x Fleiß

Echter und nachhaltiger Erfolg ist immer das Resultat aus diesen drei Faktoren. Los geht es mit einer tiefen Klarheit über das, was einem wichtig ist. Es folgt die bedingungslose Fokussierung auf die dafür notwendigen Faktoren. Und wenn Sie diese beiden Eigenschaften dann noch mit harter, motivierter und insbesondere langfristiger Arbeit kombinieren, wird sich der Erfolg fast schon zwangsläufig einstellen. Lassen Sie uns die einzelnen Bestandteile der Erfolgs-Formel daher etwas genauer unter die Lupe nehmen.

Erfolgsfaktor Nummer 1: Klarheit

Als Kinder haben wir oft Cowboy und Indianer gespielt. Jeder von uns hatte seine Präferenzen, welche Rolle wir in unserem nachmittäglichen Treiben übernehmen wollten. Allerdings hatten wir damals nicht sehr viel Auswahl, einfach weil uns die entsprechenden Vorbilder fehlten. Und so spielten die einen meist den Apachen-Häuptling Winnetou, während die anderen lieber Marschall Matt Dillon sein wollten, das ist der Protagonist aus der coolen Serie »Rauchende Colts«. Heutzutage gibt es Superhelden wie Sand am Meer (meine Favoriten sind eindeutig Batman, Ironman und der Waschbär Rocket von den Guardians of the Galaxy), und wenn ich meine Kinder beim Spielen beobachte, geht es gar nicht mehr so sehr darum, welche Rolle sie übernehmen wollen, sondern um eine ganz andere Frage: *»Welche Superkraft hättest du gern?«*

Bei den darauffolgenden Antworten fangen die Augen dann regelmäßig an zu strahlen. Gedankenlesen, Unsichtbarkeit, Zeitreisen, Schnelligkeit, Fliegen oder die Fähigkeit, Gegenstände nur mit der Kraft der Gedanken bewegen zu können, sind nur einige der Dinge, welche sich Kinder heutzutage wünschen. Was würden Sie mir antworten? Welche wäre Ihre bevorzugte Superkraft? Meine Wahl wird Sie wahrscheinlich überraschen, denn ich würde mich für Klarheit entscheiden. Keine andere Eigenschaft hat eine so entscheidende Bedeutung, wenn es darum geht, ein erfülltes und zufriedenes Leben zu führen. Und auch für unsere individuelle Definition von Erfolg ist Klarheit unabdingbar. Nur, wenn Sie wissen, was Sie wollen, was Ihnen wichtig ist und was Sie wirklich glücklich macht – und natürlich auch, was Sie nicht wollen, was Ihnen nicht wichtig ist und was Sie unglücklich macht –, können Sie die notwendigen Entscheidungen treffen, um es auch zu bekommen.

> **Finden Sie heraus, was Sie wollen und was Ihnen wichtig ist und Sie wirklich glücklich macht.**

Wenn Sie die bisherigen Kapitel dazu genutzt haben, einen mutigen Blick in den Spiegel zu wagen, dann sollten Sie an dieser Stelle bereits über einen hohen Grade an Klarheit verfügen. Sind Sie hingegen immer noch ein wenig unsicher, dann empfehle ich Ihnen, sich das zweite Kapitel, »Was wichtig ist«, noch einmal intensiv durchzulesen. Denn unter dem Strich steht und fällt der eigene Klarheitsgrad mit der Beantwortung der Frage, was wirklich zählt im Leben und was man genau von ebendiesem erwartet. Und so kommt es zu einem besonderen Dominoeffekt, der mich immer wieder fasziniert. Ich habe ihn bei mir selbst bestaunen dürfen, aber auch in der Arbeit mit meinen Kunden. Klarheit führt im ersten Schritt zu mehr Verbindlichkeit, denn das erhöhte Bewusstsein über die eigenen Werte und das, was man wirklich will, macht sich natürlich auch in der eigenen Kommunikation bemerkbar. Sie entscheiden schneller, nachvollziehbarer und geben den Menschen in Ihrem Umfeld Orientierung. Dadurch erhöht sich Ihr Charisma und schlussendlich der Wirkungsgrad, den Sie in den verschiedenen Lebensbereichen erzielen.

Klarheit → Verbindlichkeit → Wirkung

Doch die Klarheit sorgt noch für einen weiteren, ebenfalls sehr entscheidenden Nebeneffekt. Die Amerikaner bezeichnen diesen gern als *Skin in the Game*, und der Begriff lässt sich am ehesten mit Commitment übersetzen. Ich habe übrigens lange gesucht, aber mir ist kein deutsches Wort eingefallen, welches den Sinn von Commitment auch nur annähernd beschreiben würde. Verzeihen Sie mir also bitte den Anglizismus. Aber Sie wissen, worauf ich hinaus möchte, oder? Denn wenn Ihnen etwas wirklich wichtig ist, dann tun Sie auch alles dafür, um es in die Tat umzusetzen. Sie investieren Zeit, Energie und Geld. Sie gehen die Extrameile und halten durch, wenn Sie auf Gegenwind stoßen oder Ihre ursprüngliche Motivation etwas nachlässt. Egal, was Sie vorhaben, achten Sie bitte immer drauf, dass Sie *Skin in the Game* haben, dass es Ihnen wirklich wichtig ist.

Ihre Motivation lässt nach? Fragen Sie sich:
Habe ich genügend Skin in the Game?

Welche Auswirkungen dies haben kann, beobachte ich regelmäßig bei meinen eigenen Seminaren und Veranstaltungen. Manchmal biete ich vergünstigte Tickets an oder lade sogar jemanden ein – dies mache ich für Menschen, die am Anfang ihrer Karriere stehen oder gerade eine schwere finanzielle Phase durchmachen. Allerdings stelle ich bei dieser Teilnehmergruppe regelmäßig fest, dass die Menschen zwar mit großen Ambitionen in die Kurse starten, es aber meistens an der Umsetzung scheitert. Dies ist bei den Teilnehmern, welche die volle Teilnahmegebühr gezahlt haben, vollkommen anders. Hier folgen den Worten in der Regel auch die entsprechenden Taten. Weil diese Menschen *Skin in the Game* haben. Weil sie eine durchaus hohe Summe Geld in sich selbst investiert und dadurch den eigenen Anspruch massiv nach oben geschraubt haben. Klarheit führt also nicht nur zu mehr Verbindlichkeit und zu einer hohen Wirkung, sondern schlussendlich auch zu einer gesteigerten Umsetzungskompetenz.

Erfolgsfaktor Nummer 2: Fokus

Nachdem Sie an Ihrer Klarheit gearbeitet haben, geht es nun darum, Ihre Kräfte zu bündeln und den Fokus auszurichten. Sich auf das zu konzentrieren, was Sie wirklich voranbringt, und sich nicht mit Unwichtigem abzulenken und zu verzetteln. Ich empfehle Ihnen hierfür die Metapher von Himmel und Hölle. Was verbirgt sich dahinter? Ganz einfach. Die ausschließliche Fokussierung auf zwei Bereiche: Auf der einen Seite ist der Himmel. Damit meine ich alles, was mit Ihren Träumen, Ihrer Vision und Ihrer Strategie zusammenhängt. Man könnte es auch die Arbeit an Ihrem Unternehmen bzw. Ihrem Leben nennen. Um sich eine Eselsbrücke zu bauen, können Sie auch gern an Luftschlösser denken, die so riesig sind, dass nur ganz hoch über ihnen Platz ist. Tja, und dann ist da natürlich noch die Hölle. Damit meine ich die harte Arbeit, das Machen und die konkrete Umsetzung der Strategie, die Sie im Himmel entwickelt haben. Lassen Sie sich bitte nicht von der negativen Bedeutung des Wortes Hölle irritieren, aber ich habe mich für den Begriff entschieden, weil er nun mal das Antidot für den Himmel ist. Und wenn wir ehrlich sind, dann kann die Fokussierung auf die drei viel zitierten Buchstaben T, U und N sich manchmal auch ein wenig wie die Hölle anfühlen, nicht wahr? Das ist der berühmt-berüchtigte Preis, den wir zu zahlen bereit sein müssen. (Ich stelle mir im Kopf gern die Stimme von Wolfgang Petry vor, der lauthals »Hölle, Hölle, Hölle« schmettert, und schon bin ich wieder positiv ausgerichtet. Unbedingt ausprobieren!)

Der Erfolg liegt im Himmel oder in der Hölle.
Alles, was dazwischen ist, lenkt Sie nur ab.

Die Metapher von Himmel und Hölle kann ein wunderbarer Wegweiser für Ihren Fokus sein. Wie auch immer Ihre konkreten Ziele und Vorhaben aussehen, fragen Sie sich stets: Bewege ich mich im Himmel oder in der Hölle? Anders ausgedrückt: Nutzen Sie Ihre drei wichtigsten Ressourcen Zeit, Energie und Geld ab sofort nur noch für Aufgaben, die direkt mit diesen beiden Bereichen zu tun haben – also entweder mit Ihrer Vision, Ihrer Strategie oder dem Entwickeln großer Ideen – oder aber mit der konkreten Umsetzung dieser Dinge. Alles, was sich dazwischen befindet, sollten Sie entweder delegieren oder sein lassen. Denn mit den Aufgaben, die sich zwischen Himmel und Hölle befinden, sind Sie zwar ganz wunderbar beschäftigt, aber unter dem Strich ist es nur eine Ablenkung, die nicht produktiv ist und Sie auch nicht Ihren Zielen näherbringt. Richten Sie also Ihren Fokus aus. Ihr Erfolg wird es Ihnen danken.

Erfolgsfaktor Nummer 3: Fleiß

Ich möchte Ihnen gern drei meiner tiefsten Überzeugungen mitteilen: »Ohne Fleiß kein Preis«, »Das Glück ist mit dem Tüchtigen« und »Langfristig schlägt der Fleiß immer das Talent«. Denn an nichts glaube ich so sehr wie an die gute alte harte Arbeit. »Aber Ilja, das ist doch nun wirklich überholt, denn in Zeiten des digitalen Wandels kommt es doch wohl viel mehr darauf an, smart zu arbeiten, oder?« Diesen Einwand höre ich regelmäßig. Und doch bleibe ich bei meiner Aussage. Denn smart arbeitet heute jeder. Ich übrigens auch. Weil es einfach die absolute Grundvoraussetzung ist, keineswegs aber ein Differenzierungsmerkmal. Und weil das so ist, zahlt sich harte Arbeit dann eben doch aus.

> **Arbeiten Sie smart und hart. Diese seltene Kombination gibt Ihnen automatisch ein Alleinstellungsmerkmal.**

Damit sind wir also beim dritten Faktor der Erfolgs-Formel, nämlich dem Fleiß. Wenn Sie wissen, was Ihnen wichtig ist, und Sie Ihren gesamten Fokus auf diese Dinge ausrichten, dann kommt es darauf an, wie intensiv und insbesondere langfristig Sie ins Machen kommen. Und zwar nicht nur ein Mal, sondern wieder und wieder. Auch an Tagen, an denen Sie keine Lust haben. Wenn Sie mit einem Rückschlag zu kämpfen haben. Wenn Sie am liebsten alles hinschmeißen würden. In all diesen Situationen hilft Ihnen der Fleiß dabei, trotzdem dranzubleiben. Eines meiner großen Idole, der Terminator Arnold Schwarzenegger himself, hat das in seiner berühmten »Six Rules of Success«-Rede[40] mit zwei legendären Sätzen perfekt auf den Punkt gebracht:

> **»You can't climb the ladder of success with your hands in your pocket« und »While you are taking a nap, somebody else is working his butt off«.**

In der Übersetzung heißt das »Du kannst die Erfolgsleiter nicht mit den Händen in der Tasche erklimmen« und »Während du ein Nickerchen machst, reißt sich jemand anderes gerade den Allerwertesten auf«. Dem gibt es nichts mehr hinzuzufügen. Ohne Fleiß kein Erfolg. So einfach ist es.

Das waren die drei Faktoren der Erfolgs-Formel. Klarheit. Fokus. Und Fleiß. Lassen Sie diese Eigenschaften zu einem festen Teil Ihrer Lebenseinstellung werden und der Erfolg wird sich in sämtlichen Lebensbereichen zwangsläufig einstellen. Natürlich bedeutet dies nicht, dass es ab sofort leichter wird oder gar alles von allein läuft. Ganz im Gegenteil, Sie werden weiterhin Fehler machen, Rückschläge erleben und mit Niederlagen zu kämpfen haben. Aber Sie werden an diesen Herausforderungen wachsen und besser werden. Und das ist vielleicht der größte Erfolg von allen. Allerdings: Je mehr Sie sich zutrauen, desto mehr werden auch wieder die Nörgler, Besserwisser und Miesepeter aus ihren Löchern gekrochen kommen. Für Ihre persönliche Zufriedenheit wird es daher entscheidend sein, dass Sie sich trauen, noch viel mehr Ihr Ding zu machen. Und genau darum soll es im nächsten Abschnitt gehen.

> **Lassen Sie die Faktoren Klarheit, Fokus und Fleiß zum festen Teil Ihrer Lebenseinstellung werden.**

Die Kunst des kritischen Denkens

Als international tätiger Keynote Speaker habe ich das große Vergnügen, von meinen Kunden für Konferenzen rund um den Globus gebucht zu werden. Klingt sexy, oder? Und das ist es bis zu einem gewissen Grad auch, allerdings bedeutet es natürlich auch, dass ich sehr viel Zeit auf Flughäfen und an Bord der unterschiedlichsten Flugzeuge verbringe, was zugegebenermaßen nicht gerade zu meinen Lieblingsbeschäftigungen gehört. Das Fliegen selbst liebe ich übrigens. Es ist die Warterei und die zunehmende Kompliziertheit von Flugreisen, die ich nicht mag. Doch ich mache das Beste daraus und nutze die vielen Stunden in der Luft für eine sehr wichtige Sache, die im sonst häufig hektischen Alltag gern auf der Strecke bleibt. Ich genieße die Zeit für mich. Ich lese einen spannenden Krimi, schaue mir einen aktuellen Kinofilm im Bordentertainment an oder denke über das Leben an sich nach. Keine eingehende E-Mail, kein Telefonanruf und auch keine sonstige Ablenkung kann mich dabei stören, und es ist ein wenig wie ein Spa für meine Seele. Doch wenn ich mich auf meinen vielen Flugreisen so umschaue, dann sind die meisten Menschen vor allem im »Funktioniermodus« unterwegs. Sie sprechen hektisch in ihre Mobiltelefone hinein, plaudern dabei sehr gern in extrem hoher Lautstärke Firmeninterna aus, sodass sämtliche Menschen in ihrem Umfeld genauestens über die aktuellen Probleme im Unternehmen Bescheid wissen, klappen direkt nach dem Start ihren Laptop auf und beackern mit einer faszinierenden Besessenheit umfangreiche Excel-Tabellen. Doch woran liegt das? Warum schaffen es manche Menschen nicht einmal auf einem 45-minütigen Flug von Berlin nach Frankfurt, ein wenig zu entspannen? Zum einen habe ich die Vermutung, dass sich so mancher Manager – und zunehmend auch so manche Managerin – selbst für zu wichtig hält und dem fatalen Irrtum erlegen ist, dass die Firma keine einzige Stunde ohne ihn auskommen würde. Der andere Grund ist allerdings noch verbreiteter. Menschen schaffen es einfach nicht, aus ihren gewohnten Routinen und Standardabläufen auszubrechen. Und natürlich sind gewohnte Abläufe wichtig, denn sie geben unserem Job eine gewisse Stabilität und Vertrautheit, denken Sie nur an das Kernbedürfnis Sicherheit. Doch wenn man in den eigenen Routinen gefangen ist, kippt diese grundsätzlich positive Eigenschaft schnell ins Negative. Wenn Abläufe, Prozesse und Verhaltensweisen nicht mehr hinterfragt werden, dann nehmen sie nämlich gern eine Tendenz zum Absurden, Lächerlichen und Stupiden an.

Der Fokus sollte IMMER auf die Bedürfnisse Ihrer Kunden ausgerichtet sein, niemals auf interne Prozesse.

Haben Sie sich nicht auch schon einmal geärgert, wenn Mitarbeiter eines Unternehmens Sie als Kunden vollkommen aus den Augen verloren haben und sich ihr Verhalten ausschließlich an firmeninternen Prozessen und Anforderungen orientiert? In solchen Fällen muss ich immer an den genialen Buchtitel meines geschätzten Kollegen Edgar Geffroy denken, der es so schön auf den Punkt gebracht hat:

»Das Einzige, was stört, ist der Kunde!«

Insbesondere wenn ich an Behördenbesuche oder Anrufe bei Hotlines von großen Konzernen denke, fallen mir spontan Hunderte Beispiele ein, aber da wir gerade bei Flugreisen waren, bleiben wir gleich dabei. Haben Sie sich auch schon einmal gefragt, warum die Abläufe an Bord so sind, wie sie sind? Warum muss die Crew wirklich jedes Mal die Sicherheitsanweisungen erläutern, obwohl sowieso niemand zuhört? Warum soll mein kleines I-Phone in der Lage sein, den Betrieb eines riesigen Airbus A380 zu stören, aber umgekehrt gibt es keine Schwierigkeiten?[41] Und jedes Mal aufs Neue frage ich mich, wo die Flugbegleiter ihre Ansagen lernen. Und damit meine ich natürlich den meist irrelevanten Inhalt, besonders aber die Form. Ganz im Ernst, kein normaler Mensch spricht so gekünstelt und mit einem so offensichtlich zur Schau gestellten Desinteresse. Kein Wunder, dass niemand zuhört. Die immer gleichen Ansagen aus dem Cockpit fallen übrigens in exakt dieselbe Kategorie. Seit vielen Jahren wundere ich mich, wen es tatsächlich interessiert, in welcher Flughöhe man sich befindet, wie die Außentemperatur ist und von wo der Wind am Zielflughafen kommt. Diese Infos mögen zwar für den Kapitän und seinen Co-Piloten spannend sein, aber die Passagiere aka die Kunden interessiert so etwas gleich null.

Die Antwort lautet wie in so vielen anderen Bereichen des Lebens: Das hat man schon immer so gemacht. Irgendwann wurde ein Prozess in Gang gesetzt, der nun von allen Beteiligten zuverlässig abgearbeitet wird, ohne dass irgendjemand ihn kritisch hinterfragen würde. Der ausführende Mensch wischt jede Frage nach einem Sinn beiseite und durchläuft eine Metamorphose zur stupide ausführenden Arbeitsbiene. Dies führt zu einem fatalen Verhalten. Man denkt nur noch in internen Abläufen, Regeln und Mechanismen und vergisst dabei vollkommen die Bedürfnisse der eigenen Kunden.

Doch zum Glück gibt es immer mehr Menschen, die sich mit dem Killerargument »Das haben wir schon immer so gemacht« nicht mehr abspeisen lassen.

Menschen also, die selbstständig denken, den Status quo kritisch hinterfragen und dann dem seelenlosen Prozess wieder eine Bedeutung geben. Vor Kurzem flog ich spät abends von München heim nach Berlin. Und auf einmal geschah das Unerwartete. Der Pilot meldete sich aus dem Cockpit. Mit einer vollkommen normalen Stimme verkündete er: »Liebe Gäste, ich möchte Sie einladen, einmal aus dem Fenster zu schauen. So eine sternenklare Nacht erleben auch wir Piloten selten. Es ist einfach eine wunderschöne Aussicht. In diesem Moment können Sie fast komplett über Brandenburg schauen. Und unsere Passagiere auf der linken Seite haben besonders viel Glück, denn der Anblick, wenn wir gleich auf Berlin zufliegen, ist einfach atemberaubend. Er fasziniert auch mich jedes Mal wieder. Das wollte ich Ihnen nur kurz mitteilen. Ich wünsche Ihnen weiterhin einen guten Flug. Danke, dass mein Team und ich Sie heute sicher an Ihr Ziel bringen durften.«

Verbannen Sie die Platitüde »Das hat man schon immer so gemacht« aus Ihrem Wortschatz.

Wie häufig erleben Sie Situationen, wo Sie spontan applaudieren möchten? Zum Glück stand der Mann beim Aussteigen vor seinem Cockpit, sodass ich (und viele andere Gäste) ihm die Hand schütteln und Danke sagen konnte. Denn auch wenn es nur ein paar Sätze waren, so hat das Abweichen von der stupiden (und in meinen Augen sinnlosen) Routine dazu geführt, dass wir einen dieser magischen Momente erlebten, an die man noch lange und gern denkt. Und wenn Sie genau hinschauen, dann ist das ganze Leben voll mit solchen Menschen. Doch leider haben wir uns zu sehr daran gewöhnt, dass die große Masse lieber nach Schema F handelt und das Denken den Vorschriften und sinnlosen Regeln überlässt. Ein weiterer wichtiger Baustein des Erfolgs ist daher das kritische Denken. Eine Fähigkeit, die leider sehr selten geworden ist, weil sich sehr viele Menschen daran gewöhnt haben, dass ihnen die Medien, die Politik oder anonyme Gremien schon sagen, was wichtig, richtig oder falsch ist. Erliegen Sie dieser fatalen Bequemlichkeit bitte niemals, sondern kultivieren Sie die Kunst des kritischen Denkens. Und damit meine ich auf keinen Fall, dass Sie einer dieser Anti-Menschen werden sollen, die grundsätzlich gegen alles sind. Nein, kritisches Denken ist vor allem die Frage nach dem Sinn, nach Relevanz oder nach Kundenorientierung. Mein Rat: Hinterfragen Sie alles. Sinnlose Prozesse, interne Abläufe und stupide Routinen. Hinterfragen Sie festgefahrene Meinungen, Überzeugungen und Vorurteile, natürlich besonders Ihre eigenen.

Hinterfragen Sie alles. Inklusive dieses Impulses, dass Sie alles hinterfragen sollten.

Zwei Dinge werden geschehen, sobald Sie beginnen, als kritischer Denker einen Unterschied zu machen: Zum einen werden Sie eine Menge Gegenwind von Ihrem Umfeld erhalten. Kein Wunder, denn Sie hinterfragen auf einmal als allgemeingültig angesehene Prozesse, Routinen und Abläufe. Das ist nicht immer angenehm, aber was wäre die Alternative? Und noch etwas wird passieren. Sie werden einen dramatischen Anstieg an Erfüllung, Zufriedenheit und Bedeutung in Ihrem Alltag feststellen. Weil Sie nur noch Dinge tun, die wirklich einen Sinn haben, und sämtlichen sinnlosen Tätigkeiten eine klare Absage erteilen. Damit Ihnen das in Zukunft noch wesentlich leichter fällt, möchte ich Ihnen gern drei konkrete Tools vorstellen, die Sie bei der Kultivierung des kritischen Denkens unterstützen.

Kritisches Denken Tool #1: Stellen Sie die Sinnfrage

Der beste Wegweiser, den wir im Leben haben, ist der Sinn. Dieser gibt einem gewöhnlichen Job eine Bedeutung, einer Routine eine Daseinsberechtigung und unserem Leben Signifikanz. Nur am Rande: Etwas kann sinnvoll sein oder Sinn haben, aber die weitverbreitete Redewendung »Das macht Sinn« ist sinnlos.[42] Dies ist wieder ein Beispiel dafür, dass etwas von allen verwendet und dann schließlich von niemandem mehr kritisch hinterfragt wird.

Fragen Sie sich stets: »Woher weiß ich das?«

Kommen wir nun zu der alles entscheidenden Frage, mit der Sie die Meinungen, Vorurteile, Werte, Überzeugungen und vermeintlichen Tatsachen Ihres Umfelds und natürlich auch von Ihnen selbst zuverlässig auf den Prüfstand stellen können. Die Frage lautet: *Woher weiß ich das?* Um eine Antwort geben zu können, zwingen Sie sich selbst, zum Kern Ihrer Ursprungserfahrung durchzudringen und dadurch die Sinnhaftigkeit zu überprüfen. Je häufiger Sie sich diese Frage stellen, desto mehr werden Sie feststellen, wie viele Meinungen und Überzeugungen wir einfach von anderen Menschen, den Medien oder unserem Umfeld übernommen haben. Das erfordert auf der einen Seite natürlich Mut, andererseits ist es die einzige Möglichkeit, wenn Sie ein selbstbestimmtes und auf eigenen Standards basierendes Leben führen wollen.

Kritisches Denken Tool #2: Erstellen Sie eine Not-to-do-Liste

Ja, Sie haben richtig gelesen. Erstellen Sie eine Liste mit Dingen, die Sie ab sofort und ganz bewusst *nicht* mehr tun werden. Denn ist es nicht so? Eine klassische To-do-Liste nimmt gern einmal gigantische Ausmaße an, und oftmals fühlen wir uns von der Masse an Verpflichtungen schlicht und einfach überfordert. Dagegen gibt es zum Glück ein extrem wirkungsvolles Gegenmittel: Prioritäten setzen und konsequent Nein sagen. Nein zu den Zeitfressern. Nein zum Verzetteln. Nein zu all den Aufgaben, mit denen wir uns tagein, tagaus so gern beschäftigen, die uns aber schlussendlich nicht einen Zentimeter näher an unsere Ziele bringen. Sie erinnern sich, ich habe es im vierten Kapitel schon einmal erwähnt: Je mehr Sie dieses Neinsagen kultivieren, desto mehr sagen Sie gleichzeitig Ja. Ja zu mehr persönlicher Freiheit. Ja zu mehr Fokussierung. Ja zu mehr Selbstbestimmung. Schnappen Sie sich also Ihr Journal oder ein Blatt Papier, und dann notieren Sie all die Dinge, die Sie ab sofort nicht mehr tun werden. Schon nach wenigen Tagen werden Sie feststellen, wie Ihr Zeitmanagement effektiver und produktiver wird. Und als schöner Nebeneffekt erhöht sich beim Erstellen Ihrer Not-to-Do-Liste auch zeitgleich Ihr innerer Klarheitsgrad.

Kritisches Denken Tool #3: Erstellen Sie eine IDGAF-Liste

Und schon kommt die nächste Liste, die es so richtig in sich hat. Ähnlich wie die Not-to-to-Liste legt auch ihre große Schwester, die IDGAF-Liste, ihren Fokus auf das Loslassen, das Neinsagen und das Sichabgrenzen. Allerdings ist ihre Wirkung noch eine Spur kraftvoller. Und natürlich ist auch der Name eine Spur cooler, denn IDGAF steht für »I don't give a fuck!«. Und genau diese Attitüde ist unabdingbar, wenn Sie ein selbstbestimmtes Leben führen wollen. Denn je mehr Sie Ihr Ding machen, desto mehr werden Sie in Ihrem Umfeld folgende Reaktionen erleben: Unverständnis, Kritik, Ablehnung, Besserwisserei, Nörgelei, aktive Opposition und sehr gern auch subtile emotionale Erpressung. Sie hören Sätze wie »Du kannst doch nicht einfach …«, »Du solltest aber …« oder »Du musst dringend …«. Kommt Ihnen das bekannt vor?

Auf der einen Seite können Sie ein wenig stolz sein, wenn Sie solche Reaktionen auf Ihre Persönlichkeit erhalten, weil Menschen sich ausschließlich an Ecken und Kanten reiben können. Andererseits kann es aber auch zu einer echten Belastung werden, wenn der Gegenwind zu heftig wird. Umso wichtiger ist es, sich davon zu lösen, was andere Menschen über Sie denken, von Ihnen erwarten oder verlangen, wie Sie zu funktionieren haben. All das können Sie zwar nicht verhindern, aber Sie können die Entscheidung treffen, dass es Sie ab sofort nicht mehr interessiert. Orientieren Sie sich daher ab sofort am Mantra von Bestsellerautor Tommy Jaud, der es so wunderbar auf den Punkt gebracht hat: »Einen Scheiß muss ich!« Und dann erstellen Sie Ihre ganz persönliche IDGAF-Liste. Notieren Sie alles, was Ihnen am Allerwertesten vorbeigeht: ob anderen Menschen Ihr Leben, Ihre Meinung, Ihre Entscheidungen oder Ihre Ideen passen. Wie Ihre Kleidung ankommt, was man zu Ihrem Fahrstil oder Musikgeschmack sagt. All die vielen Dinge, bei denen Sie innerlich sagen: »I don't give a fuck! So lange es mich glücklich macht, ist es mir egal, was andere Menschen davon halten.« Je mehr Sie sich auf diese Weise von den Erwartungen anderer lösen, desto mehr können Sie sich an Ihrem eigenen Anspruch und den eigenen Standards orientieren.

> **Mit der IDGAF-Liste (er)lösen Sie sich von den Erwartungen anderer Menschen.**

Mit diesen drei Tools bringen Sie die Fähigkeit des kritischen Denkens auf ein neues Level. Hängen Sie die beiden Listen am besten gut sichtbar an Ihrem Arbeitsplatz auf, damit Sie sich jeden Tag daran orientieren können. Und dann genießen Sie Ihr Leben als kritischer Denker. Sie mögen anderen Menschen in einer Zeit der Gleichmacherei, der Uniformität und des Mittelmaßes zwar häufig wie ein Exot vorkommen, aber es ist die einzige Möglichkeit, um ein erfülltes und glückliches Leben zu führen. Tja, und selbstverständlich sollten Sie auch diese Behauptung umgehend einer kritischen Prüfung unterziehen.

Es ist niemals zu spät, einen Unterschied zu machen

Ich werde es niemals vergessen, wie hart ich für meinen ersten bezahlten Auftritt als Redner kämpfen musste. Über ein Jahr lang hatte ich mich positioniert, Agenturen angeschrieben und potenzielle Kunden angerufen. Ohne jegliches Ergebnis. Sie können sich gar nicht vorstellen, wie häufig ich in dieser Zeit das Wort *Nein* in sämtlichen denkbaren Varianten gehört habe. Es ist schon erstaunlich, in wie vielen Varianten ein einziges Wort ausgesprochen werden kann – ich habe sie alle gehört. Bis ich eines Tages einen Anruf von der Personalleiterin eines großen Unternehmens erhielt, die ich bestimmt schon siebenmal kontaktiert hatte. Und ich dachte erst, sie wollte mich freundlich auffordern, sie nicht länger zu belästigen, aber sie sagte tatsächlich: »Herr Grzeskowitz, es hat mich viel Überzeugungskraft gekostet, aber ich habe Sie intern durchgeboxt. Wir würden Sie gern für unsere jährliche Mitarbeiterveranstaltung buchen. Hätten Sie Anfang September Zeit?« Nach außen hin antwortete ich: »Einen kleinen Augenblick, da muss ich erst in meinen Kalender schauen«, der zur damaligen Zeit vor allem durch die Farbe Weiß glänzte, weil so viele Lücken darin waren. Aber parallel führte ich mehrfach die berühmte Klopp-Säge (den Begriff gibt es wirklich) durch und stieß einen inneren Jubelschrei aus, der von Euphorie, Erleichterung und Stolz gekennzeichnet war.

Doch kaum hatte ich den Hörer aufgelegt, verwandelte sich mein Glückshormoncocktail umgehend in extreme Nervosität. Kein Wunder, denn es handelte sich um eine durchaus große Veranstaltung. Als Location hatte man die größte Halle der Stadt gewählt, ich wurde auf zwei Hochglanzseiten in der Firmenzeitung angekündigt, und der CEO – also der Chief Executive Officer, denglisch für Chef, Boss oder Vorstandsvorsitzender – holte mich höchstpersönlich mit seinem Auto vom Bahnhof ab. Nach meinen Vorrednern brodelte die Stimmung, sämtliche Scheinwerfer waren auf mich gerichtet und ich blickte in 600 Augenpaare, die gespannt auf meinen Auftritt warteten. Und dann war es soweit, der Moderator kündigte mich an: »Meine Damen und Herren, bitte begrüßen Sie mit mir den Stargast des heutigen Tages, den erfahrenen Topspeaker und erfahrenen Changeexperten Ilja Grzeskowitz.« Und dann bin ich auf die Bühne gegangen, habe einmal ganz tief durchgeatmet und hielt danach eine

Rede, die von der Qualität her nicht einmal für die Elternversammlung im Kindergarten meiner Tochter gut genug gewesen wäre. Der Applaus war mehr als dürftig, die Atmosphäre schlagartig im Keller und ich musste in fragende Gesichter blicken. Kein Wunder, heute weiß ich, dass ich in meine 45 Minuten einfach viel zu viel Informationen gepackt hatte, sodass die Zuhörer keine andere Wahl hatten, als verwirrt zu sein. Die Personalleiterin, die so für mich gekämpft hatte, kam hinterher völlig niedergeschlagen zu mir und sagte:»Wissen Sie, Herr Grzeskowitz, wir machen die Veranstaltung jetzt seit elf Jahren. Aber so schlecht war die Stimmung noch nie. Unser Chef ist sehr zeitig gegangen.«

Ich weiß nicht wieso, aber mein erster Gedanke war:»Und wie komme ich jetzt zurück zum Bahnhof?« Aber gleich darauf begriff ich, was sich ereignet hatte: Es war mein großer Tag, der Auftritt, auf den ich so lange gewartet hatte, die einmalige Chance, mich zu beweisen. Und ich hatte es komplett vermasselt. In dem Moment ist mein Traum zerplatzt wie eine Seifenblase, ich sah mich am Ende meiner Karriere als professioneller Redner, obwohl die noch gar nicht richtig angefangen hatte. Ich hatte Gedanken wie»Bestimmt hängen die ein großes Bild von mir in der Firmenzentrale auf, das mit ›Schlechtester Redner aller Zeiten‹ beschriftet ist«,»Niemand wird mich jemals wieder buchen« und»Am besten gehe ich zurück in meinen alten Job als Warenhaus-GF, das kann ich wenigstens«. Ich badete in meinem Selbstmitleid und war tatsächlich kurz davor, in ebendiesem zu ertrinken. Doch dann reichte mir das Leben seine helfende Hand, denn wenige Tage später passierte etwas, das mich rettete. Ich führte damals ein Seminar in der Schweiz durch, als mir meine Assistentin beim Aufbauen ins Ohr flüsterte:»Du, Ilja, an der Rezeption wartet eine ältere Dame, die dich gern sprechen möchte.« Und eine Minute später blicke ich in die braunen Augen einer Frau, die ungefähr 75 Jahre alt gewesen sein dürfte. Ich war mehr als beeindruckt, dass die persönliche Fortbildung für eine Dame in diesem Alter immer noch eine so hohe Priorität hatte, aber ich sollte mich gewaltig irren. Denn sie sagte tatsächlich:»Draußen wartet mein Vater. Er ist 96 Jahre alt und möchte an Ihrem Seminar teilnehmen.«

Genau in dem Moment fährt ein eleganter Herr im Rollstuhl um die Ecke. Er trägt einen perfekt sitzenden Anzug, eine dazu passende

Krawatte und unter dem Arm hält er eine uralte, aber sehr gepflegte Aktentasche. Wie selbstverständlich streckt er seine Hand aus und sagt laut:»Da bin ich.« Und etwas leiser hinterher:»Ich wollte schon zum letzten Termin kommen. Doch meine Tochter ist immer so um mich besorgt und hat meine Teilnahme wieder storniert. Also habe ich mich gestern einfach noch mal angemeldet. Und zwar heimlich.« Ist das nicht beeindruckend? Kennen Sie nicht auch Menschen, die im Alter von 20 Jahren denken, mit Beendigung der Schule hätten sie ausgelernt und wüssten schon alles, was das Leben zu bieten hat? Und ich stehe da und schüttele die Hand eines Mannes, der mit fast hundert Jahren immer noch dazulernen will. Gleichzeitig ist mein Selbstvertrauen aber immer noch ziemlich angeknackst, daher antworte ich:»Es ist mir eine große Ehre, Sie in meinem Seminar begrüßen zu dürfen, aber was kann ich Ihnen denn schon beibringen, dass Sie nicht bereits wissen?« Und er schaut mich mit einem wachen Blick an und sagt dann:»Ilja, mach Dich nicht kleiner, als Du bist. Ich habe Deine Bücher gelesen, und die sind spitze. Ich will einfach tiefer in das Thema Veränderung einsteigen. Ich bin Vorsitzender von zwei Vereinen, Verleger einer Zeitschrift und schreibe gerade an einem Buch. Ich habe noch so viele Träume, die ich mir erfüllen will. Die Zeit, die mir noch bleibt, mag begrenzt sein. Aber eines weiß ich gewiss: Es ist niemals zu spät, einen Unterschied zu machen!«

Es ist tatsächlich niemals zu spät, einen Unterschied zu machen!

Wie cool ist das denn bitte? Es ist niemals zu spät, einen Unterschied zu machen. Kennen Sie auch diese Sätze, die Ihnen schon beim ersten Hören durch Mark und Bein gehen? Genau so war es bei mir. Dieser eine Satz hat nicht nur mein Leben in den Grundfesten durchgerüttelt, sondern gleichsam meine Karriere gerettet. Wenn ein 96-jähriger Mann mit der Einstellung durchs Leben geht, dass seine beste Zeit nicht etwa hinter, sondern vor ihm liegt, wenn er so viel Optimismus und Zuversicht ausstrahlt, wenn er so viel Lust auf Veränderung hat, warum in aller Welt verschwende ich dann überhaupt einen einzigen Gedanken daran, aufzugeben? In diesem Moment habe mir geschworen, um meinen Traum zu kämpfen und ebenfalls einen Unterschied zu machen. Ich habe so hart gearbeitet wie noch nie zuvor, wie ein Besessener an meinen Büchern geschrieben und so viele Vorträge gehalten, wie ich nur konnte. Und wenn es mal wieder einen Rückschlag gab – und davon gab es eine Menge, denn wer viel handelt, der macht auch viele Fehler –, dann habe ich mir folgende Fragen gestellt: »Was kann ich daraus lernen, wie kann ich es besser machen und wie muss ich mich verändern?«

Seitdem habe ich sieben weitere Bücher veröffentlicht und in zwölf Ländern auf vier Kontinenten Vorträge gehalten. Und das Wichtigste ist: Über die Hälfte meiner Buchungen als Keynote Speaker kommt heute über persönliche Empfehlungen zufriedener und begeisterter Kunden. Darauf bin ich am meisten stolz. Aber auch wenn ich dafür riesig dankbar bin, ist das alles nur die Verpflichtung, an meiner Vision zu arbeiten, mich weiter zu verändern und jeden Tag als Persönlichkeit zu wachsen.

Denn dank der Begegnung mit diesem wundervollen Herrn weiß ich, dass es niemals zu spät ist, einen Unterschied zu machen, und dass die stärkste Motivation oftmals unseren schwersten Momenten entspringt.

Und genau das ist wahrscheinlich mein größtes Learning aus dieser Erfahrung. Dass wir niemals dann am besten sind, wenn die Sonne scheint, sondern wenn uns der Wind so richtig von vorn ins Gesicht weht. Dass jedes Problem auch immer eine Chance bietet, eine tiefe Motivation daraus zu entwickeln. Dass wir niemals aufgeben sollten, weil uns jede Niederlage nur stärker macht. Sie glauben nicht so recht daran? Dann lassen Sie mich Ihnen ein paar Beispiele geben, wie es gelingt, Probleme zu nutzen, um sich selbst zu motivieren.

- Jemand sagt zu Ihnen: »Das schaffst du niemals«. Und Sie denken sich: »Dir werde ich es zeigen« und machen es dann einfach.
- Sie erleben einen heftigen Rückschlag? So what, denken Sie sich: *»Jetzt erst recht!«*
- Sie hören die Aussage »Das ist unmöglich«. In Ihrem Kopf entwickelt sich folgender Gedanke: »Falsch, es hat bisher nur

niemand eine Möglichkeit gefunden, wie es gehen könnte. Und ich mache mich jetzt auf die Suche.«

- Sie sind mal wieder für irgendwen »zu ...« – Sie erinnern sich: »zu dick, zu dünn, zu alt, zu jung, zu unerfahren, zu groß, zu klein ...« Ihre Reaktion: »Denk, was du willst. Ich werde auch ohne deine Erlaubnis erfolgreich sein.«
- Ein nicht gelöstes Problem in Ihrem Unternehmen frustriert Sie, weil es einfach nicht angegangen wird? Sie kündigen, gründen Ihr eigenes Unternehmen und verdrängen als Problemlöser Ihren alten Arbeitgeber als Marktführer.
- Jemand sagt: »Das kannst du nicht.« Sie antworten: »Und ob!«
- Man wirft Ihnen vor: »Kannst du nicht endlich auch mal zufrieden sein?« Und Sie wissen, dass Sie tief in Ihrem Inneren extrem zufrieden sind, sich aber trotzdem niemals mit dem Status quo zufriedengeben, weil das Leben nun mal aus Wachstum und Entwicklung besteht.

Sehen Sie, was ich meine? Ich würde mir wünschen, dass Sie folgende zwei Dinge nie mehr vergessen:

1. Wann immer andere Menschen Sie kritisieren, Ihnen irgendetwas einreden oder Sie klein halten wollen, reden diese Zeitgenossen gar nicht wirklich mit Ihnen. Sie reden mit sich selbst und kritisieren in Wirklichkeit sich selbst, erklären sich selbst, warum sie der Meinung sind, dass etwas nicht ginge, und wiederholen ihre limitierenden Überzeugungen, die sich dann mit der Zeit verstärken.

2. Aus der »Jetzt erst recht«-Mentalität entspringt eine tiefe innere Motivation, die nicht nur eine hohe Intensität besitzt, sondern auch besonders lange anhält. Ärgern Sie sich also nicht, wenn Sie das nächste Mal mit Pauken und Trompeten scheitern, eine schmerzhafte Niederlage einstecken oder mit heftigem Widerstand Ihres Umfelds umgehen müssen. Diese Situationen sind nur auf den ersten Blick etwas Negatives. Langfristig entspringen ihnen vor allem Mut, ein starker Antrieb und das alles entscheidende Commitment, welches langfristig dafür sorgt, dass Ihre persönliche Definition von Erfolg auch Wirklichkeit wird.

Und wenn Sie einmal daran zweifeln sollten, dann denken Sie an die wahren Worte von Ralph Waldo Emerson, der es so wunderbar auf den Punkt gebracht hat: »Aus den Trümmern unserer Verzweiflung bauen wir unseren Charakter.« Wie recht er hatte. Denn schließlich ist es niemals zu spät, einen Unterschied zu machen.

MACHER-MEMO: Die fünf großen Ideen dieses Kapitels

1. Die Frage, die Ihr Leben verändern kann, lautet: »Was bedeutet Erfolg für mich?«

2. Die drei wichtigsten Erfolgsfaktoren sind: Klarheit. Fokus. Fleiß.

3. Hinterfragen Sie alles. Sinnlose Prozesse, interne Abläufe und stupide Routinen genauso wie festgefahrene Meinungen, Überzeugungen und Vorurteile.

4. Es ist niemals zu spät, einen Unterschied zu machen.

5. Jedes Problem bietet die große Chance, eine tiefe Motivation daraus zu entwickeln.

9. Die Smells-Like-Teen-Spirit-Regeln für ein erfülltes Leben

»With the lights out, it's less dangerous,
here we are now, entertain us.
I feel stupid and contagious,
here we are now, entertain us.«

Nirvana, »Smells Like Teen Spirit«

Ich hätte niemals gedacht, dass ein einzelner Knopfdruck das Leben komplett auf den Kopf stellen kann. Und doch ist mir genau das im Herbst 1991 passiert. Mit meinen 16 Jahren war ich auf dem Höhepunkt meiner pubertären Rebellion angekommen, und so verwundert es nicht, dass ich auf die Frage meiner Eltern, ob ich denn in den gemeinsamen Familienurlaub mitkommen würde, mit einem lapidaren »Nö. Kein Bock« antwortete. Und so kam es, dass ich zum ersten Mal in meinem Leben zwei Wochen am Stück allein für mich verantwortlich war. Vor meinem geistigen Auge sah ich die kommende Zeit schon vor mir. Stundenlanges Proben mit meiner Band, fettiges Essen vom Pizzaservice und regelmäßige Partys mit meinen Kumpels. (Ich möchte hier nicht ohne einen gewissen Stolz erwähnen, dass wir immer einen hohen Überschuss an Mädels bei unseren Partys hatten. Und das ohne Tinder, PickUp und Flirtvideos auf YouTube. Nimm das, Generation Beziehungsunfähig!)

Meine erste Amtshandlung als zeitweiliger Herr im elterlichen Reihenhaus war es, den Fernseher an meinen Hi-Fi-Turm anzuschließen, um für die nötige Dauerbeschallung mit lauter Rockmusik zu sorgen. (Für die jüngeren Leser: ein Kombigerät aus Platten-, Kassetten- und CD-Spieler.) Und dann geschah es. Ich schaltete den Kanal an, den ich damals in einer Art 24-Stunden-Dauerbeschallung konsumierte: MTV (= Music Television). Das Gitarrenriff, das kurze Zeit später aus den Boxen ertönte, traf mich wie ein Dampfhammer. Es war der berühmte Anfang von Nirvanas *Smells Like Teen Spirit*. Wie hypnotisiert starrte ich die nächsten fünf Minuten auf den Fernseher und spürte instinktiv, dass ich gerade Zeuge von etwas Außergewöhnlichem war. Mit ihrem energiegeladenen Grunge-Sound hatte die Band die Musikwelt über Nacht revolutioniert. Denn wie vorher nur Elvis, die Beatles oder Michael Jackson schaffte es Nirvana, der Musik ihren ganz persönlichen Stempel aufzudrücken. Nichts sollte danach mehr wie vorher sein, und bis heute haben sich *Smells Like Teen Spirit* und das dazugehörige Album *Nevermind* über 26 Millionen Mal verkauft.

> **Es gibt Schicksalsmomente, in denen die grundlegenden Weichen für die Zukunft gestellt werden.**

Im Nachhinein bin ich mehr als dankbar, dass ich diesen Meilenstein der Musikgeschichte hautnah miterleben durfte (Die heutige Jugend, die mit stromlinienförmigen Künstlern wie Justin Bieber, David Guetta oder Helene Fischer aufwachsen muss, tut mir da manchmal etwas leid. Na ja, eigentlich auch nicht). Gemeinsam mit dem Fall der Berliner Mauer, 9/11 und der Geburt meiner beiden Töchter gehört er zu den emotional intensivsten Momenten meines Lebens. Ich weiß es noch genau, wie wir damals alle wie Sänger Kurt Cobain sein wollten. Wir fingen an, Schlabberlook zu tragen, ließen uns die Haare wachsen und imitierten seinen Stil, Gitarre zu spielen. Wenn dieser wütende junge Mann aus Aberdeen, Washington, es schaffen konnte, dann konnten wir das auch.

Seine Geschichte faszinierte uns, denn er lebte genau das Leben, von dem wir alle träumten. Aus einfachen Verhältnissen kommend, wurde er innerhalb kürzester Zeit zu *dem* Megastar der 1990er-Jahre. Er tourte durch die ganze Welt, lebte von der Musik und die Menschen lagen ihm zu Füßen. Mit Courtney Love hatte er eine bildhübsche Frau an seiner Seite, mit der er die gemeinsame Tochter Francis Bean bekam. Alles schien perfekt und der Hype um Kurt Cobain kannte keine Grenzen. Bis sich der Sänger am 5. April 1994 seine Schrotflinte in den Mund steckte und sich selbst erschoss. Er wurde nur 27 Jahre alt. Sein Abschiedsbrief endete mit einer Textzeile aus dem

Neil-Young-Song *Hey Hey, My My*: »It's better to burn out than to fade away.«

Ich werde es wahrscheinlich nie vergessen, wie eine ganze Generation um den Tod dieses Ausnahmemusikers gemeinschaftlich eine Sintflut an Tränen vergoss. Und für mich persönlich stellte sich eine ganz konkrete Frage, die mich einfach nicht mehr loslassen wollte: Wie konnte ein Mensch, der all das erreicht hatte, wovon der Rest der Welt träumte, freiwillig aus dem Leben scheiden? Wahrscheinlich war es einer dieser Schicksalsmomente, in denen die grundlegenden Weichen für die Zukunft gestellt werden. Denn zum allerersten Mal in meinem Leben wurde mir bewusst, wie dankbar ich sein konnte. Für die Menschen in meinem Leben, für die äußeren Umstände, in denen ich aufwuchs, und für das Leben an sich, das ich damals in vollen Zügen genoss. Diese Dankbarkeit habe ich mir bis heute bewahrt. Sie hilft mir, mit einer gewissen Demut durchs Leben zu gehen und bei allem, was ich so tue, niemals die Bodenhaftung zu verlieren. Doch das ist noch lange nicht alles, denn durch den Tod von Kurt Cobain habe ich drei wichtige Lektionen gelernt, die meine Persönlichkeit geprägt und geformt haben. Ich nenne sie gern meine Smells-Like-Teen-Spirit-Regeln für ein erfülltes Leben:

SLTSR #1: Don't fake it 'til you make it

Das Leben des Nirvana-Sängers ist ein Musterbeispiel, was geschehen kann, wenn man der Erfolgsdefinition anderer Menschen folgt. Wenn man ein Leben führt, das nicht das eigene ist. Wenn man nach außen hin gute Miene zum bösen Spiel macht, innerlich aber hilflos unzufrieden ist. Deshalb gilt: Runter mit der Maske und seien Sie immer Sie selbst.

SLTSR #2: Vergeuden Sie Ihre Zeit nicht mit Negativität

Das Leben ist kostbar und oftmals schneller vorbei, als wir uns das vorstellen können. Verschwenden Sie es daher nicht mit Jammern und Zweifeln oder damit, sich Sorgen über Belanglosigkeiten zu machen. Ich halte es wie folgt: Fünf Minuten Jammern ist okay. Wenn ich mich über irgendetwas ärgere, dann erlaube ich mir, für die Dauer von *Smells Like Teen Spirit* – das übrigens genau 5:02 Minuten lang ist – meine Gefühle herauszulassen, mich meinem Frust hinzugeben und eventuell sogar etwas in Selbstmitleid zu baden. Aber danach ist sofort Schluss und ich richte meinen Fokus wieder auf Lösungen, Möglichkeiten und die schönen Dinge des Lebens aus.

SLTSR #3: Genießen Sie die Wachstumstreppe

Das Leben ist Wachstum und jede Entwicklungsstufe hat ihre magischen Momente. So sehr ich auch an einen dankbaren Blick zurück und mutige Pläne für die Zukunft glaube, noch wesentlich wichtiger ist es, die Momente auf dem Weg zu genießen. Und dann jeder einzelnen Stufe der Wachstumstreppe eine Bedeutung zu geben. Sich mit Haut und Haaren dem Moment hinzugeben und nicht auf Abkürzungen, Wunderformeln oder verschollene Geheimnisse zu hoffen. Es zu akzeptieren, dass Fehler und Rückschläge keine negativen Dinge sind, sondern unabdingbare Faktoren für langfristiges Glück und tiefe Zufriedenheit.

Dies sind meine drei Smells-Like-Teen-Spirit-Regeln, die mir seit Jahren ein treuer Begleiter sind. Ich hoffe, sie werden es auch in Ihrem Alltag. Wir wollen sie in diesem Kapitel als roten Faden nutzen, um den vielleicht wichtigsten Schritt dieses Buchs zu machen. Den auf dem Weg hin zu Ihrer wahren und echten Persönlichkeit. Und wer weiß, möglicherweise haben Sie just in diesem Moment auch den Refrain von *Smells Like Teen Spirit* im Ohr, während Sie voller Dankbarkeit auf Ihr Leben blicken und nichts, aber auch gar nichts als selbstverständlich ansehen: Ihre Gesundheit, die Menschen um Sie herum oder die Tatsache, dass Sie jeden Tag genug Essen auf dem Tisch haben. All diese Dinge sind nämlich wunderbare Geschenke des Lebens, über die wir uns jeden einzelnen Tag freuen sollten.[43] Finden Sie nicht auch?

> **»With the lights out, it's less dangerous, here we are now, entertain us. I feel stupid and contagious, here we are now, entertain us.«**

Don't fake it 'til you make it

Fake it 'til you make it! Haben Sie diesen Satz auch schon mal gehört? Wann immer ich über diese Aussage stolpere, bekomme ich Ausschlag. Denn ich halte diesen Ratschlag für das Fatalste, was man einem Menschen überhaupt mit auf den Weg geben kann. Seit vielen Jahren kämpfe ich daher nicht nur gegen diesen Satz, sondern gleichsam auch für mehr Mehr Echtheit. Mehr Verletzlichkeit. Mehr Menschlichkeit. Eine Begegnung hat mich dabei besonders geprägt. »Ilja, komm ein klein wenig näher.« Meiner Großmutter ging es an diesem Tag nicht besonders gut. Sie hatte gerade ihren 94. Geburtstag gefeiert und lebte seit zwei Jahren in einem Pflegeheim für Demenzpatienten. Früher war sie einmal eine wunderschöne Frau, aber heute, nach Jahren des körperlichen und geistigen Verfalls, sitzt sie in einem Rollstuhl und vergisst so ziemlich alles. Es gibt Tage, da erkennt sie nicht einmal mehr ihre eigene Familie. Aber an diesem besagten Tag hatte sie einen ihrer wenigen klaren Momente, in denen man vollkommen normal mit ihr sprechen konnte. Und sie hatte sogar ein kleines Lächeln im Gesicht, als sie sagte: »Ilja, mein ganzes Leben lang habe ich mich an den Erwartungen anderer orientiert. Als ich jung war, hatte ich so viele Träume. Aber ich bin immer auf Nummer sicher gegangen, habe das getan, was alle getan haben, und auf den perfekten Moment gewartet. Aber dieser Moment ist nie gekommen. Immer gab es irgendetwas, das wichtiger schien. Und jetzt ist es zu spät. Ich bin so stolz auf dich, denn du lebst ein Leben, wie ich es mir immer erträumt habe. Du lebst ein Leben, das sich an deinen Erwartungen, deinen Werten und deinen Träumen orientiert.«

Und dann drückte sie mir eine goldene Taschenuhr in die Hand und sagte: »Dies ist meine geliebte Uhr. Ich brauche sie nicht mehr, und ich hoffe, dass sie bei dir eine gute Verwendung finden wird. Sie soll dich immer daran erinnern, dass unsere Zeit hier auf Erden begrenzt ist.« Ich gebe es zu, ich hatte kurz überlegt, ob ich sie darauf hinweisen sollte, dass Taschenuhren ein wenig aus der Mode gekommen waren. Aber ich schluckte diesen Gedanken hinunter und sagte stattdessen: »Danke, Oma, ich liebe dich!« Wenige Minuten später war sie wieder in ihrer ganz eigenen Welt verschwunden und mir schossen die Tränen in die Augen. Denn so gern ich ihren Worten auch

Glauben geschenkt hätte, lag sie leider vollkommen falsch. Natürlich, von außen betrachtet war ich recht erfolgreich. Ich wusste schon immer, was ich wollte, und Autor und Keynote Speaker zu sein war schon immer mein Traum. Aber innerlich war ich unglücklich und kämpfte gegen mich selbst, denn viel zu häufig war ich darauf bedacht, es anderen Menschen recht zu machen und eine Rolle zu spielen, die mit meinem inneren Kern nicht im Einklang war. Ich war nicht ich selbst. Ich war nicht echt. Stattdessen war ich ständig im Businessmodus unterwegs, versuchte, so perfekt wie möglich zu wirken, und vergaß dabei, ich selbst zu sein.

Und schon sind wir bei dem berühmten Ratschlag *Fake it 'til you make it*. Lassen Sie es mich an dieser Stelle noch einmal deutlich wiederholen. Dieser Satz ist so ziemlich der größte Bullshit, den ich jemals gehört habe (Ich habe lange überlegt, ob man in einem Businessbuch das Wort »Bullshit« verwenden darf. Aber es ist ja schließlich mein Buch, und da gelten meine Regeln). Und ich kann das eben mit so viel Nachdruck behaupten, weil ich diesem Leitbild viel zu lange selbst gefolgt bin. Und wenn ich mir eines wünschen könnte, dann wäre es, dass Sie den Rat so schnell wie möglich vergessen. »Aber Moment mal, Ilja. Ich war im letzten Jahr auf mehreren Seminaren und habe ganz viele Bücher gelesen, wo genau das Gegenteil gesagt wurde. Da wurde *Fake it 'til you make it* geradezu als Grundvoraussetzung für Erfolg betont?!« Glauben Sie mir, ich kenne diesen Einwand. Und doch bleibe ich bei meiner Aussage, denn zum einen wird ein Satz nicht wahrer, nur weil er permanent und ständig wiederholt wird. Auch erhöht sich die Relevanz nicht, wenn es alle tun. Dies ist übrigens ein weitverbreitetes Phänomen in der Weiterbildungsszene. Kaum jemand vermittelt noch eigene Gedanken und Meinungen, sondern man beschränkt sich darauf, das weiter zu plappern und zu vermitteln, was man woanders gehört hat. Ich empfehle hier gern eine hohe Dosis kritischen Denkens. Der zweite Grund ist allerdings noch entscheidender. Der Inhalt dieses alten Motivationsschinkens ist schlicht und einfach falsch. Er fordert nämlich irrtümlicherweise nicht dazu auf, sich die wichtige Frage zu stellen, wie die Person sich

> Vermeiden Sie es, etwas darzustellen, was Sie nicht sind. Seien Sie Sie selbst.

verhalten würde, die man einmal werden möchte. Nein, dieser Satz ermutigt dazu, sich selbst und den Menschen um einen herum etwas vorzumachen. Etwas darzustellen, was man nicht ist. Eine viel zu große Rolle zu spielen, nur um damit Anerkennung und Akzeptanz zu erreichen.

»Fake it 'til you make it« ist der größte Blödsinn, den Sie einem Menschen raten können.

Aber warum folgen so viele Menschen diesem Ratschlag? Der Grund dafür ist Angst. Davor, abgelehnt, nicht gemocht oder nicht geliebt zu werden. Angst, etwas falsch zu machen, nicht perfekt zu sein oder einer bestimmten gesellschaftlichen Norm nicht zu entsprechen. Angst davor, die Person zu sein, die man wirklich ist. Doch genau darum geht es. Sich zu trauen, echt zu sein. Doch stattdessen versteckt sich der Großteil hinter ernsten, seriösen und insbesondere unbequemen Masken. Man zeigt ein gewisses Verhalten, weil man das eben so tut. Lieber spielt man seinen Kunden, Mitarbeitern und Kollegen etwas vor, als einmal den Mut zu haben, seinen wahren Kern nach außen zu tragen. Und das ist tragisch, denn diese Strategie führt niemals zum gewünschten Resultat. Sie fragen sich, warum? Ganz einfach, kein Mensch mag Fakes. Menschen mögen Menschen. Mit all ihren Stärken, aber auch ihren Schwächen. Sie erwarten gar nicht, dass Sie perfekt sein müssen. Ganz im Gegenteil, Sie wollen einzig und allein, dass Sie Sie selbst sind. Sie wollen, dass Sie echt sind. Hören Sie auf Ihr Herz, spüren Sie in sich hinein und vertrauen Sie Ihrer eigenen Meinung mehr als den vermeintlichen Erwartungen der Gesellschaft. Auf diese Art und Weise entdecken Sie über kurz oder lang den Menschen hinter all den Masken, die wir so gern tragen. Und von dem Tag an haben Sie nur eine einzige Aufgabe im Leben: Ihre einzigartige Persönlichkeit mit jeder Faser Ihres Daseins auszudrücken. Verbal und nonverbal. Im Job, aber auch zu Hause. Wenn Sie den Mut dazu aufbringen, wird sich eine tiefe Erfüllung einstellen.

Ich weiß genau, wovon ich spreche. Nach der Unterhaltung mit meiner Großmutter habe ich mir selbst ein Versprechen gegeben, das wahrscheinlich der größte Booster meiner Karriere ist. Es hat mir mehr Kunden, mehr Geld und mehr Aufträge gebracht als alle Tipps und Tricks der vermeintlichen Experten zusammengenommen. Ich habe mir nämlich selbst mein Wort gegeben, niemals mehr eine falsche und unbequeme Maske zu tragen, sondern meine echte Persönlichkeit in all meinem Denken und Handeln auszudrücken. Meine Schwächen zu akzeptieren und die Welt sehen zu lassen, dass ich nicht perfekt bin. Und immer, wenn ich einmal an dieser Entscheidung zweifele, dann hole ich die Taschenuhr meiner Oma aus der Schublade. Sie erinnert mich zuverlässig daran, dass ich so, wie ich bin, gut genug bin, und dass es viel wichtiger ist, zu wissen, was mir selbst wichtig ist, als mich daran zu orientieren, was andere Menschen von mir erwarten. Und seitdem folge ich meinem neuen Mantra: *Don't fake it 'til you make it!*

Sei stattdessen einfach echt. Denn echt ist immer gut genug.

Sie sind nicht auf dieser Welt, um perfekt zu sein.
Sie sind auf dieser Welt, um echt zu sein.

Und noch eine wichtige Lektion habe ich von meiner Großmutter gelernt. In der Zeit, in der dieses Erlebnis stattfand, wechselten ihre Zimmernachbarn im Pflegeheim gleich dreimal. Eine Sache war bei allen gleich: Auf dem kleinen Tischchen am Bett standen Fotos von geliebten Menschen. Es waren keine Fotos von teuren Autos, luxuriösen Handtaschen oder 3-D-Fernsehern. Es waren welche von ihren Ehefrauen, Ehemännern, Kindern und Geschwistern. Denn wenn das Leben in die letzte Phase geht, dann erinnern sich viele Menschen daran, was wirklich zählt und was wirklich wichtig ist. Und oftmals blicken sie bedauernd zurück und bereuen es, nicht genug Risiken eingegangen zu sein, nicht intensiv genug gelebt und nicht mehr Außergewöhnliches gewagt zu haben. Mit einer intensiven Sehnsucht denkt man an die vielen nicht gelebten Träume, verpassten Chancen und mit Belanglosigkeiten verschwendeten Tage. Und dann ist man frustriert. Über sich selbst, die an den Erwartungen anderer orientierte Lebensführung und die eigene Passivität. Darüber, dass man viel zu oft nur funktioniert hat und ein angepasstes Schaf in der großen Herde war. Würden Sie mir zustimmen? Wirklich niemand denkt kurz vor seinem Ableben: »Hach, ich wünschte, ich hätte mehr Zeit im Büro verbracht.«

Ich möchte Sie daher zum Ende dieses Abschnitts für eine verrückte Idee begeistern: Sterben Sie täglich und wachen Sie morgens im Bewusstsein auf, dass Ihre Zeit auf dieser wunderschönen Erde endlich ist. Keiner kommt hier lebend raus. Und dies ist beileibe keine dieser kuscheligen Motivationsphrasen, sondern eine Erinnerung daran, jeden einzelnen Tag Ihres Lebens so zu gestalten, als ob es der letzte wäre. Ihre Träume aus der Schublade zu holen und mit der Umsetzung zu beginnen. Leben Sie so intensiv, als ob es kein Morgen geben würde. Lachen Sie. Lieben Sie. Lernen Sie die Dinge wertzuschätzen, die wir so häufig für selbstverständlich erachten. Denn um Ihr Leben in vollen Zügen auskosten zu können, benötigen Sie keine Schicksalsschläge, Krankheiten oder Todeserfahrungen. Und wenn Ihnen ein weiterer Tag auf dieser wundervollen Erde geschenkt wird, dann machen Sie es Morgen wieder. Aber vergessen Sie bitte nicht, noch eine Schippe draufzulegen.

> **Es ist unsere Aufgabe im Leben, unsere einzigartige Persönlichkeit mit jeder Faser unseres Daseins auszudrücken.**

Sterben Sie täglich und seien Sie dankbar für die vermeintlich kleinen Dinge, die wir viel zu häufig als selbstverständlich betrachten.

Vergeuden Sie Ihre Zeit nicht mit Negativität

Kommen wir nun also zur schonungslosen Wahrheit über eines der wichtigsten, gleichsam aber auch kontroversesten Themen überhaupt. Ich spreche vom positiven Denken. Die einen haben sich dieser Philosophie bedingungslos unterworfen, während die anderen es komplett verdammen und als esoterischen Humbug abtun. Das hat natürlich entsprechende Auswirkungen. Während die Anhänger der ersten Variante mit einem permanenten Dauergrinsen im Gesicht, der rosaroten Brille auf den Augen und einem naiven Vertrauen jedes Problem ganz einfach ignorieren und weglächeln, werden die Gegner des positiven Denkens häufig zu Zynikern, deren Gläser halb leer, deren Himmel voller dunkler Wolken und deren Alltag meist recht trist ist. Es liegt auf der Hand, dass beide Strategien nicht geeignet sind, ein zufriedenes Leben zu führen. Trotzdem höre ich eine Frage immer wieder: »Ist positives Denken denn jetzt gut oder schlecht?« Verzeihen Sie mir, wenn ich hierauf keine direkte Antwort gebe, aber ich möchte Sie gern auf einen sehr verbreiteten Fallstrick hinweisen, der hier in Reinkultur zu erkennen ist:

Wenn die Frage falsch ist, dann spielt die Antwort keine Rolle.

Genau das ist hier nämlich der Fall. Die Frage hat einen irreführenden Fokus und stellt nur einen Aspekt des großen Bildes in den Mittelpunkt, nämlich das Denken. Doch gleichzeitig unterschlägt man die anderen wichtigen Faktoren: das Handeln, die Gewohnheiten und das generelle Mindset, mit dem man das Leben mit all seinen Aufgaben angeht. Darum geht es nämlich, um die grundsätzliche Ausrichtung. Und was die angeht, habe ich eine ganz klare Meinung: Verschwenden Sie Ihr Leben nicht mit Negativität, sondern seien Sie positiv. Immer. Das neueste Wissen, die besten Fähigkeiten und die modernsten Techniken nützen Ihnen überhaupt nichts, wenn Sie Ihren Alltag mit einer negativen Grundhaltung bestreiten. Das heißt im Umkehrschluss übrigens nicht, dass Sie mit einem positiven Mindset automatisch erfolgreich werden. Nein, eine auf Chancen und Möglichkeiten ausgerichtete innere Haltung allein lässt Sie noch überhaupt nichts erreichen. Aber mit einer solchen Attitüde erreichen Sie alles besser als mit einer negativen Grundeinstellung. Seit über 15 Jahren studiere ich menschliches Verhalten in all seinen Facetten. Und noch nicht ein einziges Mal ist mir jemand begegnet, der mit einem negativen Fokus positive Ergebnisse erzielt hätte. Machen Sie gern die Probe aufs Exempel. Schauen Sie sich in Ihrem Umfeld um. Ich wette mit Ihnen, dass Sie keinen erfolgreichen Menschen finden werden, dessen DNA auf Negativität gepolt ist.

> Ein negatives Mindset und positive Resultate schließen sich gegenseitig aus.

Vergeuden Sie Ihre Zeit also nicht mit Negativität, sondern konzentrieren Sie sich auf die zahlreichen Chancen und Möglichkeiten. Das bedeutet übrigens nicht, dass man Probleme ausblendet, Risiken nicht erkennt oder sonstige Herausforderungen ignoriert. Ganz im

Gegenteil. Der Trick liegt darin, diese Situationen zu erkennen und gleichzeitig schon in Richtung möglicher Lösungen zu denken. Der Fokus Ihrer internen Denkmuster ist entscheidend. Die Qualität unserer Einstellungen bestimmt über die Qualität unserer Ergebnisse. Aber wie sehen diese bei Ihnen aus? Über die letzten Jahre habe ich in meinen Seminaren und Coachings eine Liste mit den Fragen erstellt, die ich wieder und wieder höre. Eine kleine Kostprobe gefällig? Hier sind meine Top Ten:

Die TOP TEN der problemorientierten Fragen

1. Warum passiert das immer mir?
2. Warum schaffe ich es nicht, erfolgreich zu sein?
3. Warum kann mich in der Firma keiner leiden?
4. Warum finde ich meine Vision nicht?
5. Warum klappt es bei allen anderen, nur bei mir nicht?
6. Warum bin ich nicht in der Lage, meine Ziele zu erreichen?
7. Warum versage ich jedes Mal, wenn es um etwas geht?
8. Warum ziehe ich Probleme magisch an?
9. Warum ausgerechnet ich?
10. Warum ist Veränderung nur so schwer?

Kommt Ihnen da etwas bekannt vor? Diese Fragen haben eines gemeinsam: Sie sind sinnlos. Weil sie rückwärtsgerichtet und problemorientiert sind. Aber wie hat schon Albert Einstein treffend festgestellt: »Probleme kann man nicht mit der gleichen Denkweise lösen, durch die sie entstanden sind.« Wenn Sie sich stattdessen lösungsorientierte Fragen stellen, kommt es umgehend zu einer massiven Verschiebung Ihres Fokus. Auch hier habe ich für Sie eine Top-Ten-Liste vorbereitet:

Die TOP TEN der lösungsorientierten Fragen

1. Wie kann ich diese Situation lösen?
2. Was kann ich daraus lernen?
3. Wer könnte mich unterstützen?
4. Wann habe ich schon mal eine ähnliche Aufgabe gelöst?
5. Was kann ich daraus – aus der Aufgabenlösung – lernen?
6. Was benötige ich noch für Ressourcen, um XYZ zu erreichen?
7. Wie könnte eine Lösung des Problems aussehen?
8. Wie muss ich mich verändern, um das Ziel zu erreichen?
9. Welche Chancen verbergen sich in dieser Herausforderung?
10. Inwiefern muss ich anders denken, um das Ziel zu erreichen?

Das ist der kleine, aber feine Unterschied, der einen Unterschied macht. Diesen positiven Fragen folgen nämlich zwangsläufig positive Handlungen, wodurch Sie positive Ergebnisse erzielen. Eine sich selbst verstärkende Erfolgsspirale entsteht, die sich im Laufe der Zeit tief in Ihrem Unterbewusstsein verankert und dort zuverlässig ihren Dienst tut. Und natürlich wird es auch mit dem positivsten Mindset weiterhin Situationen geben, über die Sie sich ärgern, die Sie frustrieren oder in den Wahnsinn treiben. Wunderbar. Denken Sie immer dran:

Fünf Minuten Jammern ist okay!

Doch danach gilt die Devise: positive Fokussierung auf Lösungen und Möglichkeiten. Denn das Leben ist einfach zu schön, um es mit Negativität zu vergeuden. Genießen Sie jeden einzelnen Moment und transformieren Sie auch die vermeintlich großen Probleme in mindestens genauso große Chancen. Ihr wichtigster Verbündeter neben Ihrem Mindset ist dabei übrigens ein gern vergessener Faktor namens Humor. Ja, Sie haben richtig gehört. Denn Humor öffnet das Tor zu jeder einzelnen Veränderung. Zu den kleinen Herausforderungen des Alltags, aber auch zu den richtig großen Brocken. Wirklich jeder erfolgreiche Mensch, den ich kenne, lacht gern und viel, ganz besonders übrigens über sich selbst. Denn nur, wer sich selbst nicht allzu ernst nimmt, kann von seinem Umfeld ernst genommen werden. Niemand mag verbitterte, allzeit seriöse und stocksteife Zeitgenossen. Wie auch, denn diese Menschen mögen sich ja selbst nicht besonders gern. Die große Kunst ist es, die vermeintlich kleinen Aufgaben mit einer großen Ernsthaftigkeit anzugehen und über die schweren, scheinbar unüberwindbaren und oftmals frustrierenden Herausforderungen lachen zu können. Schließen möchte ich diesen Abschnitt mit den drei goldenen Regeln eines positiven Mindset:

Die drei goldenen Regeln eines positiven Mindset

---

1. Seien Sie positiv. Immer.
2. Nehmen Sie Probleme wahr, denken Sie aber gleichzeitig in Chancen und Möglichkeiten.
3. Humor öffnet das Tor zur Veränderung. Lachen Sie viel und oft und nehmen Sie sich selbst nicht zu ernst.

Wundervolle Dinge geschehen, wenn Sie diese drei Regeln ab sofort zu Ihrem täglichen Begleiter werden lassen.

Genießen Sie die Wachstumstreppe

In meinen Seminaren, Coachings und Beratungen stelle ich meinen Kunden so gut wie immer eine Frage: »Wie lautet Ihr wichtigstes Ziel für die nächsten zwölf Monate?«[44] Und die Antwort, die ich so häufig höre wie alle anderen zusammen, bricht mir jedes Mal aufs Neue das Herz: »Ich will glücklich und zufrieden sein.« Sie fragen sich, was daran schlecht sein soll? Es ist natürlich nicht der Wunsch an sich, denn was gibt es Schöneres, als echtes Glück und eine tiefe Zufriedenheit zu erleben. Das Tragische an diesem vermeintlichen Ziel ist etwas ganz anders. Es ist die Annahme, dass Glück und Zufriedenheit Zustände wären, die von externen Faktoren abhängen wären.

Das interne Muster entspringt dabei folgendem Schema: Wenn ich erst einmal mein Ziel erreicht habe (mit dem Studium fertig bin, die Fortbildung absolviert habe, befördert wurde, umgezogen bin, mir das neue Auto gekauft habe, mein Unternehmen gegründet habe, Mutter bin etc.), dann kann ich auch endlich glücklich und zufrieden sein. Erkennen Sie den Denkfehler? Glück und Zufriedenheit sind niemals von den äußeren Umständen abhängig. Man kann diese Zustände nicht kaufen, sie entstehen nicht mit der Zeit und sie fallen auch nicht im Laufe der Zeit vom Himmel. Wenn Sie nur eine einzige Sache aus diesem Buch behalten würden, würde es mein Herz mit Freude erfüllen, wenn es dieser Satz wäre:

**Glück und Zufriedenheit sind eine Entscheidung,
die wir jeden Tag aufs Neue treffen müssen.**

Habe ich mit diesem Satz zu sehr an Ihren Überzeugungen gerüttelt? Falls ja, dann freue ich mich. Denn wenn Sie zu den Menschen gehören sollten, deren wichtigstes Ziel darin besteht, glücklich und zufrieden zu sein, ist es Zeit für ein Umdenken. Lassen Sie es mich noch einmal wiederholen: Glück und Zufriedenheit sind eine Entscheidung, die Sie jeden Tag aufs Neue treffen müssen. Diese Zustände entstehen nicht irgendwann durch irgendwelche externen Ereignisse, sondern sie entstehen tief in Ihrem Inneren. Dadurch, dass Sie dankbar sind, die kleinen Dinge des Lebens beachten und jeden einzelnen Moment genießen. Sie wollen glücklich sein? Wunderbar, dann seien Sie glücklich. Und zwar nicht erst in zwölf Monaten, sondern heute. Jetzt. Sofort. Sie möchten ein zufriedenes Leben führen? Dann treffen Sie die Entscheidung, es zu tun. Dort, wo Sie jetzt gerade stehen, mit den äußeren Umständen, die zurzeit aktuell sind. Warten Sie nicht auf ein *Irgendwann*, denn daraus wird so gut wie immer ein *Niemals*.

Und schon sind wir mitten drin im letzten, möglicherweise aber auch wichtigsten Abschnitt von *Radikal menschlich*. Ich habe sehr lange überlegt, ob die Inhalte nicht weiter vorne besser aufgehoben wären, habe mich aber schlussendlich dagegen entschieden. Denn zum einen bleiben Dinge, die man zum Schluss eines Buchs liest, viel besser im Gedächtnis als diejenigen aus dem Mittelteil (können Sie sich noch an die Dodos, Batteriewechsler und die vollen Geldspeicher erinnern?). Zum anderen aber war es mir wichtig, Sie zuerst mit den für das volle Verständnis notwendigen Grundlagen vertraut zu machen. Ich wollte nicht den vierten Schritt vor dem ersten machen. Und schon sind wir mitten drin in einem Modell, das mein Business, meinen Alltag und auch mein Leben mächtig durchgeschüttelt hat und den gleichen Effekt hoffentlich auch bei Ihnen auslöst. Ich spreche von der Wachstumstreppe, welche ich Ihnen in der folgenden Abbildung visualisiert habe.

Die Wachstumstreppe

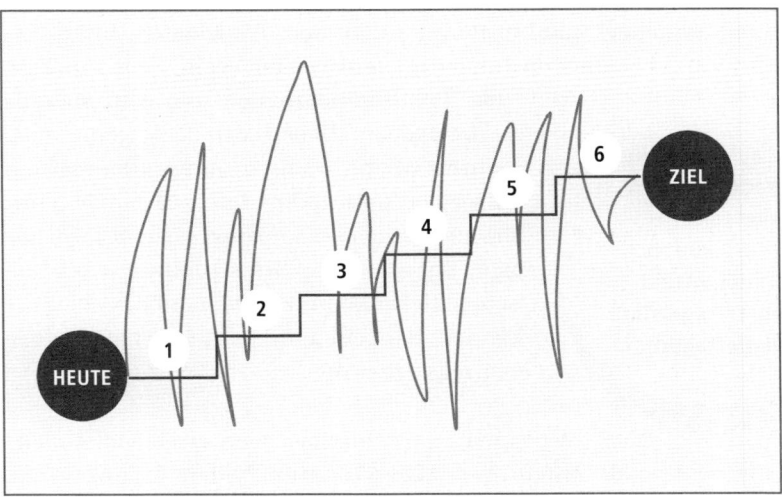

Die Idee dahinter ist sehr einfach. Der linke untere Kreis steht für den Status quo, die Person, die Sie heute sind, und das Leben, das Sie aktuell führen. Der rechte obere Kreis symbolisiert Ihre Zukunft, Ihre Visionen und steht für die Persönlichkeit, die Sie in Zukunft sein wollen. Und schon sind wir bei dem riesigen Denkfehler, dem viele Menschen verfallen: davon auszugehen, dass der Weg zwischen dem Heute und unserem Ziel eine Gerade wäre. Doch so funktioniert das Leben einfach nicht. Es ist vielmehr eine rasante Achterbahnfahrt mit Höhen und Tiefen, Erfolgen und Niederlagen, abrupten Richtungswechseln, steilen Anstiegen, Adrenalin produzierenden Loopings, vor allem aber einer riesigen Portion Spaß. Diesen Husarenritt habe ich durch die Zickzacklinie zu visualisieren versucht. In der Realität würde diese sogar noch komplexer aussehen, eher wie ein mächtiges Wollknäuel, schließlich müssen wir auf unserem Weg häufig Hindernisse überwinden, neuen Anlauf nehmen oder mit Fehlschlägen umgehen. Sind Sie einverstanden?

Doch das ist noch lange nicht alles. Denn innerhalb der Zickzacklinie entsteht ein ganz besonderer Prozess, den wir in diesem Buch schon häufig mit dem Begriff *Persönlichkeitsentwicklung* bezeichnet haben. Dieser verläuft in Stufen, die ich in der Abbildung mit den Kreisen eins bis sechs betitelt habe. Die Idee dahinter ist, dass wir im Laufe der Zeit unterschiedliche Entwicklungsphasen durchlaufen, die unseren aktuellen Stand in Bezug auf Wissen, Fähigkeiten, Erfahrungen und Erkenntnissen widerspiegeln. Jede einzelne Stufe hat ihre Besonderheiten und ganz spezielle Lernaufgaben. Haben wir diese gemeistert, wachsen wir als Mensch und erklimmen die nächste Persönlichkeitsstufe, auf der wir dann die nächsten Lernaufgaben zu meistern haben. Bis wir schließlich irgendwann bei unserem Ziel ankommen. Oder auf dem Weg erkennen, dass ein anderes Ziel viel attraktiver oder relevanter ist.

> Das Leben ist keine Gerade, sondern eine rasante Achterbahnfahrt mit Höhen und Tiefen, Erfolgen und Niederlagen.

Was auch immer Sie im Leben erreichen wollen, bei jedem Ziel, jeder Vision und jedem Traum wartet die Wachstumstreppe darauf, von Ihnen erklommen zu werden. Und ich weiß, was Ihnen jetzt durch den Kopf geht, aber nein, es gibt weder Abkürzungen noch einen Fahrstuhl oder sonstige Möglichkeiten, den rechten oberen Kreis schneller zu erreichen. Und das ist auch gut so, denn jede einzelne Stufe ist gleichsam ein Meilenstein, der es wert ist, intensiv genossen und ausgekostet zu werden. Vor allem aber müssen Sie die Herausforderungen meistern, um die nächste Stufe Ihrer persönlichen Entwicklung in Angriff nehmen zu können. Aus diesem Grund lohnt es sich auch nicht, dass Sie sich mit Menschen vergleichen, die schon seit zehn Jahren dort sind, wo Sie erst hinwollen. Diese Personen sind Ihnen viele Stufen voraus, die von Ihnen erst noch erfolgreich absolviert werden müssen. Diese Menschen kämpfen mit ihren eigenen Lernaufgaben und Herausforderungen.

Jetzt sollte nochmals sehr deutlich geworden sein, warum der Satz *Fake it 'til you make it* so ein Blödsinn ist. Denn was nützt es Ihnen, so zu tun, als ob Sie sich schon auf Stufe sechs befinden, wenn Sie aktuell damit beschäftigt sind, die Aufgaben auf Stufe eins zu meistern! Genießen Sie Ihren aktuellen Entwicklungsstand, freuen Sie sich, dass der Weg an sich das eigentliche Ziel ist. Jede Stufe hat ihre positiven und negativen Besonderheiten. Auf jeder Stufe gibt es Menschen, die in Ihr Leben treten, während andere es wieder verlassen. Und auf jeder Stufe stellt Ihnen das Schicksal Aufgaben, die es zu meistern gilt. Bis dann auf der nächsten Stufe das Spiel wieder von vorn beginnt. Ganz nach dem Motto:

**Sobald Sie die Antwort gefunden haben,
ändert das Leben die Frage.**

Und fast schon unmerklich schließt sich der Gedankenkreis, den wir zu Beginn des Buchs geöffnet haben. Denn in Zeiten von permanenter Veränderung, zunehmender Komplexität und steter Unsicherheit wird ein radikal menschlicher Ansatz mit voller Konzentration auf den Erfolgsfaktor Persönlichkeit der Schlüssel zu einem Leben voller Selbstbestimmung, persönlicher Durchbrüche und erfüllender Freiheit sein. Es spielt keine Rolle, wo Sie heute stehen. So lange Sie bereit sind, die Wachstumstreppe Stufe für Stufe zu erklimmen und die dadurch entstehende Achterbahnfahrt zu genießen, sind Sie für die Herausforderungen der nächsten Jahre mehr als gewappnet. Ich kann Ihnen nicht genau sagen, wie unsere Zukunft aussehen wird. Aber ich habe beschlossen, ihr den Stempel meiner Persönlichkeit aufzudrücken und sie aktiv zu gestalten. Und zwar radikal menschlich. Der Philosoph und Dichter Dante Alighieri hat es so formuliert: »Der eine wartet, bis die Zeit sich wandelt. Der andere packt sie kräftig an und handelt.« Meine Entscheidung habe ich vor vielen Jahren getroffen. Wie lautet Ihre?

MACHER-MEMO: Die fünf großen Ideen dieses Kapitels

1. Don't fake it 'til you make it. Sie sind nicht auf dieser Welt, um perfekt zu sein, Sie sind auf dieser Welt, um echt zu sein.

2. Sterben Sie täglich und seien Sie dankbar für die vermeintlich kleinen Dinge, die wir viel zu häufig als selbstverständlich betrachten.

3. Ein negatives Mindset und positive Resultate schließen sich gegenseitig aus.

4. Fünf Minuten Jammern ist okay! Und dann richten Sie Ihre volle Kraft wieder auf eine mögliche Lösung.

5. Genießen Sie jede einzelne Stufe der Wachstumstreppe.

Outro: Be the Change

»I am in love with a girl called Annie Idea.
Annie you told me you lost your heart at Highschool.
Is it your next rebellion? What you want is desperation.
No idea – is death for you!
Annie flies the lovebomber, the lovebomber, yeah yeah.«
Phillip Boa and the Voodoo Club, »Annie Flies The Lovebomber«

Vor vielen Jahren kam eine Frau mit ihrem Mann zu einem Guru in den Bergen Nepals, um sich einen Rat zu holen. Monatelang hatte sie auf den Termin warten müssen, daher war sie auch sehr aufgeregt, als sie dem weisen Mann mit den Wunderkräften endlich gegenüberstand. »Was kann ich für dich tun, mein Kind?«, fragte der Guru. Die Frau räusperte sich und antwortete dann mit dünner Stimme: »Mein Ehemann ist starker Raucher und kommt einfach nicht von seinem Laster los. Es ist für seine Gesundheit extrem schädlich, und ich habe schon alles versucht. Sie sind unsere letzte Hoffnung, und die Reise aus unserem kleinen Dorf hat ganze drei Tage gedauert. Ich weiß, dass er auf Sie hören würde, weil Sie für ihn ein großes Vorbild sind.« Der Guru hörte aufmerksam zu, nickte ein paar Mal und sagte dann: »Ich verstehe. Kommt in zwei Wochen wieder.« Die Frau war zwar etwas verdutzt, machte sich aber gemeinsam mit ihrem Mann auf den Weg. Als das Paar nach zwei Wochen wie verabredet wiederkam, wartete der Guru bereits auf sie. Er ließ den Ehemann vortreten und sagte dann ruhig, aber bestimmt: »Mein Sohn, hör auf zu rauchen. Es ist nicht gut für dich und schadet deiner Gesundheit.« Die Frau wartete einige Sekunden auf weitere Worte des Gurus, aber es kam nichts mehr. Ihr Gesicht errötete und sie wurde sauer. Mit bebender Stimme sagte sie: »Was, das ist alles? Dafür haben wir nun schon wieder die beschwerliche Reise auf uns genommen? Diesen

Rat hätten Sie meinem Mann doch auch schon vor zwei Wochen geben können.« Der Guru schaute das Ehepaar verständnisvoll an und erwiderte: »Nein, mein Kind. Denn vor zwei Wochen habe ich selbst noch geraucht.«

Liebe Leserinnen und Leser, mit dieser kleinen Anekdote neigt sich unsere gemeinsame Zeit dem Ende entgegen. Und gleichzeitig ist der letzte Gedanke auch der wichtigste. Denn wenn ich in meinen Vorträgen und Events über meinen Radikal-menschlich-Ansatz spreche, dann höre ich sehr häufig: »Das klingt ja theoretisch alles schön und gut, Ilja, aber schau dir die Welt doch an. Der Zug für mehr Menschlichkeit ist schon lange abgefahren.« Und glauben Sie mir, ich habe Verständnis für solche Einwände. Rund um den Globus reiht sich Krise an Krise, Berichte über Kriege, Revolutionen und terroristische Anschläge gehören längst zu unserem Alltag, und auch in unserem ganz persönlichen Umfeld scheint die Ellenbogenmentalität immer mehr Einzug zu halten. Und das ist ja bei Weitem nicht alles. Die Ozeane versinken im Plastikmüll, die Umweltverschmutzung hat gigantische Ausmaße angenommen und die globale Erwärmung hat dafür gesorgt, dass die Anzahl von Naturkatastrophen in den letzten Jahren massiv zugenommen hat. Ja, ich gebe es zu, es ist nachvollziehbar, angesichts dieser Entwicklungen zu resignieren, zynisch zu werden und Angst vor der Zukunft zu haben.

Und doch möchte ich Ihnen an dieser Stelle gern eine alternative Haltung anbieten: Trotz all dieser Rahmenbedingungen leben wir in der besten aller vorstellbaren Zeiten. Noch nie waren die Chancen und Möglichkeiten so riesig und der persönliche Freiheitsgrad so ausgeprägt wie im Jahre 2018. Ich stimme auch nicht in das allgemein vorherrschende Wehklagen mit ein, dass der Mensch an sich schlecht sei. Ganz im Gegenteil. Für mich sind immer die Menschen – die individuellen Persönlichkeiten mit all ihren Stärken und Schwächen, mit ihren Hoffnungen und Nöten, mit ihren Ideen und Träumen – der entscheidende Faktor, der das Leben erst richtig lebenswert macht. Ich habe das große Privileg, als Keynote Speaker auf Konferenzen rund um den Globus sprechen zu dürfen. Oftmals kommen dort Menschen aus über 50 verschiedenen Nationen mit unterschiedlichen Religionen, Hautfarben und sexuellen Präferenzen zusammen. Und wissen Sie was? Diese Tage gehören für mich zu den schönsten überhaupt. Weil es niemals Streit gibt, sondern eine ganz besondere Atmosphäre entsteht, die von gegenseitiger Wertschätzung, Offenheit und Neugier gekennzeichnet ist. Viele Jahre habe ich mich gefragt, warum wir Menschen im kleinen Rahmen so gut miteinander auskommen, wenn es doch auf der weltpolitischen Bühne so schwer zu sein scheint. Heute habe ich den entscheidenden Unterschied begriffen. Es ist nur eine kleine Verschiebung in der eigenen Haltung, die aber einen riesigen Unterschied macht. Es ist die Entscheidung, nicht mit dem Finger auf andere zu zeigen und nicht darauf zu hoffen, dass sich die Dinge, Krisen und Menschen von allein ändern, sondern Verantwortung zu übernehmen und selbst die Veränderung zu sein, die man sich für seinen Alltag, sein Business und für die Gesellschaft wünscht.

Be the Change!

Dies ist seit vielen Jahren der Claim meines Unternehmens. Und weil sich immer mehr Menschen dieser Philosophie anschließen, ist mir vor der Zukunft überhaupt nicht bange. Im Gegenteil, ich freue mich sehr darauf, sie aktiv zu gestalten. Natürlich, es ist viel leichter, sich einzureden, dass man ja doch nichts ändern könne, und dann darauf zu hoffen, dass andere schon etwas tun werden. Es ist viel härter, sich selbst zu verändern und die Dinge anzupacken. Aber im besten Merkel'schen Sinne halte ich die Entscheidung für die letztere dieser beiden Möglichkeiten für alternativlos. Wir müssen die Veränderung sein, die wir uns für die Welt wünschen. Auch wenn das oftmals frustrierend und sinnlos erscheinen mag, so ist es doch der einzig mögliche Weg. Wenn wir von heute an auf Plastikverpackungen verzichten, dann mag das zwar für das Gesamtbild keinen Unterschied machen, aber wir können nur bei uns anfangen. Und wer weiß, vielleicht begeistern wir ja andere, es uns gleichzutun. Egal, womit Sie unzufrieden sind, seien Sie die Veränderung, und beginnen Sie damit, Ihre eigene Welt zu verändern. Sobald sich Ihr Fokus auf diese Weise verschiebt, werden Sie erkennen, wie viele tolle Menschen es da draußen gibt, die gemeinsam mit uns die Welt zum Positiven hin transformieren.

Seien Sie die Veränderung.

Und vergessen Sie eines niemals: Die Welt ist voller wunderbarer Menschen. Und wenn Sie keine finden, dann seien Sie einfach selbst einer!

Die anderen reden. Wir machen.

Be the Change!

Herzlichst,
Ihr *Ilja Grzeskowitz*

Danksagung

Zu den schönsten Momenten im Leben eines Autors gehört es, wenn man zum allerersten Mal sein eigenes Werk in gedruckter Form in den Händen hält. Auf mich haben diese Erfahrungen immer wieder eine fast schon spirituelle Wirkung. Weil sie mich daran erinnern, was aus einer Idee werden kann, die sich eines Tages im Kopf bildet und dann viele Monate später in materialisierter Form das Licht der Welt erblickt. Doch wie ich es schon in diesem Buch erwähnt habe, gewinnt auch ein Autor niemals allein, und die Geburt eines Buchs ist immer das Resultat von erfolgreichem Teamwork. Ich möchte diesen Abschnitt daher dazu nutzen, um mich bei all den Menschen zu bedanken, die dazu beigetragen haben, dass Sie, liebe Leserinnen und Leser, gerade jetzt die fertige Version von *Radikal menschlich* in den Händen halten können.

Zuallererst danke ich dem gesamten Team des GABAL Verlags rund um Geschäftsführerin Ursula Rosengart und Verleger André Jünger für die wiederum sehr vertrauensvolle Zusammenarbeit. Entgegen meiner sonstigen Philosophie gilt hier: Never change a winning team. Ein besonderer Dank geht an Programmchefin Sandra Krebs, die sich von Anfang an für das Thema begeistern konnte und mir als inhaltlicher Sparringspartner stets mit professionellem Rat zur Seite stand. Dass dieses Buch sprachlich so elegant und straff daherkommt, ist der große Verdienst meines Lieblingslektors Michael Madel, der es immer wieder meisterhaft versteht, aus meinen Manuskripten das Allerbeste herauszuholen. Danke dafür.

Das nächste riesige Dankeschön geht an Heinrich Kürzeder und das gesamte Team meiner Agentur *5 Sterne Redner*. Seit vielen Jahren sorgt Ihr nun schon dafür, dass die Inhalte meiner Bücher den Weg auf die Bühnen dieser Welt finden. Doch bei aller Freude über unseren gemeinsamen professionellen Erfolg ist es doch das Beste im Leben überhaupt, wenn aus beruflichen Verbindungen persönliche Freundschaften werden. Dafür bin ich sehr dankbar, und ich freue mich schon auf weitere Umsatzrekorde, neue Vortragskonzepte und vor allem gemütliche Knödelfeste.

Was wäre ein Redner und Autor ohne seine Kunden? Richtig, absolut nichts. Ich danke daher den vielen Unternehmen da draußen, die seit Jahren auf meine Expertise und Veränderungskonzepte vertrauen und nicht selten meine Bücher an alle Mitarbeiter verschenken (übrigens, das Signieren von Büchern macht mir noch viel mehr Spaß als das Schreiben selbst. Nur so als kleiner Wink mit dem Zaunpfahl). Ein genauso großer Dank geht an alle meine Leserinnen und Leser, die im Laufe der letzten Jahre eines (oder mehrere) meiner Bücher gekauft, verschenkt oder weiterempfohlen haben. Es erfüllt mein Herz immer wieder mit Freude, wenn ich Briefe (ja, die bekomme ich tatsächlich noch), E-Mails oder WhatsApps erhalte, in denen Menschen mir mitteilen, dass eine meiner Ideen ihnen geholfen hat, ihr Leben auf den Kopf zu stellen, radikale Veränderungen einzuleiten und endlich ihre Träume zu leben. Solche Feedbacks sind es, die mir in den grauen Stunden der Einsamkeit im Leben eines Autors die Motivation verleihen, meine gesamte Leidenschaft in jedes einzelne Wort, jedes einzelne Komma und jeden einzelnen Punkt hineinzulegen. Danke für die Treue!

Ich danke meiner internationalen Speakerfamilie für den wundervollen Austausch, das stets positive Feedback und das produktive Networking. Es ist einfach ein tolles Gefühl, Freunde in so gut wie jeder Stadt rund um den Globus zu haben. Let's make a bigger pie together.

Und last but not least geht mein größter Dank an die wichtigsten Menschen in meinem Leben, an meine Familie. Meine Eltern Karin und Joachim. Meine Schwester Alexa samt Mette, Frida und Pelle. Meine tolle Frau Silke. Und ganz besonders an meine beiden wundervollen Töchter Emma und Elisabeth. Ihr seid der Fels in meinem Leben und ich liebe Euch.

Sie wollen mehr?

Okay, an dieser Stelle möchte ich Ihnen gerne ein Angebot machen, von dem ich glaube, dass es Ihnen schwerfallen wird, es abzulehnen. Ein Mal im Jahr führe ich nämlich in Berlin meine beliebte Ausbildung zum zertifizierten Veränderungscoach durch. In diesem fünftägigen Seminar geht immer wieder so richtig die Post ab, und für mich gehört die Woche Jahr für Jahr zu meinen absoluten Highlights. Ich würde es richtig klasse finden, wenn Sie beim nächsten Mal mit dabei wären und die magische Stimmung am eigenen Leib erfahren könnten. Um die Entscheidung zu einem absoluten No-Brainer zu machen, gibt es daher an dieser Stelle für Sie als Leser von *Radikal menschlich* folgendes Angebot: Mit dem Aktionscode RADIKAL-MENSCHLICH erhalten Sie auf alle Ticketkategorien 20 Prozent Nachlass. Eine Entscheidung, die Sie garantiert nicht bereuen werden und die das Potenzial hat, Ihr Leben positiv zu verändern. Einzulösen unter folgender URL: http://www.grzeskowitz.de/zertifizierte-coaching-ausbildung-seminar.

Anmerkungen

1 Wenn Sie tiefer in dieses Thema einsteigen wollen, dann empfehle ich Ihnen das Buch *Start With Why* von Simon Sinek.

2 Sie finden diesen Film auf meinem YouTube-Kanal www.youtube.com/igrzeskowitz.

3 Einen detaillierten Einblick in das Modell finden Sie bspw. hier: https://www.exeter.ac.uk/media/universityofexeter/humanresources/documents/learningdevelopment/the_change_curve.pdf.

4 Unter folgender Internetadresse können Sie diese Entwicklung in Realtime verfolgen: http://pennystocks.la/internet-in-real-time/.

5 Wie desaströs das Ausmaß ist, zeigt die Sonderstudie »Schule digital« aus dem Jahr 2016: http://initiatived21.de/publikationen/sonderstudie-schule-digital/.

6 https://de.wikipedia.org/wiki/Noam_Chomsky.

7 Bitte beachten Sie, dass es sich bei der Zweiteilung von Bewusstsein und Unterbewusstsein nur um ein Modell handelt. Allerdings um eines, das sehr gut funktioniert.

8 Zum »Au Ja« als wichtigem Handlungsimpuls lesen Sie bitte mein Buch *Mach es einfach!*, S. 142–148.

9 Hier der TED Talk von Tony: https://www.youtube.com/watch?v=Cpc-t-Uwv1I.

10 Eines meiner Lieblingszitate von Tony Robbins lautet: »Du hast entweder Ergebnisse im Leben oder eine Story, die du dir jeden Tag aufs Neue erzählst.«

11 Was es damit auf sich hat? Lesen Sie die *Veränderungs-Formel* oder *Mach es einfach!*.

12 Der Dodo hat sogar eine eigene Webseite: http://www.dodobird.net. Populär wurde der Dodo in der Businessliteratur durch meinen Kollegen Randy Pennington und sein Buch *Make Change Work*, das ich sehr empfehle.

13 In meinem Buch *Mach es einfach!* habe ich mich sehr ausführlich mit dem Thema Überzeugungen auseinandergesetzt.

14 Auch zum Thema »Werte« finden Sie in *Mach es einfach!* eine ausführliche Übersicht.

15 Welches einmal im Jahr von mir durchgeführt wird. #Winkmitdem-Zaunpfahl.

16 Denken Sie immer daran: »Achtsamkeit, Baby!«, denn nur was Ihnen bewusst ist, können Sie auch verändern.

17 http://www.marriott.com/Multimedia/PDF/Marriott_Management_Philosophy.pdf.

18 Hiermit meine ich eine Taktik, die gern angewendet wird, wenn die rationalen Argumente ausgegangen sind. Dann wird Druck auf der emotionalen Ebene ausgeübt, dem man sich nur schwer entziehen kann.

19 Den Originalclip können Sie sich hier anschauen: https://www.youtube.com/watch?v=itFkfbs_hUc.

20 Mehr über Sobek: https://de.wikipedia.org/wiki/Sobek_(ägyptische_Mythologie).

21 https://en.wikipedia.org/wiki/Arthur_L._Williams_Jr.

22 Weil ich das immer wieder gefragt werde: »aka« steht für »also known as«.

23 Übrigens: Ich freue mich immer riesig über nette Bewertungen auf Amazon. #WinkmitdemZaunpfahl.

24 Einen Einblick erhalten Sie unter https://youtu.be/FFx0moz5P4k.

25 »This is your last chance. After this, there is no turning back. You take the blue pill – the story ends, you wake up in your bed and believe whatever you want to believe. You take the red pill – you stay in Wonderland and I show you how deep the rabbit-hole goes.« So Morpheus im Film *Die Matrix*.

26 In meinem Buch *Mach es einfach!* bin ich auf diese Thematik sehr intensiv eingegangen.

27 https://de.wikipedia.org/wiki/Motivation.

28 Zumindest wäre dies meine bevorzugte Freizeitbeschäftigung, setzen Sie hier gern Ihr Lieblingshobby ein.

29 »Welcome to Lake Wobegon, where all the women are strong, all the men are good-looking, and all the children are above average.« (Aus Garrison Keillors Buch *Lake Wobegon Days*).

30 Im Gegensatz zum beliebten »man sollte mal«, »es wäre schön, wenn ...« oder »man müsste es vielleicht mal probieren« beinhalten echte Entscheidungen Commitment und Durchhaltevermögen.

31 Die besten Wowereit-Zitate finden Sie hier: http://www.tagesspiegel.de/berlin/klaus-wowereit-die-besten-zitate-arm-sexy-schwul-mutig-dit-is-berlin/10610608.html.

32 https://www.nytimes.com/2016/01/22/opinion/the-eight-second-attention-span.html.

33 https://www.mpg.de/research/unconscious-decisions-in-the-brain.

34 Gustav Gans hat übrigens sogar einen eigenen Duckipedia-Eintrag:
http://www.duckipedia.de/Gustav_Gans.

35 https://de.wikipedia.org/wiki/Glück_(Begriffsklärung).

36 https://de.wikipedia.org/wiki/Zufall.

37 In meinem Buch *Attitüde – Erfolg durch die richtige innere Haltung* habe ich
dem Thema Zustandsmanagement ein ganzes Kapitel gewidmet.

38 Das Success Magazine: http://www.success.com/, und die deutsche
Version, das Erfolg-Magazin: http://www.erfolg-magazin.de/.

39 Ich stelle gerade fest, dass ich einen gewissen Hang zu Formeln zu
haben scheine, schließlich habe ich auch schon ein ganzes Buch namens
Die Veränderungs-Formel geschrieben.

40 Siehe auch: http://www.grzeskowitz.de/arnold-schwarzenegger-ueber-
erfolg-die-6-rules-of-success/.

41 Wenn Sie einmal so richtig lachen wollen, dann geben Sie bei YouTube
in der Suche »Why can't you use phones on planes?« ein. Einfach nur
großartig und gleichzeitig irgendwie auch traurig.

42 Hier finden Sie einen umfassenden Artikel zum Thema »Das macht
Sinn«: http://www.spiegel.de/kultur/zwiebelfisch/zwiebelfisch-stop-
making-sense-a-261738.html.

43 Und ich kämpfe dafür, dass sich das ändert. Aber das ist dann ein Thema
für ein anderes Buch zu einer anderen Zeit.

44 Mein gesamtes Zielemodell (inklusive der Begründung, warum ich kein
Zielefanatiker bin) finden Sie in meinem Buch *Mach es einfach!*.

Literaturverzeichnis

Hier finden Sie Bücher, die ich in *Radikal menschlich* erwähnt habe oder die ich Ihnen als weiterführende und vertiefende Literatur empfehlen möchte:

Azzerad, Michael: *Nirvana: Come as You Are (Die wahre Kurt Cobain Story)*. Hannibal, Verlagsgruppe Koch, Innsbruck 1994

Branson, Richard: *Like a Virgin: Erfolgsgeheimnisse eines Multimilliardärs*. books4success, Kulmbach 2014

Burchard, Brendon: *Das MotivationsManifest. 9 Versprechen, das Leben zu meistern*. Allegria (Ullstein Verlag), Berlin 2016

Cardone, Grant: *Be Obsessed or Be Average*. Portfolio, New York 2016

Chomsky, Noam: *Sprache und Geist*. Suhrkamp Verlag, Frankfurt am Main, 12. Auflage 1973

Covey, Stephen R.: *Die 7 Wege zur Effektivität. Prinzipien für persönlichen und beruflichen Erfolg*. GABAL Verlag, Offenbach, 39. Auflage 2015

Dilts, Robert u. a.: *Identität, Glaubenssätze und Gesundheit*. Junfermann Verlag, Paderborn, 7. Auflage 2015

Drucker, Peter F.: *Was ist Management? Das Beste aus 50 Jahren*. Ullstein Verlag, Berlin, 6. Auflage 2010

Duhigg, Charles: Die *Macht der Gewohnheit. Warum wir tun, was wir tun*. Piper Verlag, München 2013

Ferriss, Tim: *Die 4-Stunden-Woche. Mehr Zeit, mehr Geld, mehr Leben*. Ullstein Verlag, Berlin 2015

Geffroy, Edgar K.: *Das Einzige, was stört, ist der Kunde*. Redline Verlag, München, 16. Auflage 2005

Grzeskowitz, Ilja: *Mach es einfach! Warum wir keine Erlaubnis brauchen, um unser Leben zu verändern*. GABAL Verlag, Offenbach, 3. Auflage 2016

Grzeskowitz, Ilja: *Die Veränderungs-Formel. Aus Problemen Chancen machen*. GABAL Verlag, Offenbach, 2. Auflage 2014

Grzeskowitz, Ilja: *Attitüde. Erfolg durch die richtige innere Haltung*. GABAL Verlag, Offenbach, 4. Auflage 2013

Hardy, Darren: *The Entrepreneur Rollercoaster: Why Now is the Time to Join the Ride*. Greenleaf Book Group, Lake Dallas 2015

Hayzlett, Jeffrey W.: *Think Big, Act Bigger: The Rewards of Being Relentless*. Entrepreneur Press, Fitch 2015

Heath, Chip; Heath Dan: *Switch. Veränderungen wagen und dadurch gewinnen*. S. Fischer / Scherz, Frankfurt am Main 2011

Holiday, Ryan: *Dein Ego ist Dein Feind. So besiegst Du Deinen größten Gegner*. FinanzBuch Verlag, München 2017

Johnson, Spencer: *Die Mäusestrategie für Manager*. Ariston Verlag, München 2000

Kahnemann, Daniel: *Schnelles Denken, langsames Denken*. Siedler Verlag, München, 24. Auflage 2012

Keillor, Garrison: *Lake Wobegon Days*. Penguin Books, New York 1990

Keller, Gary: *The One Thing. Die überraschend einfache Wahrheit über außergewöhnlichen Erfolg*. Redline Verlag, München 2017

Kotter, John: *Leading Change. Wie Sie in acht Schritten Ihr Unternehmen verändern*. Vahlen Verlag, München 2011

Merath, Stefan: *Der Weg zum erfolgreichen Unternehmer. Wie Sie und Ihr Unternehmen neue Dynamik gewinnen*. GABAL Verlag, Offenbach, 16. Auflage 2008

Pennington, Randy: *Make Change Work*. Wiley VCH Verlag, Weinheim 2013

Pink, Daniel H.: *Drive. Was Sie wirklich motiviert*. Ecowin Verlag, Salzburg, 5. Auflage 2010

Risner, Nigel: *It's a Zoo around here*. Limitless Publications, Arkley Herts 2005

Robert, Cavett: *Leaving a lasting legacy*. Creative Training Techniques International, 1998

Sänger, Martin; Schulz, Ben: *Unbesiegbar. Mit Vollgas in den Crash*. werdewelt, Mittenaar 2018

Schwarzenegger, Arnold: *Total Recall. Die wahre Geschichte meines Lebens*. Heyne Verlag, München 2014

Sinek, Simon: *Start With Why*. Portfolio, London 2013 (auf Deutsch unter dem Titel: *Frag immer erst: warum*. Redline Verlag, München 2014)

Sprenger, Reinhard K.: *Radikal führen*. Campus Verlag, Frankfurt am Main, New York 2013

Strelecky, John: *Big five for life. Was wirklich zählt im Leben*. dtv, München, 13. Auflage 2015

Vaynerchuck, Gary: *#AskGaryVee: Ein Entrepreneur über Social Media, Selbstbewusstsein und Gewinnen*. FinanzBuch Verlag, München 2017

Wiseman, Richard: *Paranormalität. Warum wir Dinge sehen, die es nicht gibt*. S. Fischer Taschenbuch, Frankfurt am Main 2012

Ziglar, Zig: *See You at the Top*. Pelican Publishing, Gretna 2000

Personen- und Stichwortverzeichnis